4·19와 모더니티

4·19와 모더니티

펴낸날 2010년 4월 12일

엮은이 우찬제·이광호
펴낸이 홍정선 김수영
펴낸곳 ㈜문학과지성사
등록번호 제10-918호(1993. 12. 16)
주소 121-840 서울 마포구 서교동 395-2
전화 02) 338-7224
팩스 02) 323-4180(편집) 02) 338-7221(영업)
전자우편 moonji@moonji.com
홈페이지 www.moonji.com

ⓒ ㈜문학과지성사, 2010. Printed in Seoul, Korea.

ISBN 978-89-320-2047-1

* 이 책의 판권은 ㈜문학과지성사에 있습니다.
  서면 동의 없는 무단 전재 및 복제를 금합니다.

4·19와 모더니티

우찬제 이광호 엮음

문학과지성사
2010

책을 엮으며

　이 책은 4·19 50주년을 맞이하여, 4·19에 대한 새로운 성찰의 계기를 마련하기 위해 기획되었다. 4·19 50주년은 단순히 물리적 시간 단위의 문제만이 아니다. 그것은 4·19라는 역사적 동인이 만들어낸 동시대성이 이제 자신의 내부를 들여다보아야 할 시간대에 진입했음을 의미한다. 4·19는 한국 현대사의 중요한 동인으로서의 현재성을 갖고 있음에도 불구하고, 그 정치적·역사적 의미를 현재적으로 재구성하는 작업은 미완의 상태에 머물러 있다. 이는 이른바 '미완의 혁명'으로 불리는 4·19 자체의 성격에 연유하는 것이기도 하지만, 4·19를 사유하는 담론의 새로운 패러다임이 아직 제출되지 못했기 때문이기도 하다. 4·19가 만들어낸 시대 속에 살고 있으면서, 그 시대의 의미를 재인식하는 작업을 진행하지 못했다는 것이다. 4·19 50주년은, 그래서 4·19에 대한 동시대 지식사회의 '직무 유기'를 향한 문제 제기의 출발점이 되어야 한다.
　4·19의 재인식은 혁명을 신화화하는 이데올로기적 프레임을 비판

적으로 재구성하는 것이며, 혁명의 한계와 미래를 동시에 사유하는 것이다. 보다 구체적으로는 4·19를 '모더니티'라는 문제의 틀에서 사유함으로써, 그것이 지금 여기에서의 한국사회와 국가를 구성하는 동인으로 4·19가 작동했음을 재성찰하자는 것이다. '4·19와 모더니티'라는 문제의식은 세 가지 맥락에서 중요성을 갖는다. 하나는 4·19라는 하나의 역사적 사건에 대한 실증적 인식 못지않게 중요한 것은, 그것이 한국사회의 동시대성, 혹은 현대성을 구성하는 계기로서의 의미를 갖는다는 것이다. 이런 맥락에서 4·19에 대한 성찰은, 동시에 '4·19 이후'에 대한 성찰이며, 4·19를 계기로 한 '현대성'에 대한 질문이 될 수밖에 없다. 두번째는 4·19를 모더니티의 문제로 사유할 때, 4·19 이후의 한국사회의 두 가지 추동력이었던 '민주화/산업화'의 대립적인 의식을 넘어서 보다 냉정하고 균형 잡힌 방식으로 4·19를 이해할 수 있다는 점이다. 가령 4·19가 서구 부르주아혁명과는 달리 국가로부터 기원한 혁명이며, 국가-근대국가로서 국민국가를 제도화하는 혁명이었다는 하나의 문제 제기도 여기에 포함될 수 있다. 세번째는 4·19에 내재된 모더니티가 하나의 단일하고 평면적인 구성을 갖지 않는다는 점이다. 4·19를 계기로 한 정치사회적 의미의 현대성과는 다른 차원의 문화적·문학적 현대성의 '장소'가 있다는 것을 이해하는 것은, 4·19의 여러 얼굴을 읽어내는 데 중요하다. 이것은 기억의 특권화라는 상징권력의 작용으로부터 말하지 못하는 기억의 영역을 드러내는 작업이며, 담론의 정치학이라는 측면에서 4·19를 둘러싼 기층적 담론들을 재발견하는 일이다.

  4·19가 구성한 모더니티의 특질을 밝혀내고 그 현재성을 재인식하려는 이 책의 이러한 기획 의도가 일관되고 충분하게 관철되었다고 보기에는 여러 아쉬움이 있다. 이 책을 구성하면서 이와 같은 문제의

식을 공유하는 지식사회의 담론 형성이 아직 구체화되지 않았다는 사실을 통감해야만 했다. 이런 맥락에서 이 책의 글들이 하나의 단일한 문제의식으로 수렴되는 것은 아니다. 하지만 이 책의 글들이 '4·19와 모더니티'라는 이 책의 최초의 기획과 맺는 다양한 관련성에 주목할 필요가 있을 것이다. 그 관련 속에서 4·19에 대한 새로운 담론의 패러다임이 열리고 있음을 알릴 수 있다면, 이 책의 의미는 충분하다고 생각한다.

이 책의 제1부는 4·19와 한국문학의 관련에 대한 글들을 실었으며, 제2부는 4·19의 정치사회적 의미와 4·19를 둘러싼 문화적 담론에 대한 글들로 구성되어 있다. 다양한 분야에서 소중한 원고를 주신 필자 여러분께 감사하고, 이 책의 기획과 구성을 적극적으로 도와준 김태환, 김형중, 강계숙, 이수형에게도 고마움을 전한다. 이 책의 원고 중 일부는 계간 『문학과사회』에 발표되었거나, 단독 논문으로 발표된 것이라는 점을 밝혀둔다. 이 책이 4·19의 내재성과 그 미래를 사유할 수 있는 계기가 되기를 바란다.

2010년 4월
엮은이 우차제·이광호

| 차례 |

책을 엮으며 5

| 제1부 | 4·19와 한국문학

대담1 4·19정신의 정원을 함께 걷다_최인훈·김치수 13
4·19의 '미래'와 또 다른 현대성_이광호 42
자유의 스타일, 스타일의 자유_우찬제 61
'미적 변위'의 탄생—4·19혁명이 한국시에 미친 영향 하나_강계숙 84

| 제2부 | 4·19와 담론의 정치학

대담2 사람을 위한 민주주의에 대한 구체적 성찰_김우창·최장집 111
4·19와 국민국가의 계기_홍태영 152
4·19혁명과 인권—인권 개념에 대한 인식과 제도의 변화_이정은 172
'대학생' 담론을 보라—4·19정신의 소유권에 관한 일고찰_소영현 203
죽음과의 입맞춤—혁명과 간통, 사랑과 소유권_권명아 222
좌절한 영화들의 순수성과 아름다움—4·19와 한국 영화_이상용 262

필자 소개 281

|제 1 부|

4·19와
한국문학

대담 1

4·19정신의 정원을 함께 걷다

최인훈·김치수

일시 2010년 1월 25일 오후 2시
장소 경기도 고양시 소재 최인훈 작가 자택

김치수 오랜만에 뵙습니다.

최인훈 반갑습니다.

김치수 올해로 4·19 50주년을 맞아 『문학과사회』에서 기획한 대담을 부탁받았습니다. 선생님도 뵙고 싶고, 50년 전 그때를 회고하며 지금의 문학적 상황에 대해 얘기를 나누는 것도 의미 있을 것 같아 흔쾌히 수락했습니다.

최인훈 그래요.

김치수 4·19 때 선생님은 군대에 계셨지요?

최인훈 광주에 있었습니다. 훈련받던 중에 소식을 들었지요.

김치수 저는 그날 4월 19일에 서울에서 실제 시위에 참가했습니다. 김현 군이랑 같이 참가했지요. 참가했을 때는 둘이서 뭐가 어떻게 되는지도 모르고 참가했었는데, 나중에 휴교령이 내리고 계엄령이 선포되자 각자 고향에 내려가 있었습니다. 4월 26일 교수들이 시위에 가담하고 하야 성명이 나오면서 일단락이 되었지 않습니까. 그러곤 서울에 돌아왔는데, 당시를 회고해보면 우리가 뭔지 모르고 했던 일이 나중에 엄청난 결과를 가져왔던 셈입니다.

최인훈 구체적으로 어디서 어떻게 참가했습니까?

김치수 서울에서 대학에 다닐 때였습니다. 아침에 김현 군과 제가 당시 신당동에서 위아래 집에서 하숙을 했습니다. 신당동에서 동숭동까지 매일 아침 학교를 걸어 다녔습니다. 아침에 학교에 갔더니, 전날 고려대 학생들이 데모하다가 종로 4, 5가에서 깡패들의 습격을 받았다고 하더군요. 그 사건 때문에 벌써 많이 모여 있었습니다. 등교하자마자 대열에 합류했지요. 처음엔 동숭동에서 이화동에 이르는 거리에서 밀고 밀리다가 숫자가 많아지니까 경찰이 밀리고, 우리가 원남동에서 종로 4가까지 가게 되었죠. 종로 4가가 동대문경찰서가 있는 곳 아닙니까. 거기서 조금 오래 대치하다가 경찰 저지선이 무너지니까 광화문으로 진출했지요. 광화문까지 갔더니 서울 소재의 각 대학이 다 나와 있었습니다. 숫자가 워낙 많으니까 중앙청 앞에 하루 종일 앉아 있었습니다. 앉아 있는 동안에 도시락을 먹고. 책가방에 도시락이 있었거든요. 오후에 다시 효자동으로 가는 길에 들어섰는데 그때 효자동 앞에서 경찰이 막강한 저지선을 치고 못 넘게 했는데 누군가 넘어갔나 봐요. 발포가 있었고 흩어지기 시작했죠. 비명이 여기저기서 들렸습니다. 우리도 민가로 몸을 숨겼다가 다시 담을 넘어서 돌아왔죠. 너무나 엄청난 일이어서 아주 두려웠습니다. 다시 광화문으로 왔더니 시위대가 트럭을 탈취해서 피 묻은 옷을 흔들면서 달리는 모습이 보였습니다. 좀 걱정이 되더라고요. 그러고 나서 걸어서 하숙집까지 갔습니다. 이후 계엄령이 선포되고 하니까 고향에 내려가 지냈지요. 하야 성명이 나오고 다시 개교를 하면서 서울로 돌아와서 학교에 다녔습니다. 처음과 비교했을 때 마지막 결과를 보니까 우리가 엄청난 일을 했구나, 싶었습니다. 아무도 예상하지 못했거든요. 선생님께선 광주에서 훈련을 받고 계셨군요. 보병학교였죠? 어떻게 소식을 접하셨습니까?

최인훈 신문에 난 정도, 오가는 정도, 풍문 정도였지요. 기억에는 광주 사람들이 움직였을 텐데 그런 걸 구경도 못 한 것 같습니다. 특히 군인들은 통제된 사람들이니까. 아무래도 사회와는 차단되어 있었으니까요.

김치수 그때 생각을 하면 벌써 50년 전이니까 반세기가 흘렀습니다. 당시엔 스물이었는데 지금은 칠십이 됐습니다. 참 세월이 많이 흘렀습니다.

최인훈 많이 흘렀지요.

김치수 1960년 『새벽』지에 발표된 『광장』 서문을 보면 "저 빛나는 4월이 가져온 새 공화국에 사는 작가의 보람을 느낍니다"라고 쓰셨습니다. 아마도 4·19혁명이 아니었으면 그 작품이 태어나지 않았으리란 가정을 하게 합니다. 4·19혁명이 가져온 자유민주주의가 분단된 나라의 남과 북을 객관적이고 비판적 시선으로 그릴 수 있게 만들었다는 결론을 그 작품에서 끌어낼 수 있을 것 같습니다. 최 선생님은 이 작품을 언제 구상하셨는지, 이명준이라는 인물이 모델이 있는지 듣고 싶습니다. 한 번도 들어본 적이 없어서요. 한 가지 더 알고 싶은 것은 이런 좋은 작품을 쓰기 위해선 자유민주주의 체제가 필요하겠지만, 어떤 억압적 체제 속에서도 그런 작품을 쓰는 작가는 있게 마련이 잖습니까. 그런 자유민주주의가 온 뒤에 쓸 수 있는 행복을 선생님은 고백하고 계신 게 아닌가, 그런 생각이 듭니다.

최인훈 그게 1960년 가을에 나온 거니까, 4·19 몇 달 뒤에 나온 셈이죠. 개인적이고 신변적 맥락에서 보자면, 4·19 움직임의 중심은 고사하고, 주변에도 있지 못한 내 사정이 있었지요. 문학적으로 말하면 그해 전반에 「가면고」를 썼죠. 『자유문학』지에 전재로, 400~500매 되는 건데요. 그건 정치적인 분위기의 작품이 아니고, 일종의 구도소설이랄까, 그런 식의 소설이었죠. 당시 잡지는, 5월호가 4월에 나오는 식으로 한 달 먼저 나오는 관행이 있어서 작품 나오는 시기가 4·19를 전후했어요. 「가면고」를 쓸 때만 해도 몇 달 뒤 나올 『광장』의 분위기와는 일단은 단절이 있는 셈입니다. 몇 달 사이에 『광장』 같은, 맥락이 다르다고 봐야 하는 작품을 같은 작가가 냈으니 회고해보면 '참 대단한 시절을 살았다' 싶어요. 보통 같으면 작품 세계의 변모라는 것이 그렇게 느닷없이 되기는 어렵고, 점차적으로 달라지는 중간 형태가 있었을 텐데. 아무튼 질문하신 바에 답을 드리면, 잘 알다시피 소설 자체의 소재는 역사에 실제로 있었던 일, 그게 『광장』이란 작품의 생명과도 관계있을 텐데, 순전히 머리로 생각해서 6·25 때 이

최인훈

"이명준이라는 개인에 초점을 맞춰서 『광장』을 창조해낸 것은 순전히 문학적인 상상력의 소산인 셈입니다. 그렇다고 해도 현실적·역사적 사실을 융합해서 나온 거지요."

런 일이 있었으니 해볼까 하는 정도가 아니라, 기묘하게 70여 명의 군인들이 남북의 소속 원대로 복귀하길 원치 않고 다른 데로 보내달라는 실제로 알려진 일이 있었습니다. 그래서 그 사람들이 거제도에 있다가 다시 판문점에 옮겨져서 거기 기다리던 인도군이 인도해서 배를 타고 간 것이지요. 그런 것을 내가 어느 시점에서 알았는지 모르겠지만, 아마도 작품 쓰기 오래전에 알고 있었을 겁니다. 그걸 소설로 써야겠다 했을 때 모델이 될 사람들은 실제 있었지만 그렇게 주인공에 해당하는 사람 같은 특징된 내면과 외면을 지닌 사람이 70여 명의 석방 포로 중에 있다는 보도도 없었고, 그걸 만나볼 도리도 없었지요. 이명준이라는 개인에 초점을 맞춰서 『광장』을 창조해낸 것은 순전히 문학적인 상상력의 소산인 셈입니다. 그렇다고 해도 현실적·역사적 사실을 융합해서 나온 거지요. 그리고 그 작품의 실체적 외연을 늘린 부분에 대해 덧붙이자면, 역시 제가 북한에서 온 월남 피난민이었기에 가능했을 겁니다. 고등학교 1학년을 마치고 왔거든요. 어떤 사회에서든 고1이란 인간 형성상에 아직 지극히 물렁한 때잖습니까? 내면이 어디로 흐를지 모르고, 경험이 그 정도일 수밖에 없는 건데, 그래도 내가 4·19 그 무렵에는 대학 과정을 다 마치고, 군인 신분으로 1년 정도 있었을 때니까 북한에서의 내 경험과의 사이에 또 상당한 거리가 존재합니다. 북한에서의 실제 경험은 비록 고등학교 초학년 정도였지만 나중에 그것을 생각해볼 여지는 있었습니다. 학생으로 이것저것 생각해봤겠죠. 그런 여러 가지 것들이 4·19라는, 내 인생 중에서도, 결정적인 그런 거라고 생각합니다. 3·1운동세대라는 말은 우리에게 별로 숙성된 말은 아니지만, 3·1운동 당시에 20세 안팎이던 사람은 일생을 지배하는 어떤 계시에 가까운 것을 받았겠죠. 또 8·15 때 20세 안팎이던 사람은, 역시 8·15세대란 말은 없지만, 그래도 훨씬 이전에 시작했거나 8·15 이후 10년 후에 글쓰기를 시작한 사람과는 또 본인이 자각하고 자각하지 않고의 양 방향의 뭔가가 있었을 거라 생각해요. 일종의 사회적 트라우마라고 비유할 수 있을 텐데, 그런 것이 전체적으로 어우러져 된 것이 『광장』 같습니다. 그 후에 그런 의미의 세대라고 할 수 없는 사람들에게도 공명하는, 양적으로 어느 정도인지는 모르겠으나 최소한의 공명 음파가 역할하는 바가 있을 겁니다. 혹은 내 자신의 상상력이라든지 개인적인 예술적 취향 같은 것이 전달되는 바도 있겠고요. 그러나 역시 4·19 자체가 섣부른 세대론을 가지고 어느 한두 연대에 살아 있는 생활인들이 온통 우리가 전유하겠노라 하는 수준을 넘어서는, 국민적인 사건임은 틀림없겠지요. 아까 김 선생의 경우처럼, 직접 대열에 있었다는 위치도 있겠고 그런 위치가 아니더라도 그 시점에 한국이라는 장소에서 생활했던 모든 사람에게 정신적 도장을 찍은 사건이라는 겁니다. 트라우마나 도장이나 간섭의 형식에 따라 그 농담(濃淡)이 다른 정도이겠죠. 깊고 안 깊고의 차이. 또 그 후 그 사람들이 어떤 사회생활을 했나, 무슨 직업에 종사

했나 등에 따라 파장이 각기 다르겠지만, 우리가 여전히 3·1절이 다가오면 어김없이 3·1운동 관련 화제가 나오듯, 8·15와 6·25도 그렇듯이, 그런 자연인이 아닌 문명을 가진 존재의, 뭐랄까, 자기동일성이라는 것이 순전히 개인적인 것이 아니다, 추상적인 것이 아니다라는 느낌을 갖습니다.

김치수 김현 씨는 "정치사적인 측면에서 보자면 1960년은 학생들의 해이었지만 소설사적인 측면에서 보자면 그것은 『광장』의 해였다고 할 수 있다"고 적었습니다. 그건 4·19혁명이 학생들의 힘에 의해 부패하고 부정한 독재정부를 전복하고 자유민주주의를 쟁취한 최초의 경험이었듯, 『광장』이 한국소설사에서 새로운 경험을 하게 했다는 것으로 받아들여집니다. 그건 사회적으로 금기시됐던 분단된 두 체제를 객관적·근본적 차원에서 다루는 가운데, 사랑과 이념의 대척관계를 넘어선 주인공의 깊은 성찰과, 은원관계를 뛰어넘는 주인공의 진실한 사랑의 발견, 죽음이 도피나 패배가 아니라 사랑의 완성에 이르는 길이 될 수 있다는 깊은 통찰이 들어 있다는 의미일 것 같습니다. 실제로 『광장』 이전의 소설이 전통적 휴머니즘에 토대를 둔 선악의 대결 구도를 실천하거나 전쟁의 가해자/피해자로서 인간 조건을 형상화하는 데 반해, 『광장』은 그것을 뛰어넘는 이념과 현실의 괴리, 그 안에서 고통받는 인간 조건의 부조리, 진정한 사랑의 발견이 요구하는 대가의 혹독함을 진정한 자아 성찰로 깨닫고 있는 과정을 추적하지 않습니까. 그래서 이 소설은 줄거리를 전달하는 단선적 서사가 아니라 사건이 끊임없이 지체하거나 과거로 되돌아가는 근대적 형태를 갖출 수밖에 없었다고 봅니다. 모더니즘의 색깔이 들어 있다는 것, 그런 점에서 『광장』은 한국소설의 모더니티를 보여준 탁월한 작품이자

김치수

"그래서 이 소설은 줄거리를 전달하는 단선적 서사가 아니라 사건이 끊임없이 지체하거나 과거로 되돌아가는 근대적 형태를 갖출 수밖에 없었다고 봅니다. 모더니즘의 색깔이 들어 있다는 것, 그런 점에서 『광장』은 한국소설의 모더니티를 보여준 탁월한 작품이자 4·19세대의 문학을 예고한 작품인 셈입니다."

4·19세대의 문학을 예고한 작품인 셈입니다. 깊고 복잡한 사유와 통찰력을 가진 이명준이란 인물을 형상화하기 위해 선생님은 이 소설에 어떤 특별한 기법을 써야겠다는 생각을 염두에 두지 않았을까 싶습니다. 선생님이 그 당시 소설이 좀 달라져야 하지 않겠느냐는 생각을 갖고 계셨던 게 아닌가 생각됩니다.

최인훈 데뷔한 이후 작가로서의 정향이라든지, 작품의 다양성을 가지고 소급해서 그 시점에서 주장하고 싶진 않습니다. 왜냐하면 다른 말로 요약하면 그때 당시 그렇게 깊은 미학적 통찰이나 재능이 채 준비되지 않았었다고 생각합니다. 거기엔 상당히 우발적인 요인들이 많이 작용했다고 봅니다. 김 선생이나 김현 씨의 얘기를 소박하게 받아들여서 나도 소박하게 말씀드립니다. 초두에 말씀드린, 지극히 개인적인 내 생애의 경력이 거기에 운명적으로 간섭을 한 것 같습니다. 다시 말해 내가 북한에서 안 왔다면 그렇게 쓰지는 못했을 겁니다. 이후 그 주제를 전개한 사람은 많이 있었지만, 그런 정도의 효율이 있는,

상당한 계산을 능률 높게 구성하지 못했지 않았나 싶거든요.「가면
고」말씀을 했지만, 당시 내 취미는 고전적 동아시아 지식인적인, 인
간과 사회와 우주의 이상적인 지점이 어딘가 자기 바깥에 존재하고,
인간 개인이 할 짓이란 건 고지를 따라서 어떻게 성현의 경지에 도달
하는가에 있었다고 생각합니다. 우리 고전에 대해 멋대로의 소극적
평가인지는 모르겠으나, 상대적으로 그렇게 요약해보려고 합니다.
「가면고」는 지금 말씀드린 것과 같은 전통적인 동아시아 지식인의,
한두 해가 아니라 2, 3천 년에 이르는 지적인 타성 속에 젖어 있던,
심미적 이상에 대한 고뇌가 담긴 것이었습니다. 서구 근대의식의 모
양새라고 할 수 있는 역사적·시간적인 흐름 속에서 실존의 욕망이 변
신해야 되겠다고 하는 발상은 그때까진 없었다고 보는데, 그러한 문
제의식이 『광장』을 내 손으로 빚게 만든 요인이 되지 않았나 하는 것
이지요. 바로 4·19의 충격으로 인해, 한 인간의 머릿속에 존재했던
전통적이고 문명사적인 습관이 지각변동을 일으켜서 깨지고 스스로
나온 것이 『광장』이라는 겁니다. 나 자신은 내가 무엇을 어느 정도 했
는지 자기 작품에 대한 감지가 채 닿지 않을 찰나에, 이후 직업화된
내 태도와 비교할 적에 어마지두에 쓴 것입니다.

김치수 4·19라는 사건이 가지고 있는 정신사적 충격, 그 충격이 선
생님으로 하여금 의도를 하지 않았는데도 그런 작품을 쓰게 만들었다
는 그런 말씀이시겠죠. 4·19가 가진 문학사적 의미도 거기서 찾아볼
수 있을 것 같습니다.

최인훈 그렇다고 생각합니다. 4·19가 없었다면 나는 「가면고」계
통의 글을 계속 쓰면서 헤르만 헤세 같은, 얼른 떠오르는 것이, 내 지

극히 초기의 취향으로 보자면, 그런 작가 중 하나가 됐을 가능성이 높다고 봅니다.

김치수 흔히들 4·19혁명을 미완의 혁명이다, 심지어는 실패한 혁명이라고 말하는 사람도 있습니다. 하지만 제 생각엔 4·19 덕택에 『광장』이 발표될 수 있었다는 것만으로도 4·19는 과소평가할 수 없고, 더구나 민주주의 정부가 수립될 수 있었다는 것만으로도 성공했다고 말하고 싶습니다. 세계사를 보아도 단 한 번에 완성된 혁명은 없거든요. 18세기 시민혁명인 프랑스혁명도 그것이 완성될 때까지 1세기 이상의 혁명과 반혁명을 거듭 반복하면서 수많은 사람들의 목숨을 대가로 치르면서 완성되지 않았습니까. 혁명의 완성을 완전한 자유민주국가의 성립에 둔다면 과연 어떤 국가가 단 한 번의 혁명으로 혁명의 완성에 걸맞은 체제를 갖췄다고 할 수 있을지 의심스럽습니다. 중요한 것은 혁명정신이 어떤 방식으로, 어느 정도로 계승되고 있는가 하는 대목이 아닐까 합니다. 선생님은 미완이다 실패다 하는 견해에 대해 어떠신지, 5·16쿠데타가 4·19혁명으로 세워진 민주정부를 전복했다고 해서 4·19혁명을 미완의 혁명, 실패한 혁명이라고 할 수 있을지 여쭙고 싶습니다.

최인훈 대부분의 말씀에 동감합니다. 조금 부연하자면 내 나이쯤 돼서 돌아보면, 이젠 내가 살아온 우리 사회나 공동체의 생활 궤적이 비교적 옛날보다는 훨씬 가다듬어져서 잘 보입니다. 지금 입장에서 보자면, 4·19까지 소급해서 1960년 4·19 그 시점에서 우리 한반도 거주자, 원주민들에게 그때까지 개화기, 식민 통치 기간, 이승만 독재 기간 들은 각기 권력 형태는 다르지만 인류학적 입장이랄까, 문명사적 입장에서 볼 적엔 대단히 동질적인 시간의 축적에 지나지 않았다고 봅니다. 가령 조선 말엽의 한반도 거주자는 왕의 신민이었고, 식민지 시대엔 외적의 총독 밑에서의 이등 생활자였고, 해방 후 전쟁을 치르고 4·19까지 오는 동안에는 국민 자신의 체험과는 관계없는 법률상의 민주공화국이었겠지만, 실질적으론 대통령이라는 이름의 전제군주 아래서 역사의 객체로서 생활한 경험이 있었을 뿐입니다. 그런 세 가지 기간이 더 보편적이고 느슨한 사회학적 잣대로 재보면 다 똑같이 자아가 없는, 자기 바깥의 권위에 의해 모든 생활자들의 실정이 동원돼 있었습니다. 내 안에서 내가 기획하고 내 책임 하에서 내 모험을 깃들여서, 어떤 경우는 내 생명까지 치르면서 얻은 생활의 방식이라기보다는, 어딘가에서 누군가에 의해 만들어진 기획에 동원된 숫자로서의 생활밖에 못 했다가, 수천 년 동안의 전제적 체제 속에서 자아 없는 생활이라는, 생활의 리듬 내지 패턴이 최초로 갈라지는 모습을, 본인들이 움직이기도 했고, 설령 움직이진 않았지만 같은 배에 탄 행복이랄까 운명으로서 똑똑히 목격한, 최초의 사회적 존재로서는 종교적이라고 할 만한 정신의 지각운동을 경험하지 않을 수 없는 것이었죠. 말씀하신 성공했느냐 안 했느냐, 현재 어떤 영향이겠느냐로 얘길 단축한다면 4·19의 경우는 3·1운동과 마찬가지로 상대적인 의미의 성공, 불성공의 범주로 접근하면 많은 혼란을 가져오는 사태라고 보고 싶습니다. '그것이 없었다면' 하는 소거법으로 상상한다면 조금 더 확실해질 것입니다. 3·1운동이 없었더라면 식민지 동안에 대단히 후세로서 반성하고 회고할 적에 너무 인간적 허영이랄까, 인간적 품위의 입장에서 보면 굉장히 괴로운 회고가 됐을 것입니다. 만약 4·19가 존재하지 않았다면 또 마찬가지의 생각, '그런데도 한국 사람은 가만히 있었나' '한국 사람은 근본적으로 문화적 특징이랄까, 좀 이상한 사람들 아니었나' 하는 자기비판의 느낌을 가지지 않았을까 싶기도 하고요. 그런 의미에서 4·19는 당대까지의 생활자들을 구원했고, 이후 사람들의 고귀한 유산을 아무도 빼앗아갈 수 없도록 만들어준 상대적 지평에서 논의될, 정권 교체라든가 통상적 의미의 정치적 부침과는 다른, 문명의 주기가 바뀌는 것과 같은 의미를 가지지 않나 싶습니다. 굳이 성공, 불성공으로 따지자면 그런 의미에서 유감없이 성공한 정치적 행동이고 사건이었다고 받아들이고 싶습니다.

김치수 사실은 4·19가 우리나라 정신사에 미친 영향으로 볼 때 성공이냐 실패냐, 완성이냐 미완이냐의 문제가 아니라, 그 자체로서 회상할 때마다 우리를 구원하는 사건임에는 틀림이 없지요.

최인훈 골고다 언덕에서 신의 아들이 속세에 의해 처단됐는데 예수의 생애는 과연 실패냐라는 것과 감히 비유해보고 싶네요. 정치적 성사로서 이해하려고 합니다.

김치수 원래 4·19가 실패했다는 얘기를 누가 했냐면, 그 당시만 해도 4·19에 가장 정신적 영향을 미쳤던 함석헌 선생입니다. 『뜻으로 본 한국역사』를 써서 굉장한 영향을 미쳤거든요. 그런데도 함석헌 선생은 5·16을 촉발했다는 의미에선 4·19는 실패한 혁명이라고 규정한 바 있습니다. 4·19 이후 각계각층의 억눌린 욕망을 여과 없이 드러냈고, 다양한 정치 세력이 권력 다툼을 심하게 벌이면서 법질서가 제대로 지켜지지 않은 걸로 보이고, 많은 뜻 있는 사람들이 국가의 미래를 걱정하며 혼란의 시대, 국가의 근간이 흔들린 시대라고 말한 것도 사실입니다. 특히 군사정부가 경제 발전에 성공해서 지금 한국을 만드는 데 기여했다고 하면서 쿠데타 이전을 혼란이라고 규정하는 것과도 사실상 다를 바 없겠습니다. 그러나 경제 발전을 위해 모든 자유와 권리를 제한하는 군사정부가, 계획경제만 갖고 오늘 같은 발전을 이룩할 수 있었느냐는 꼼꼼히 따져봐야 할 것 같습니다. '잘살아보세'라는 구호 아래 경제 발전을 명분으로 내세운 군사정부는 유신과 같은 독재로 국민 자유를 억누르려 했으나, 그 유신에 대해서도 저항을 그칠 줄 몰랐거든요. 군사정권이 경제 발전, 그리고 북한 위협을 빌미로 삼아 자유를 억압하려 하면 할수록 시민 저항은 더 거세졌습니다. 그것은 시민 저항으로 독재정부를 무너뜨린 경험을 가진 4·19정신의 계승이 아니었을까 싶은 겁니다. 그들의 저항 때문에 경제 발전을 명분으로 내세운 군사정부도 자유민주주의의 근본 틀을 깰 순 없었고, 그 틀에서 경제 발전도 이룰 수 있었던 것이니까요. 만일 군사정권이 자유민주주의 틀마저 유지하지 않았더라면 경제 발전도 이룩하지 못했을 것이고 18년도 되기 전에 무너졌을 것입니다. 4·19혁명은 정신사적 의미에서 '시민으로서의 개인'을 발견하게 된 의미가 크지 않을까 합니다. 시민으로서의 개인의식은 한편으론 억압에 저항하게 하고, 불의에 침묵하지 않게 하고, 다른 한편으론 자기 존재에 관한 성찰을 통해 자기 개성에 자부심을 갖게 하고 민주주의와 경제 발전이 함께 갈 수 있다는 생각으로 산업 발전의 주역이 되게 했다고 볼 수 있지 않을까, 이렇게 요약해보고 싶습니다.

최인훈 이의는 고사하고 보충의 여지 없이 받아들일 수 있는 말씀이라고 생각합니다. 많이들 얘기하는, 이듬해 군사반란에 의해 4·19의 성과가 모두 무화됐다는 것은 지극히 천박한, 얼른 귀에 들어올지는 몰라도 아무 깊이도 없는 얘기라고 생각합니다. 실제로 군사반란

때 내 기억엔 매체들(신문, 방송)이 차츰 혼란이 가라앉아간다고 분명히 감지되도록 하는 보도를 했습니다. 그게 문민정부가 그대로 가면 나라 자체가 없어질 것 같은 위기가 실제 존재했다는 것도 받아들일 수 없는 분석이나 관측에 지나지 않다는 것입니다…… 만약 그렇더라도 그렇게 받아들이면 앞의 1년 전의 것들이 굉장히 손상되고, 역사의 궤도가 모처럼 바람직한 궤도를 잡고 있는데 그걸 또 한 번 흩뜨려놓는다는 식으로 생각하게 된 것은, 우리가 근대 유럽이 걸어온 역사를 참고해보면 너무나 큰 역사적인 변화들을 짧은 기간 동안에 계속해서 겪었기 때문에 참을성이 덜한 생각의 정신에겐 그렇게 비칠 수도 있을 것입니다. 뭔가를 빨리빨리, 결단력 있게 했으면 뻔한데, 그걸 민의(民意)에 밀려 이랬다저랬다, 금방 하는 것이 유리한데 시간만 낭비하는 것을 가만히 기다리는 것이 옳으냐, 이런 것도 우리가 공화정치, 문민정부, 평화적 정권 교체 등 근대 유럽이 호된 값을 치르고 상대적으로 충분한 시간을 거쳐 만들어온 문명의 궤도에 익숙하지 못한 데서 온, '빨리빨리'주의라기보다는 성숙하지 못한 성급함에서 촉발된 얘기라고 봅니다. 정치 문화도 그렇고 넓게 보면 다 그렇겠지요. 예술, 그중 문학인 경우에도 어떤 기간에는 1당 1파의 패권 같은 것이 가능한 것처럼, 그렇게 하는 것이 무슨 보편적인 타당성이 있는 것처럼 생각하기 쉬운데, 진리가 하나밖에 더 있겠나 하는 건데, 제 생각에는 진리라는 것은 하나만 있는 것이 아니라 여럿이 있다는 감각의 시작도, 과장해서 말하자면 4·19에서 비로소 그렇게 말해도 좋을 만큼 큰 자국이 나게 우리 생각의, 관습의 씨앗이라 해도 좋고, 궤도라고 해도 좋고, 그것들의 시작일 것입니다. 프랑스혁명 다음에는 나폴레옹을 비롯해서 여러 왕과 황제로 이어지죠. 바로 어제 바스티유로 몰려가서 거기 사람들을 끄집어내겠다고 했던 사람들이 집정관이니 황제를 찾고, 광장에서 왕과 왕비를 처형했던 똑같은 사람들이 그들 왕조의 혈연 승계자를 다시 왕으로 만들고, 또다시 없애고, 그런 것이 우리도 프랑스인들보다 훨씬 뛰어난 자질이 없는 한, 인류니까, 우리에게도 그런 시행착오가 있을 게 아닙니까. 역사엔 다 선례가 있고, 사회적인 원죄 때문에 우리에게도 씨앗이 있는 가능성에 누군가가 편승한 에너지가 있어서 있을 만한 일이 일어났다고 봅니다. 대통령이라는 사람의 말이 '올 것이 왔다'고 했다는데, 고위 당국자가 그런 말을 해서는 안 된다고 생각합니다. 물론 다른 나라에도 그런 사례가 많았어요. 빵을 달라고 왔는데 과자나 봉봉을 먹으면 되지 왜 빵을 달라고 하느냐 하는 것도 희한한 명언이죠. (웃음)

김치수 그러니까 프랑스혁명도 한 세기 이상 걸렸는데, 우리나라는 4·19 50주년이잖아요. 이거 자체도 4·19가 50년 동안 자유민주주의 체제를 공고히 하는데, 다시 말해 4·19혁명이 50년의 세월이 걸린 게 아니냐, 그렇게 본다면 4·19는 여전히 역사 속에서 작용하고 있다고 봐야 하겠지요.

최인훈 옳은 말씀입니다. 나폴레옹 법전이라는 게 프랑스 법사상 속에서도 혁명 이전의 체제와 이후를 가르는, 프랑스혁명의 인권선언이 있은 후에야 있을 수 있는 것이라고 말하는 건데요. 황제도 법률을 만들 때 혁명의 전통을 강제로 승계하지 않을 수 없었던 겁니다. 그런 의미에서 사회적 운동이 개인의 관념적인 것이나 학술 심포지엄에서 채택됐기 때문에 제도를 이랬다저랬다 한 게 아니고, 종교적 비유를 하자면 그런 형식논리적인, 혹은 가장 가벼운 의미에서 말하는 행정절차의 이랬다저랬다 보다도 더 깊은 곳을 흐르는, 인류 문명사적인 접근이랄까, 그런 저류에 바탕을 둔 것으로 생각해야 하지 않을까 합니다. 그런 점에서 4·19정신은 여전히 살아 있다, 50년이 아니라 앞으로 우리 생각 같아서는 아마 다함없이 살아 있을 것입니다. 선생님 말씀에 전적으로 동의합니다.

김치수 4·19혁명은 4·19세대라는 말을 낳았습니다. 4·19세대는 한국 역사에서 독특한 위치를 점하고 있습니다. 4·19세대는 해방 후 학교에 들어가서 한글을 배우고 한글로 사유하고 한글로 글을 쓴 최초의 세대, 식민지 교육을 전혀 받지 않고 최초로 자유민주주의 교육을 받고 자란 세대, 또 일제 식민지 사관에 의한 왜곡된 역사를 배운 것이 아니라, 새로운 민족주의 사관으로 씌어진 역사를 배운 세대가 곧 4·19세대이니까요. 식민지 잔재를 떨치고, 6·25전쟁의 악몽에서도 벗어난 자유민주주의 사회를 원한 우리 4·19세대는 불의와 부정의 자유당 정권이 독재의 길로 들어서는 것을 견디지 못하고 일어난 거거든요. 자유민주주의 실현에서 민족 정체성, 문화적 자부심, 자아의 주체성을 확보하고자 한 4·19세대는 새로운 역사관에 힘입어서 한글의 우수성, 새로운 세대의 감수성, 인류의 보편적 가치를 구현하는 정신을 갖게 되고, 그로 인해 그 세대만이 가진 문학을 낳을 수 있었다고 생각합니다. 그래서 4·19세대는 『광장』이 4·19세대와 함께 이 땅에 태어났다고 보고, 4·19정신을 가장 정통적으로 구현한 작품이라고 평가합니다. 작가로서 4·19세대와의 관계를 어떻게 설명할 수 있을지, 사실 4·19가 났을 때는 군인이었는데 몇 달 뒤 작품을 써야겠다 할 때는 제대하신 건지, 아니면 현역에 있을 때 쓰셨는지, 또 쓰면서 내가 젊은이들과 같은 대열에 못 섰지만 작품으로라도 써야겠다는, 4·19세대와의 연대감이 있지 않았나 하는 겁니다.

최인훈 군대에 있어 육체 자체는 참여를 못한 거죠. 『광장』을 발표한 지 한 2, 3개월 후에 육군본부로 오라는 소환 명령을 받았습니다. 그땐 일선의 전방 사단에 있었거든요. 갔더니 육군본부 공보국이 있는데, 군 언론 담당 기관이죠. 거기 담당 장교가 알아볼 게 있어 불렀다는데, 참모총장실에서 장군들이 얘기하던 끝에 요즘 『광장』이라는 작품이 있는 모양인데, 그걸 쓴 사람이 군인이라고 한다, 공보 담당자는 그걸 알고 있느냐고 총장이 담당 참모한테 물은 모양이에요. 공보 담당자가 잘 모르겠다고 하자, 군인이 대외적 의견을 표명할 때는 총장의 승인을 받도록 돼 있는데 왜 절차를 밟지 않았는가 물으니까, 그렇게는 돼 있는데 군인 중 문인도 적지 않아서 사실상 일일이 간여하지 못하고 있었다고 답했답니다. 그럼 한번 불러서 어떤 사람인지 알아나 봐라, 파악이나 하고 있어야 하지 않겠냐, 엄격한 집행을 하라는 게 아니라 최소한 그런 경력을 가지게 된 사람을 파악이나 하고 있어라, 그래서 불렀다는 거죠. 그러니 긴장할 것 없고 특별한 요구 사항도 없으니까 전방에 있다가 모처럼 서울에 왔는데 휴가로 여기고 잘 있다가 복귀하라고 하더군요. 느슨하게 말하면 그런 것 자체도 4·19의 작은 여파가 아니었나 싶습니다. 똘똘 뭉친 옹고집의 군대 문화였더라면 그것보다는 더 혹독한 정신적 압박이 있을 법한데 그렇게 지나갔으니까요. 전제적 체제, 전제적인 정치 기풍, 사회 자체도 병영적인 기풍이 있는 사회라면 안 될 상황에서 구체적으로 4·19의 덕을, 작은 힘이랄까 하는 걸 군인이 누린 셈입니다.

김치수 그렇습니다.

최인훈 내게는 두 가지 자아가 정신 속에 있지 않나 싶습니다. 하나는 골드만이 말하는, 개인으로서의 예술가조차도 사회적 대변인 같은 거다, 본인은 몰랐더라도 증명할 필요도 없이 그렇다는 것에 크게 공명하는 경향이 있을 테고, 또 하나는 그럴지라도 이른바 미적인 것의 핵 중의 핵은 그런 것을 방법적으로, 실험실적 양해라는 전제하에 순수형을 추출한다는 기초과학자의 입장에 비견하는 그런 부분이 있지 않나 싶습니다. 내 생각을 간단히 말하면 어느 세월 이후 그것을 하나로 통합하는 통일장의 이론을 구하는 것을 포기했습니다. 힘이 부쳐서도 그렇지만 원리적으로 그런 것은 불가능하지 않나, 존재 자체가 두 가지로 이루어져 있다면 그걸 내가 통합한다는 노력은 해봐도 원칙적으로 불가능하죠. 거기에 가까운 걸 한다면, 이른바 20세기 물리학의 입장이겠죠. 상대성이론, 비확정성이론. 우주가 그렇게 돼 있지 않다는 거죠. 형식논리학으로는 우주는 까맣기도 하얗기도 하다는 것이 언어 모순이라 안 된다는 것은 아리스토텔레스적 입장이고, 현대로서의 사실에 가까운 입장은 빛은 입자이기도 파동이기도 합니다. 그러니까 물체이기도 하고, 물체라 할 수 없는 유동하는 비고체라고도 할 수 있습니다. 상식적 입장에선 무슨 말인지 모르겠죠. 그렇더라도 하나님이 그렇게 만들었거나 원래 우주가 그렇다면 내가 왈가왈부할 문제가 아닙니다. 그렇다면 그런 모순되는, 삼각파도와 같은, 매 촌각마다 올라갔다 내려갔다 하는 파도 위에서 요트가 뒤집어지지 않으려면 자기가 중심을 어떻게 잡아야 되겠느냐 하는 쪽이 실용에 가깝지, 움직이는 파도 위에서 움직이지 않는 파도에서라면 나는 어떻게 하겠다랄지, 파도 자체에게 잠잠하라고 하는 것은 그리스신화라면 가능할까, 그런 것도 없는 걸로 불신의 세례를 받은 원죄의 인간으로선 그런 생각이 듭니다. 4·19의 정신에는 자기 자신들의 동일성을 4·19와 주객이 합일된, 전유하고 싶다는 권리조차도 보류하거나 양보하는 끊임없는 버릇도 꼭 지켜야 한다는 것도 4·19의 명령 아닐까 하는 겁니다. 주체 세력에게 이런 말을 직접 하면 어떨지 모르겠지만, 동승자, 같은 시간에 있었더라도 역사적 시혜를 받았다고 자기를 생각할 때에는 그렇게라도 생각해야 염치가 있는 게 아닌가 하는 거죠. 내가 맞는 것도 아닌데 내가 그렇게까지 생각하지 않아도 나는 십분 만족합니다. 내 생애에 인간 형성, 교양 형성에 이 대단한 세례를 받지 않았더라면, 내 생애에 그렇게 온 것이 다행이지, 이 세상에 순수 원소 물질이 단 한 가지로만 돼 있어서 그것하고 악수하면 안심입명(安心立命)할 수 있다는 이론적인 생활이라든지 예술가로서 그런 식의 예풍은 아니어서, 많은 문제가 역사에 의해 자동 해결된 걸 기쁘게 생각하고 싶습니다.

김치수 4·19정신도 4·19정신으로 있으려면 4·19세대가 되는 것도 중요하지만 4·19세대를 객관화하는 것도 4·19정신 중 하나다, 이렇게 정리해도 될는지요?

최인훈 객관화라고 하니까 내가 너무 과잉 경호로 생각해서, 그렇게까지는 생각하지 마시고요.(웃음) 종교적 비유를 하면 끊임없는 부활이랄까, 민주주의는 매일 치르는 국민투표다, 하는 식으로 여전히 원칙은 100퍼센트를 유지하면서 그러나 여전히 변하고 있다는, 좋은 것은 두 손에 가지겠다, 하나도 양보하고 싶지 않다는 식으로.(웃음)

김치수 오늘날 한국의 발전을 얘기하면서 강력한 리더십에 의한 잘된 경제계획에 의해 이뤄졌다는 걸 강조하고, 그러면서 일부 기득권층에선 군사정부에 대한 노스탤지어를 보이는 것 같은 생각이 자꾸 들거든요. 그런 걸 볼 때마다 정말 그건 아니라는 생각이 들어요.

4·19정신이 해야 할 것은 그렇게 굳어가고 부패하기 쉬운 낡은 사고에 대해 그게 아니라고, 그것이 민주주의와 악수하지 않으면 안 된다고 일깨워야 할 텐데요. 어느 나라도 개발독재만으로 경제 발전을 이룩한 나라는 없거든요. 20세기 이후 독재정부가 경제 발전을 이룩한 예는 없다는 것이죠. 가령 프랑코가 정권을 쥐었을 때 스페인이 유럽에서 경제 후진국으로 전락하고, 프롤레타리아독재를 표방한 소련도 동서 대결에서 경제 파탄으로 패자가 되었고요. 또 권력을 아들에게 물려준 세습 통치의 북한은 세계 최빈국으로 전락했고요. 그런데 경제적으로 좀 좋다고, 예를 들어 사우디나 아랍에미리트 같은 산유국은 세계에서 가장 부유한 국가로 알려져 있지만, 그들을 선진국이라 말하지는 않잖아요? 거기엔 결국 민주주의가 뒷받침되지 않고 자유가 뒷받침되지 않으면 그렇게 될 수 없음을 우리에게 가르쳐주고 있는 것이죠. 민주주의와 경제 발전은 수레의 두 바퀴라는 점 말입니다.

최인훈 동의합니다.

김치수 앞으로 한국사회가 아무리 발전해도 자유민주주의 정신이 조금이라도 훼손되면 경제 발전이 무너지고 허구가 될 것입니다. 그것이 뒷받침이 돼야 선진사회로의 진입이 가능하지 않겠습니까. 그런 점에서 4·19정신은 앞으로 계속 상기하고, 잊지 않고 그것이 세월의 흐름에 따라 어떤 방식으로 존재할 수 있는가를 생각해야 하지 않을까, 그래야 계승·발전할 수 있지 않겠나 생각합니다. 그런 점에서 4·19 이후 반세기를 돌아보면 한국처럼 복잡한 과정을 거친 나라도 없습니다. 어떻게 그런 고난을 이겨냈을까 싶고, 세계 10위권 경제대국이 됐다고 하는데 그게 어떻게 가능했나, 회의가 들 정도입니다.

만날 못하는 것 같고, 싸우는 것 같더니 말입니다. 또 세상이 얼마나 달라졌습니까, 거리도, 생활양식도 모두요. 물론 어떤 사람들은 일부 잘사는 계층의 문제로 돌릴 수도 있는데, 사실 그게 일부 계층의 문제가 아니라 모든 국민이 혜택을 어느 정도는 받고 있다는 것을 인정해야죠. 그걸 생각한다면 4·19정신이 어떻게 우리 안에 존재할 수 있는가를 끊임없이 생각해야 한다고 봅니다.

최인훈 김 선생님이 그렇게까지 선명하게 4·19정신의 핵을 결코 양보하지 않는다는 입장을, 물론 그간 공적인 기회에 계속해서 말씀하셨겠지만, 다시 들으니까 유쾌합니다. 우리가 요즘 문학이나 생각하는 것을 직업으로 하는 차원에서 얘기가 많이 나왔는데, 바로 중요한 얘기의 대목에 이른 것 같습니다. 아까 얘기한 현상에 대해서, 현상의 원인에 대해 너무 단선적인 원인-결과이론을 가지고 받아들이는 것은 문제가 있고, 심지어 위험하기까지 하다는 말씀으로 받아들이고 또 충분히 공감합니다. 그리고 그것은 우리만의 문제가 아니라 세계 전체가 봉착한 문제라고 생각합니다. 소련만 봉착해서 해결 못 하고 난파한 문제가 아니고 유럽 자신이, 미국조차도 그렇고, 또 그걸 너무 현실정치적 측면에서만 접근해서 중국이 부상하니까 중국을 그에 대한 설명 인자로 삼아서 국제정치적 차원에서 수수께끼를 만드는 측면도 있겠으나, 우리가 작가니 문학자니 하는 직업을 갖고 있는 한은 우리에게 가까운, 어떤 의미에선 우리에게 고유하기까지 한 설명 모델이랄까, 작품의 정신 쪽에 끌어당겨서 문제를 이해하자면, 내 생각엔 그건 사회과학자나 시사평론가보다는 훨씬 자신 있고 납득할 만한 이론 모델이 우리에게 있는 게 아닌가 하는 겁니다. 예술이라는 것이야말로 우리가 제기한 문제에 대해 옛날부터 양보 없는 기준을 갖고 있지 않습니까? 기준이 있는 것을 훌륭한 예술이라 하고, 훌륭한 미학이론이라고 했지, 당대 권력의 설명이라든지 새마을운동의 공보 팸플릿, 북한처럼 정치와 예술을 완전히 일원화하는 것에 대해 승복하지 않는 것이, 동서고금을 막론하고, 그 이름을 뭐라 하든, 사회참여라고 하든 풍류라고 하든, 이런 식으로 후대의 입장에서 보자면 그때도 있었던 정치와 예술의 관계를 그 사람들이 피 흘리는 사유 끝에 만들어낸, 그때의 황금 저울대 같은 정신 속에서 저울대의 한쪽이 기울지 않도록 하기 위해 했던 이름이 있습니다. 지금으로 볼 땐 도피적인 듯하고, 유심론 같아 보이겠죠. 그러나 나는 지금도 살아 있는, 지식인이라는 차원에서는 불변의 요소이고, 예술가의 경우엔 지식인 가운데서도 가장 양보 없는, 단 이것은 예술이라고 하는 실험실 조건을 확실히 자각하는 입장에서, 그러니까 기초생물학의 연구에서는 위생 조건이 보통 생활에서는 있을 수 없을 만큼 병적인 뭔가를 했을 때, 전기기기를 다룰 때 지켜야 할 온도, 기압, 항균 등 실험의 외연적 조건을 충분히 지킨다는 입장에선 예술의 심미적 법칙도 바로 그런 게 아닌가 합니다. 그걸 항상 점검하고, 우리가 실험실 속에서 확인했던 그 원칙이 우리 분야 바깥에, 이를테면 정치, 경제에 그대로 수평 이동된다는 환상을 늘 경계하면서 할 일을 하면 되지 않을까 하는 거죠. 말씀하신 정치적·사회적 제 문제와 관련해 제 얘기가 어떤 의미에선 '좋은 소설 쓰면 시대에 충성을 다하는 거요'라는 얘기로 들리겠습니다만, 백조가 물에 떠 있을 때는 유장하게 떠 있는데 수면 밑에서는 발을 끊임없이 저으며 부력을 유지한다는 식으로, 어느 분야에나 다 그런 것처럼 어느 정도의 시간적인 것이 지나간 다음에는 저 사람이나 저 예술가가 발을 어느 정도 놀리고 있나 하는 것을 위에 있는 겉모습을 보면서도 거의 식별이 가능하다 이거죠. 그 식별력이 아직 없으면서 어느 물오리는 아주 게으르다, 물살 좋으니까 덕을 보는 거지 넌 아주 게으른 학생이라고 함부로 단정한다든지, 어디 물살을 타면 관계기관 어디에 들어간다든지 하는 건…… 다른 데선 그럴 수도 있겠죠. 군사적으론 최단 기간 내에 고지 점령하면 최선이지만, 명장이라면 시민들이 보내준 생명을 그렇게 할 권리는 없다, 문민정부의 장군이라면 군인들을 폭탄받이로 쓰지 않을 것이다, 그런 생각을 가끔 해봅니다.

김치수 문학예술이 한편으로는 4·19정신 같은 걸 의식하고 현실에 대한 여러 감시를 하지만, 다른 한편으론 그런 것들로부터 완전히 자율적인 존재로서 그 안에서 노력하고 보이지 않는 움직임이 자기 안에 있어야만 합니다. 그것이 없는 한은 4·19정신이 계승될 수 없고, 문화, 예술도 살아남을 수 없다는 말씀이시죠?

최인훈 그렇습니다. 50년 전 충격이 있었고, 이후 50년 동안의 한국문학사는 일일이 열거하면서라기보단, 자기가 어느 정도는 개방된 독자들도 염두에 둔 배열이라고 생각할 적에 나는 한국문학이 바람직한 일의 어느 정도는 했다고 생각하고 싶습니다. 부풀린 기대, 부풀린 평기를 허지면 끝도 한도 없는 얘기지만, 그런 얘길 하고 싶은 유혹에서도 자꾸 몸을 빼내야 하는 것도 예술이라는 것, 이론이란 것의 현 문명 단계의 상식이라고 생각한다면 문명의 필요조건이라고 하는 물질과의 싸움에선 국민의 땀에 의해서 이룩됐지만 정신의 노동자라는 것도 꽤 있으니까, 들에 있거나 바다에서 일하는 사람들, 광산에서 뭘 한 사람들, 자동차 조립하는 사람만 일은 아니잖습니까? 그런 것조차도 어느 기업에서 연구 투자를 얼마나 하느냐에 따라 해당 분야의 미래가 결정된다는데, 정신을 가지고 뭘 한다는 것은 중요합니다. 어느 나라 혁명가들이 "예술가란 우리 사회의 정신적 기사"라는 말을 남기기도 했다는데, 그러나 기사도 기사 나름이죠. 혁명 관료나 태우고 다니는 사람도 기사고, 그런 것도 기사라고 하면 모르겠지만, 그런 것과 직접 관계없는 것까지도 기사라고 주장하고 싶은 것이 우리가 생각하는 기사일 텐데, 그런 의미에서 나는 당사자의 입으로 말하기는, 보통 사회적 예의로 말한다면 어떨까 싶긴 하지만, 현장의 경험을 가진 사람의 입장에서 보자면 난세에 어려운 곡절이 있었을 때에 인류가 제시한 표준에서 떨어지고 싶지 않다는, 처지고 싶지 않다는 직업적 허영심을 견지하고 우리도 옛날보다는 조금씩 다 상대적으로 덜 가난하기도 한데, 어쨌든 간에 우리도 일하느라고 했다고 말하고 싶은 겁니다.

김치수 작가, 예술가는 어떤 의미에선 당대의 시대정신의 징후들이죠. 뭘 보여주는 거죠. 4·19세대의 문학도 보면, 이들이 겪은 만큼, 앞에서 얘기한 대로 4·19정신이 계승되고 살아 있다고 말하면서도 그렇다고 해서 4·19세대가 좌절, 절망을 경험하지 않은 건 아닙니다. 산다는 것 자체가 좌절과 절망의 연속이거든요. 그것을 계속 겪으면서도 자기가 겪은 절망, 좌절을 어떻게 바라보고 드러내느냐에 따라 문학, 예술 작품이 나오는 게 아니겠는가 하는 겁니다. 가령 김승옥의 주인공들이 봉착한 허무주의적 사유, 자아 상실의 미망 같은 것은 바로 좌절과 절망의 징후로 볼 수 있지요. 한 예로 이청준이 싸우고 있었던, 국가와 국민을 위해 희생한다고 말하는 위정자들의 무의식 속에 자리 잡은, 개인적 기념비를 쌓고자 하는 오만, 그들을 타인으로 생각하는 서민들의 자의식, 이런 것들도 좌절과 절망의 징후거든요. 4·19세대가 갖고 있는 우리 사회의 징후를 드러낸 것이 아닐까요? 그래서 저 나름대로 4·19세대 작가들에게 공감과 어떤 경우 경

외감까지 가지고는 합니다. 조직사회가 가진 억압적이고 부조리한 구조에서 소외된 자아를 발견하는 서정인의 불행의식, 도시 변두리를 헤매는 이들을 다룬 박태순의 주변의식, 도시화되고 있는 농민생활 변화에서 공동체 사회가 무너지고 이기적 개인이 출현하고 있는 것을 읽어내는 이문구의 배금주의도 당시 매우 중요한 징후였습니다. 영웅 중심이 아닌 개개인 서민을 통해 역사를 읽고자 한 김주영의 역사의식, 이런 것을 보면 그 나름으로 전부 역사의 상처를 앓고 있는 것 같습니다. 개인의 역사적 상처를 밝히느라 그 사람들이 소설을 썼던 것 같습니다. 이들 작품은 모두 4·19세대의 좌절, 절망이 문학적으로 형상화된 것입니다. 이들 주인공과 『광장』의 이명준 사이에는 상당한 혈연관계가 있을 것 같습니다. 이명준이 드러낸 징후, 그걸 단순히 남북 체제가 싫어 제3세계를 선택했다는 단세포적인 것이 아니라, 이념과 사랑 가운데 뭐가 진정한 것이고 뭐가 허위의식이냐에 대한 굉장히 깊은 성찰이 자리하고, 거기엔 좌절과 절망의 징후가 있었다고 생각합니다. 결국 죽게까지 만들었잖아요? 그렇다면 이명준의 죽음과 『광장』의 개작에 관해서 이야기를 좀 나누고 싶습니다.

최인훈 좋은 출판사를 만나서 판을 바꾸는 계기마다 빼고 넣고 바꾸고 했는데, 다른 작품은 『광장』에 비해선 그런 게 거의 없다시피 했습니다. 자구 수정은 그때마다 했지만, 『광장』에서는 말을 조금 바꾼다기보다는 훨씬 중요한 것들이 바뀐 것도 있습니다. 명료하면서도 흥미로운 표현을 하려니 어려운데, 왜 이명준은 죽어야 했는지 가끔 생각합니다. 양쪽이 다 싫다면 석방 교섭을 하니까, 낙관적이고 문학에 대해 많은 걸 요구하지 않는 독자라면 자기가 태어난 반도의 상황이 그렇다면 정치적·법적으로 안전한 곳에 가서 재외 통일운동의 기수가 되면 되잖은가, 개인적 행복만 추구하라는 게 아니고 사회적 의무를 실천할 수 있는 그런 기회를 얻었는데 말이죠. 그래도 나는 여전히 죽는 것이 심미적으로 납득이 됩니다. 아무리 고쳐도, 이명준이 죽질 않고 "나는 안 죽는다"는 건 안 하려고요. 역시 죽는 건데, 죽는다는 의미의 좀더 심층적인 것은 없을까, 죽는 것에 무슨 심층이 있을까, 없을 것 같은데, 그게 또 실제 인생과 예술의 차이겠죠. 실제 인생에선 영원히 없을 수 있는 것도 예술에서는 온전히 있고 게다가 완성된 것으로 있을 수도 있으니까요. 예술로 들어오면 실험실 안에 들어왔다는 인식이 서는 거죠. 초판과 가장 달라진 것은 아기가 하나 등장한 겁니다. 그것도 갈매기의 형태로. 아마 내가 어느 순간에 아기를 임신한 인간이 죽는다는 것이 상당히 충격적이란 걸 경험했을 겁니다. 한 사람이 죽은 줄 알았는데 자세히 보니 두 사람이 죽었으니까요. 당대만이 좌절한 것이 아니라, 최소 두 사람과 관련해선 미래도 좌절한 것. 우리의 오랜 말로 우리는 이렇더라도 너희는 잘살아라, 이게 누구나 말하는 철학적인 말인데 아기를 신경 쓰지 못했다는 것이 작가로서 아기에게 뭔가 환상의 이름을 줘야겠다, 환상의 생명을 줘야겠다는 생각에 아기하고 셋이 사는 입장 쪽을 택했지요. 중립국에 도착해서 여생을 망명한 고결한 정치운동가로 있는 것보다 더 내 영혼을 만족시켰다고 말하고 싶습니다.

김치수 사실 저는 이명준의 죽음을 이념의 허구성을 깨닫고 사랑의 진실을 발견한 걸로 해석했거든요. 전쟁이라는 극한 상황에서 두 체제의 모든 미래에 절망하고 제3국을 선택했지만, 자신이 어디에 가든지 분단 체제의 모순과 허위의식에서 자유롭지 못한 채 절망할 수밖에 없다는 인식이죠. 반면에 극한 상황에서 은혜와 나눈 사랑에서 진실을 발견했습니다. 그는 사랑의 진실과 영원히 하나 되는 길을 선택할 수밖에 없었고, 그러려면 은혜가 간 길을 같이 가는 수밖에 없지 않나…… 지금도 여전히 그런 결말을 쓰실 건지요. 아까 말씀하시길 아기의 존재에 대한 배려가 없었다는 말씀을 하시니까 그럼 결국은 그 말씀을 듣고도 이명준의 죽음을 배제한 말이 아니다, 라고 느껴지거든요. 아기와 셋이서 행복하게 살지라도 이 세상과는 작별이다, 그렇게 받아들여집니다.

최인훈 그렇습니다. 맞습니다. 다른 말로 하면 내가 소설을 창작할 적에 현실적인 나를 다 잊어버리고서 무당이 제정신 놓고 하듯 하는 건 아니거든요. 철자법이 틀리지 않기 위해서라도 철자법이라는 현실을 수용을 하고 창작을 하는 것이지요. 한글이라는 걸 잊어버리고 공상할 도리는 없습니다. 환상 속에서도 한국말이면 한국말로 하고, 영문 소설이면 영문법에 맞는 얘기가 왔다 갔다 할 것 아니겠습니까? 창작을 하는 경우에도 한쪽 발은 현실에, 한쪽 발은 환상에 두는, 깨어 있으면서 꿈꾸는 이런 거지, 실제 꿈꾸는 모양으로 꿈꾸는 동안에는 현실감각을 손 놓은 것은 아닌가 하는, 내가 구체적으로 창작 당시 의식 구조를 생각해보면 그렇습니다. 소설 읽는 것도 작가의 세계에 들어온다고 하는데, 그때도 여전히 최소한 한국말을 알아야 한국소설을 읽을 것 아닌가. 그때도 현실적으로도 현실의식을 절반은 갖고, 절반은 들어간다는 묘한 예술의 감상 심리가 있는 것 같습니다. 사르트르도 이 비슷한 말을 했는데 '상상하기 위해서 현실을 동원한다'는 것. 현실의식이 상상의식에 봉사하는 것이 창작이라는 뜻이겠죠. 현실생활의 경우에는 희미한 환상의 그림자를 저 멀리 느끼면서 주 전선이 현실에 있는 것이고, 창작이니 예술이니 할 땐 현실의 그림자를 희미하게 최소한으로 갖고 몸통 자체는 환상으로 두는 거지요. 질문이랑 얘기가 딴 데로 들어간 것 같긴 한데, 그러면서도 여전히 이명준은 현실에서는 일단 전환하는 거라고 해야 하지 않을까 하는 겁니다. 현실에 한 발은 있을지 모르겠지만, 죽기 직전까지의 임사 경험의 1천분의 1은 현실에 있을지 몰라도 그 순간이 지나고 바다에 들어가는 순간은 죽는 것이죠. 군대 점호식으로 한다면 사고 1명으로 처리되지, 이명준의 희미한 그림자는 있습니다,라고 육군본부에 보고할 순 없지 않겠습니까? 이러한 답변을 용서하신다면, 그런 환상적인 답변을 하고 싶고요.(웃음) 조금 더 생각해보면 그렇게 쓴 바엔 작가인 나로서는 이렇게 변명할 수밖에 없겠죠. 그렇게 물으신다면 나도 뻔뻔스럽지만 이렇게 말하겠습니다. 예술가라는 최소한도의 가면 아래서 원래는 인간에게 허락될 수 없는 지점조차도 맘대로 넘겠다. 이렇게까지는 예술가라도 용서 안 된다 한다면 그럼 뭐……(웃음) 우주와 존재의 법칙에 어긋나는 것까지도 쓰는 것이, 1만분의 1에 허용된 약속이 예술이라고 단정하기로 하고, 내가 욕망하는 걸 보니 인간이라면 그런 거짓말을 받아들이고 싶은 사람의 심리도 있지 않겠나 하는 거죠. 그럼 나는 그런 사람에게 담배 한 대 피우는 효용이 될 것입니다. 군대라면 술 한잔 마시고 돌격하라는 건데, 그럼 안 된다, 100퍼센트 리얼리즘 정신으로 돌격해서 결과는 죽을지 몰라도 죽을 때 죽는 순간에 죽는 게 아니라 사는 거다라고 한다면, 그런 마취 상태로 하는 것은 민주 군대에선 좀……. (웃음) 그냥 참모총장 맘대로 하시죠, 졸병들끼리는 뭐 끝날 게 뻔한 건데, 이 순간 나는 우주 이상의 것이 되고 싶다고 한다면 우주라는 못된 작자들이 인간을 이렇게밖에 안 되도록 했는데 거기에 이의를 신청합니다. 그게 창조주일지 우주의 법칙일지, 음양 법칙일지 모르겠지만, 나도 책에서 본 바 있는 것 같다, 그러면서도 담배 한 대 피워서 무슨 인생이 해결되느냐 해도 담배 한 대 피우고 싶을 땐 담배로밖에 해결이 안 되는 거죠. 마취제를 사용한다고 한다면, 그것도 독약의 일종인데, "예술은 아편이기도 하다. 이것이 최종적인 입장입니다. 4·19정신에는 그런 것도 있다고 생각합니다"라고 말하고 싶네요.

김치수 그 말씀으로, 결국 이명준이 죽었지만 영원히 살 가능성을 열어놓으신 것이네요. 오늘 긴 시간 동안 선생님 말씀 듣고 보니까 4·19정신이 어떻게 살아남을지, 이명준도 어떻게 살아남을지를 알 수 있어서 보람 있었습니다. 오랜만에 뵙게 돼서 정말 기뻤습니다.

최인훈 김 선생님이 4·19정신의 정원을 함께 걸을 기회를 적임자도 아닐 텐데 특별히 제게 허락해주셔서 감사합니다.

4·19의 '미래'와 또 다른 현대성

이광호

　4·19와 한국문학을 함께 사유한다는 것은 가능한가? 4·19를 '원인'으로 1960년대 이후의 한국문학을 '결과'로 설정하는 논리는 문학사에 대한 일반화된 왜곡에 속한다. 문학은 역사적 사실의 필연적인 결과로서 드러나는 것이 아니라, 어떤 시대적 배경과의 '어긋남'의 소산이다. 4·19와 4·19 이후의 문학은 인과성으로 묶인 것이 아니라, 차라리 동시대적인 것이다. 혹은 4·19 이후의 문학은 4·19에 의해 규정되고 결과된 것이 아니라, 4·19를 둘러싼 미적 실천의 산물이다. 중요한 것은 역사적 사실로서의 4·19라기보다는, 차라리 4·19를 둘러싼 의식과 감각이 글쓰기의 내적 지향성과 결합하는 문제이다.[1]

---

1) 4·19에 대한 이청준의 다음과 같은 발언은 그런 측면에서 시사적이다. "자라면서 전쟁을 겪었고, 대학에 입학하면서 4·19를 그다음 해에 바로 5·16을 겪었는데, 한참 의식이 활발할 때 겪었던 두 사건의 의미를 지금 소박하게 정리해보면 삶에서 어떤 정신 세계가 열렸다가 갑자기 닫혀버린 것으로 이해했던 것 같아요. 20대의 분출을 사회적인 엄청난 힘이 방종으로 단죄하고 억압했을 때 여기서 갈등이 생겨나게 되었던 것이죠. 이런 갈등의식을 우리 세대와 따로 떼어놓고 생각할 수는 없는 일이겠지요. 저는 가끔 이런 말을 하는데요. 즉 문

4·19의 모더니티를 말할 때도, 그것은 역사상의 한 시대라기보다는 4·19 이후에 나타난 태도의 문제라고 할 수 있다.[2] 그렇다면 좀더 완화해서 4·19를 어떤 특정한 역사적 현실로 상정하고 그 이후의 문학을 거기에 '대응'하는 것으로 설정하는 것은 어떤가? 이 역시 앞의 논법보다 유연하다고 하더라도, 혹은 '60년대 문학' '60년대 작가'라는 동일자 혹은 주체의 설정이 가능한가를 물어야 한다. 4·19라는 역사적 정황이 '60년대 이후 문학'이라는 주체를 구성하는 데 직접적으로 관여했다고 볼 수 있는가? 개별적인 문학 텍스트가 아니라 '60년대 이후의 문학'이라는 이름은 과연 실체가 있는가? 하는 질문들이 여전히 떠돌게 된다.

4·19가 혁명인가 아닌가 하는 역사적 질문이 있다. 4·19를 '혁명'이라고 부르고자 할 때, 거기에는 4·19가 혁명이어야만 하는 어떤 이데올로기적 당위가 개입되어 있다. 4·19를 성공인가 실패인가라는 관점에서 바라보는 것 역시 그러하다. 문제는 그것의 동시성을 바라보는 일이다. 4·19의 여러 가지 얼굴을 동시에 바라보는 사람에게 그것은 일종의 '괴물'이거나 유령일지도 모른다.[3] 문화의 영역에서는 혁

학은 불행의 그림자를 먹고 사는 괴물이라고 말이죠. 삶의 압력, 현실의 압력이 가중되면 이걸 견뎌내려는 정신의 틀을 만드는 것. 이것이 문학 활동이고 문학적 상상력이겠지요"(권오룡 엮음, 『이청준 깊이 읽기』, 문학과지성사, 1999, p.24).

[2] "나는 현대성을 역사상의 한 시대로 고려하는 것보다는 일종의 태도로 고려해보는 것이 어떨까 하고 제안하고 싶습니다. 여기서 '태도'라는 말은 동시대의 현실에 관련되어 있는 어떤 '존재' 양식, 사람들의 자발적인 선택, 그러니까 사유하고 느끼는 방식을 뜻합니다"(미셸 푸코, 「계몽이란 무엇인가」, 김성기 편, 『모더니티란 무엇인가』, 민음사, 1994).

[3] "4·19는 문화사적으로 두 모습을 갖고 있었다. 하나는 4·19의 성공적 측면에서 연유하는, 가능성의 세계와 현실의 세계는 하나일 수 있다는 긍정적 얼굴이었고, 또 하나는 4·19의 부정적 측면에서 연유하는, 이상은 반드시 현실의 보복을 받는다는 부정적 얼굴이었다. 4·19의 두 얼굴을 바라다본 사람에게 4·19는 괴물처럼 보였지만, 그것의 어느 한 면만을 바라본 사람에게 4·19는 각각 환호와 절망을 뜻하는 것이었다"(김현, 「60년대 문학의 배경과 성

명의 정치적 성공과 실패보다는 그것이 의식화되고 내면화되는 과정의 문제가 중요할 것이다.

뿐만 아니라 한국의 역사적 특수성의 맥락에서 5·16이라는 또 다른 모더니티의 추동력과의 관계를 말해야만 한다. 정치적인 의미에서 5·16은 4·19의 배반으로 이해할 수 있지만, 한국적인 모더니티의 두 가지 계기라는 측면에서 4·19와 5·16은 마주 보는 거울과 같은 것이었다.[4] 4·19는 5·16과 함께 한국적 모더니티를 구성하는 중요한 역사적 동기였다는 측면에서 설명되어야 한다.[5] 가령, 4·19를 민족사 혹은 민족운동사의 시각에서만 이해할 때, 4·19의 모토가 어떻게 일정 부분 5·16에 의해 흡수되는가, 그리고 그것이 왜 근대적인 '국가의 강화'에 기여하는 '사회혁명'의 성격을 가졌는가를 설명하지 못한다.[6]

과」, 『분석과 해석/보이는 심연과 안 보이는 역사 전망』(김현문학전집 7), 문학과지성사, 1993, p.239].
4) "나는 박정희 정부가 정부의 조직을 근대적으로 창건하고 이를 운영한, 그리고 그 지지 기반을 적극적으로 동원했다는 점에서 한국 역사상 최초의 근대적 정부라고 생각한다. 그러나 한편 그것은 정치 체제에 있어서나 산업화 방식에 있어서 권위주의 체제가 됨으로써 엄청난 대가를 지불하지 않으면 안 되었던 그런 체제였다. 쿠데타 이후 군부 엘리트가 1962년 야심적인 '경제개발5개년계획'을 통해 산업화 프로젝트에 돌입했을 때 사회에는 그들의 근대화 계획을 가로막을 아무런 강력한 세력도 존재하지 않았다." "한국전쟁 이후 1950년대를 통하여 새로이 성장하기 시작한 사회의 두 중요 집단이 있었다. 하나는 4·19의 주역이라 할 학생이었고, 다른 하나는 5·16군사쿠데타의 주역인 군부 엘리트였다. 민주화에 대한 태도에 있어서 이 두 그룹은 정반대에 위치하고 있었다. 군부 엘리트들은 빈곤 탈피의 의제를 들고 정치의 전면에 나섰다. 학생들은 민주화를 대표했다. 이들 두 그룹은 전쟁 이후 한국 사회가 해결해야 할 두 과제를 각각 떠맡고 나섰다는 점에서 '1950년대의 아이들'이었다" (최장집, 『민주화 이후의 민주주의』, 후마니타스, 2005, pp.91~93 참조).
5) "우리의 60년대는 마치 '이인삼각'의 보행으로 진행된 역사였던 것 같다. 자유와 개방이라는 한쪽 다리, 그리고 독재와 경제성장이라는 또 한쪽 다리, 그리고 그 두 가지를 함께 묶는 근대화라는 지표로 우리의 현대사가 운영되어온 것이 그렇다. 그것은 다양한 가치 체계의 경쟁이라기보다는 적대적인 지향 간의 긴장관계로 보는 것이 적절할지도 모른다"(김병익, 「1960년대와 그 문학」, 『21세기를 받아들이기 위하여』, 문학과지성사, 2001, p.167).
6) 다음과 같은 선언은 매우 상징적이다. "4월혁명과 5월혁명은 조국 재건이라는 근본 이념에

4·19를 한국적 모더니티의 어떤 지점으로 이해할 때, 4·19와 한국 문학을 나란히 놓고 사고한다는 것은, 두 가지 이질적인 모더니티의 관계를 질문한다는 것을 의미한다. 그런데 4·19의 정치사회적 모더니티와 1960년대 이후의 한국문학의 미적 모더니티가 원인과 결과의 관계일 수는 없다. 4·19의 정치적 의미를 단 하나의 이념이나 진리로 환원할 수 없다는 맥락에서, 60년대 문학 공간에서 나타난 다양한 문학적 텍스트들을 하나의 모더니티로 단수화할 수 없다. 문학에서의 모더니티는 하나의 사건일 수 없다. 한국문학에서의 모더니티의 개별성과 복수성을 적극적으로 사유하는 것은 그래서 여전히 중요하다.[7]

4·19를 하나의 이념형으로 환원하려는 시도들, 이를테면 4·19가 촉발한 '시민의식'을 '반제 반봉건'이라는 이념적 지표로 규정할 때, 4·19 이후의 한국문학은 이런 이념적 기준에 의해 평가될 수밖에 없게 된다.[8] 이런 논리의 장 안에서 4·19는 하나의 이념으로 환원되고, 한국문학은 그 이념의 척도에 의해 위계적 질서가 만들어지게 된다. 그곳에서 한국문학의 미적 실천의 개별성과 자율성의 영역은 봉쇄된다. 그렇다면 4·19를 복수의 의미를 가진 '사건'으로 이해할 수는 없을까? 4·19는 정치적인 사건이고 사회적인 사건이며, 동시에 문화적

서부터 혁명과업 완수의 도상에서 일치되어 있다. 단지 혁명정부가 전 국민이 원하는 방향으로 계속 국가를 이끌어나가기만 바랄 뿐이다"(고려대학교, 「4·18 2주년 학생선언문」, 1962).
7) 졸저, 『미적 근대성과 한국문학사』, 민음사, 2001, pp.6~7 참조.
8) 4·19와 한국문학의 관련성을 적극적으로 의식화한 1960년대의 백낙청의 이론은 그런 의미에서 4·19의 시민의식과 한국문학을 단일한 이념으로 환원한다. "4·19정신의 위축과 변질의 시기로서 60년대는 우리가 이제까지 추구해온 시민의식의 퇴조와 새로운 소시민의식의 팽배라는 현상으로도 특징지어진다." "문학의 '현실 참여'를 주장한다고 해도 곧 소시민의식이 극복되는 것도 아니다. 문제의 핵심은 어디까지나 우리 현실의 반제 반봉건적 요구를 얼마나 깊이 의식하고 얼마나 힘차게 실천하고 있는가 하는 점이다"(백낙청, 『민족문학과 세계문학』, 창작과비평사, 1978, pp.58~79 참조).

인 사건이며, 다른 층위에서 미학적인 사건이다. 이 사건들의 층위에서 어떤 위계가 있을 수 없다.

4·19를 둘러싼 역사철학적 '현대성'을 사유할 때, 그것은 '미래가 이미 시작하였다는 사실에 대한 확신' '미래를 향해 열려 있는 시대'의 감각에 연관된다. '현대'는 항상 새로운 것을 탄생시키는 현재와 더불어 매 순간 반복되고 새롭게 시작하는 시간이다. 4·19의 현대성이라는 문맥에서 전통과의 단절은 지속적인 현신을 의미한다. 철학적인 의미에서 현대는 자신의 규범성을 자기 자신으로부터 창조하는 시대이며, 이때 자기 확인과 자기 정당화의 요구는 전통과의 결별이라는 시대적 요청 속에 이미 내재해 있는 것이다.[9] 4·19를 미학적인 사건이라고 규정한다는 것은 4·19의 정치사회적인 의미를 제거하겠다는 것이 아니다. 역사철학적 층위와의 연관 속에서 기존의 제도화된 지식과 문법과는 '다른 시간'을 도래시키는 미적 사건이라는 측면에서 4·19를 이해한다는 것이다.

여기서 4·19를 '사건'이라고 말할 때, 그것은 4·19의 정치적 위상을 축소시키기 위한 의도가 아니다. 4·19를 '사건'의 층위에서 의미화하는 것은 알랭 바디우가 말한 진리를 생산하는 사건이라는 맥락에서이다. 사건은 기존 사회를 지배하는 셈의 법칙이 누락시킨 공백 혹은 잉여가 존재하는 것으로 드러나는 과정이다. 사건들에 의해 명명할 수 없는 진리들이 생산되며, 주체들의 실천은 진리에 충실한 사건 이후의 실천이다. 사건은 새로운 존재 방식을 결정하도록 한다. 사건에 충실하다는 것은 이 사건이 잉여적으로 부가되는 상황 속에서 움직이면서 사건에 따라 사고한다는 것이다.[10] 4·19를 사건의 층위에서 이

---

9) 위르겐 하버마스, 『현대성의 철학적 담론』, 이진우 옮김, 문예출판사, 1994, pp.19~43.
10) 알랭 바디우, 『윤리학』, 이종영 옮김, 동문선, 2001, pp.54~55.

해하면서 4·19라는 사건의 실재적 과정의 담지자를 '주체'라고 부를 수 있다면, 그 주체는 누구인가? '60년대 이후 문학'이나 '4·19세대 작가' 등의 기존의 주체를 중심으로 설정할 수 있으나, 엄밀하게 말한다면 4·19 이후 생산된 문학 텍스트 자체가 그 주체적 지점이다. 작가들이 4·19 이후의 예술적 생산의 과정에 참여하는 것은 사실이지만, 그 미적 실천의 과정들이 모두 '작가'에게 환원되는 것은 아니다.

4·19 이후 한국문학에서의 미적 생산의 과정에 대해서는 이미 의미 있는 비평적 성찰이 진행된 바가 있다. 5·16에 의해 좌절된 것처럼 보이는 4·19의 정신이 정치적 좌절의 대가로 문화의 장으로 이동했으며, 상황에 능동적으로 대응해나가는 '자기의식'이 한국문학의 중요한 주제로 등장하기 시작했다는 분석 등이 그것이다.[11] 이 '자기의식'의 문제를 현대적인 주체성의 원리가 관철되는 의식의 공간이라고 볼 수 있다면, 그것은 자기 자신을 마치 거울에 비추어진 모습처럼 파악하기 위해 스스로를 객체로 설정하여 자기 자신을 되돌아보는 인식 주체의 자기 관계의 구조[12]라고 볼 수 있다.

이런 논의의 연장선에서 4·19 이후 한국문학의 미적 현대성의 내부에는 세 가지 계기가 있다고 볼 수 있다. 우선 하나는 한국문학 텍스트 내부에서 발견되는 자기의식의 문제, 혹은 근대적 개인과 자율적인 주체의 등장이라는 측면이다. 4·19를 통해 촉발된 시민의식의 발견은, '시민'으로서의 자율적인 개인이 근대문학의 주체가 되었을 때, 어떻게 자기 규범을 탐구하는가를 보여준다. 개인의 주체성과 행위의 자율성에 대한 자기의식은 그 성찰의 깊이에 이르러 이성의 잉여와 합리성의 억압을 비판적으로 발견하는 미적 주체로 도약한다. 개인의

---

11) 정과리, 「고도 성장기의 한국문학」, 『문학이라는 것의 욕망』, 역락, 2005, pp.118~23.
12) 위르겐 하버마스, 『현대성의 철학적 담론』, 이진우 옮김, p.39.

자율성을 토대로 한 자기의식의 탄생이 자기와 현실의 관계에 대한 비판적인 성찰을 미학화하는 미적 주체를 탄생시킨 것이다. 그 연장에서 5·16 이후 산업화가 진행되는 과정에서는 도시적 감각과 심성 구조의 형성에 대한 반성적 탐구가 드러나게 된다.

두번째는 문학이 4·19 이전의 전통과 단절하는 미래의 시간을 살기 시작했다는 측면이다. 그것은 일회적인 맥락에서의 미학적 단절을 의미하는 것이 아니라, 4·19 이후 지속적이고 내재적인 자기 혁신의 미적 동력을 얻게 되었다는 것을 의미한다. 언어와 문법의 자기 혁신은 문학이 언제나 미래에 투신해야만 현대를 시작할 수 있다는 문학의식의 소산이다. 이것은 이른바 '한글세대'의 모국어에 대한 새로운 감각과 장르의 혁신에 대한 요구와 연결되어 있다.

세번째는 앞의 두 가지의 계기들이 결합하는 층위에서, 개인 주체의 자율성과 문학의 자율성이 문학의 텍스트의 구체성 안에서 상호 조응하고 상호 구속하는 장면을 보여준다는 것이다. 현대적인 의미의 주체성은 문학예술이 다른 가치들과 분화되는 사태를 마주하면서, 역사적 전통과 분리된 자신의 규범성을 스스로 창조해야만 했다. 그곳에서 문학의 자율성은 축복이자 저주이고, 동력이자 환상이 되었다. 그러나 이런 지점들이 4·19를 둘러싼 미적 현대성의 문제를 모두 설명해주는 것은 아니다. 문제는 여전히 미적 모더니티의 복수성(複數性)을 이해하는 일이며, 개별 문학의 육체 속에서 4·19 이후 문학의 주체적 지점들을 발견하고 미적 현대성을 사유하는 일이다.

최인훈의 『광장』 개정판(1976)에 대한 해설에서 김현은 "정치사적으로 보자면 1960년은 학생들의 해이었지만, 소설사적인 측면에서 보자면 그것은 『광장』의 해였다고 할 수 있다"[13]라고 쓴다. 작가 최인훈 역시 『새벽』(1960년 11월)지에 처음 발표된 『광장』 서문에서 "아시아적 전제의 의자를 타고 앉아서 민중에겐 서구적 자유의 풍문만 들려줄 뿐 그 자유를 '사는 것'을 허락지 않았던 구정권하에서라면 이런 소재가 아무리 구미에 당기더라도 감히 다루지 못하리라는 걸 생각해보면 저 빛나는 4월이 가져온 새 공화국에 사는 작가의 보람을 느낍니다"[14]라고 쓴다. 이런 언급들을 통해 4·19와 『광장』과의 어떤 중요한 연관성을 생각할 수 있다. 그런데 『광장』이 무대로 삼는 것은 오히려 한국전쟁을 전후한 한 젊은 지식인의 내적 고투이다. 여기서 4·19라는 시간 '이후'에 『광장』이 발표되었다는 것은 두 가지 의미를 갖는다. 우선 하나는 4·19가 『광장』에서의 분단 현실과 시대에 대한 적극적 비판을 가능하게 하는 정치적 공간을 제공했다는 의미일 것이며, 다른 하나는 4·19라는 사건을 통해 그전에는 발설하지 못했던 자기의식의 영역을 탐구하는 자율적인 개인 주체의 등장을 알렸다는 사실이다. 물론 4·19 이전의 최인훈의 초기 소설에서 그 징후는 풍부하게 드러나 있지만, 문학적인 문맥에서 후자의 중요성이 얼마나 큰 것인가는 말할 필요가 없다.

이명준은 누구인가? 1973년판의 서문에서 작가는 이명준을 "'이데올로기'와 '사랑'이라는 심해의 숨은 바위에 걸려 다시는 떠오르지 않은"[15] 잠수부로 명명한다. 잠수부는 숨은 바위에 대한 가르침도 없이 위험한 깊이로 내려가는 사람이다. 그 깊이로 내려간 사람이 돌아오지 못한다고 해도 그의 끊어진 연락으로 '그 밑의 깊이의 무서움'을 알게 된다. 어떤 안내 없이 심연으로 내려간 이명준의 존재는 삶의 의미

---

13) 최인훈, 『광장/구운몽』(최인훈 전집 1), 문학과지성사, 2008, p.359.
14) 같은 책, pp.20~21.
15) 같은 책, p.16.

와 행위의 방향을 설정하는 데 도움이 되는 아무 지표도 가지지 않은 채로 자기 확인의 길을 가야 하는 현대적 개인의 운명을 보여준다. 이명준은 자신의 규범성을 자기 자신으로부터 스스로 창조해야 했던 현대적 인간이었다. 작가의 말처럼 "삶의 짐작을 아무도 가르쳐주지 않고, 혼자 힘으로 깨닫기는, 혼자서 태어나기가 어려운 만큼이나 어려운 시대라는 것은 끔찍한 일이다."[16] 그가 죽음의 순간까지 매달렸던 '광장'과 '밀실'의 불일치 혹은 소통의 장애라는 문제의식은, '광장'의 가치와 '밀실'의 가치가 분화되는 현대의 문제와 정면으로 대면한 사유의 결과이다. 이명준의 행위는 1950년대라는 시대적 무대 위에 설정된 것이지만, 이명준의 자기의식은 한국전쟁이라는 특정한 역사적 상황을 뛰어넘어 현대적 개인이 처한 문제를 날카롭게 보여준다. 현대성은 '광장'의 가치와 '밀실'의 가치의 분화를 촉진시키면서, 그 안에서 개인 주체로 하여금 자신의 규범성을 스스로 구성하도록 요구한다.

그러나 『광장』이 이런 보편적인 의미의 현대적 개인의 모습을 보여주었다고 해서, 그것이 가지는 풍부한 미적 현대성의 국면들이 설명되는 것은 아니다. 『광장』은 그런 현대적 개인의 고뇌를 설정한 데서 머물지 않고, 그 고뇌의 끝까지 자기 행위를 밀고 나가는 치열한 의식의 모험을 보여준다. '광장'과 '밀실'의 분리라는 현대적 상황에서 이명준은, 어떤 가치를 다른 가치에 복속시키거나 그 다른 가치를 포기함으로써 보편적인 규범적 질서 속으로 투항하는 것이 아니라, 그 현대적인 불화의 끝까지 나아가 자기 자신을 파멸시킨다. 그것은 그가 자폐적이고 나약한 지식인이기 때문이 아니라, 자기비판과 자기

---

16) 같은 책, p.12.

정당화라는 모순적인 사유의 극한까지 자신을 몰고 갔기 때문이라고 할 수 있다. '광장'과 '현실'이 찢기는 현실에서 이런 총체성의 분열은 그것을 사유하는 자율적 개인의 주체성의 소산이기도 하다. 그 내적 주체성을 끝까지 밀고 나가는 자리에서 문제가 해결되는 것이 아니라, 문제는 더욱 심화된다.

작가는 '광장은 대중의 밀실이며 밀실은 개인의 광장'이라는 의미심장한 전언을 1961년판의 서문에서 드러낸 바 있다. 이것은 『광장』의 문제의식이 단순히 '광장'과 '밀실'의 이분법적 선택 사이의 갈등에 있지 않다는 것을 강력하게 암시한다. 이명준은 이 이분법적 이름들 사이에서 명명할 수 없는 진실을 찾아 끊임없이 탐색한다. 그 사이에서 부재하는 진실, 혹은 부재로서의 진실을 찾아가는 사유의 모험을 포기하지 않는다. 그는 이 표상화된 개념들이 실재의 세계를 드러낼 수 없다는 것을 안다. 그는 이 개념들 사이의 분리와 그 문제 틀의 실재와의 어긋남을 철저하게 살아낸다. 그래서 그 사유의 끝 간 데서 그 문제의 틀 자체를 허물고 창조적 혼돈에 진입한다. 그 혼돈은 '광장/밀실'의 이항 대립이 사실은 '광장(밀실)/밀실(광장)'의 관계일 수 있고, 나아가 '광장〔밀실(광장)〕/밀실〔광장(밀실)〕'의 관계로 보다 중층적인 것이 될수록 최초의 이항 대립의 단순성은 안으로부터 붕괴된다.[17]

『광장』의 마지막 장면에서 이명준이 자기의식의 해체적인 지점에 도달하는 것은 의미심장하다. 그의 투신 장면에서 '거울 속의 남자는 웃고 있다.' 마지막 순간, 이명준은 '거울 속의 남자'라는 익명적이고 비인칭적인 존재로 분열된다. 이명준은 마침내 자기 자신에 대해 외재화된다. 그는 이데올로기와 관념의 유령에 대항하여, 자신이 유령

---

17) 졸고, 「'광장' 탈주의 정치학」, 『광장/구운몽』(최인훈 전집 1), pp. 412~13.

이 되는 것을 선택한다. 그것을 다른 삶의 가능성에 대한 투신이라고 부를 수 있다면, 여기서 현대적 주체는 자신에 대한 자기 정당화와 자기비판의 악순환을 넘어서, 다른 시간과 다른 장소로 도약하는 심미적 주체 혹은 (탈)현대적 주체의 가능성에 접근한다. 이명준의 탈주가 한국문학사상 가장 기나긴 혁명의 과정에 속한다면, 그것은 『광장』의 미적 현대성이 미래의 시간을 살기 때문이다. 4·19와 함께 『광장』이 극적으로 정치적 미적 현대성을 획득했다면, 주체화에 대한 회의와 혼돈의 모험을 통해, 『광장』은 다시 다른 현대를 꿈꾸게 한다.

김수영이 4·19의 시간을 거치면서 자신의 시 의식을 극적으로 변화시킨 것은 널리 알려진 바 있다. 그는 4·19 이후 많은 시들을 쏟아내면서 시 의식의 새로운 단계에 진입했음을 보여준다. 김수영은 4·19 이전의 초기 시부터 이미 모더니티의 문제를 철저하게 의식한 시인이었다. 김수영 시의 모더니티를 재인식하기 위해서는, 그가 새로운 도시 문화 속에서 보여준 개인성과 감성의 변화에 대해 주목할 필요가 있다. 김수영 시를 이해하는 틀로서의 모더니즘과 리얼리즘이라는 해묵은 문학 이념의 대립항들은, 도시 생활인의 새로운 감각이라는 모더니티의 측면에서는 그 전선이 무의미해진다. 김수영은 도시생활의 한가운데서의 '설움'이라는 도시적 감수성을 발견함으로써 현대성을 새로운 차원에 진입시켰다.

도시의 설움에 대해 동시대의 누구보다 예민했던 시인 김수영이 서구적 모더니티의 미학에만 갇혀 있지 않았던 것은, 한국적 모더니티의 식민성과 속력 안에서 새로운 사랑과 혁명의 가능성을 발견했기 때문이다. 김수영은 초기 시에서 도시적 공간 속에서 자신의 시선의 위치를 변두리적이고 외부적인 이방인으로 설정한다. 종로의 찻집에서 시골의 잃어버린 모자를 생각하는 일(「시골선물」), 친구의 사무실을 할 일 없이 방문하면서 도시 이방인으로서의 자기를 성찰하는 것(「사무실」), 도시 외부의 다른 공간을 상상하고 도시의 소음과 풍경을 물방울로 압축하는 시선(「거리 1」). 그것은 도시의 내부에 속해 있으면서 스스로를 도시의 외부로 설정하고, 그 설정에 의해 도시의 내부에서 도시의 외부를 응시하는 시선의 체계를 만들어내었다. 그는 도시 풍경을 시적 주체의 시각적 프레임 안에 가두어두지 않고, 그 풍경의 바깥에 있는 존재의 가능성을 열어놓는다. 김수영의 시에서 도시는 풍경이 아니라, 일종의 '사건'이다. 그의 시에서 도시적 존재는 구체적인 시간 속에 동사적으로 위치하고 있으며, 새로운 시간의 가능성이 그 안에 내재한다. 이런 감각의 모험은 도시의 내부에서 다른 삶의 가능성을 응시한다는 측면에서 감각의 정치학에 해당한다.

김수영의 도시에서 '혁명'이 일어났을 때, 그의 시가 보다 직접적인 구체성에 도달했다는 것은 주지의 사실이다. 그것은 우선 「우선 그놈의 사진을 떼어서 밑씻개로 하자」와 같은 '격문'에 가까운 직접적인 언사들의 작품을 쏟아낸 것으로도 설명된다. 하지만 여기서 중요한 것은 그의 시가 4·19 이후 다른 현대성에 도달하게 되는 과정이다. 김수영이 시에서 현대적인 의미의 개인 주체가 드러나는 방식은 상황에 대한 비판적 인식보다는 그 안에서의 자신에 대한 반성적 인식을 통해서이다. 김수영의 자기비판의 치열성은 부단한 자기 혁신에 대한 요구와 만나는데, 이것은 그의 시 의식의 문제이기도 하다. 그의 시가 시와 산문의 경계에까지 도달하는 미학적 파괴력과 '반시'의 시학을 보여주는 것은 그의 시에 나타나는 자기에 대한 반성적 성찰의 강렬함에 대응하는 것이다. 이 지점에서 김수영 시의 모더니티는 미적 현대성의 영역에 진입한다.

4·19 이후 산문적인 시들을 쏟아내면서, 김수영의 시는 '혁명'에 대한 내적 성찰의 시간에 도달한다. 「푸른 하늘을」(1960)에서 "혁명은 왜 고독한 것인가를/혁명은 왜 고독해야 하는 것인가를"[18] 노래한 것은, 혁명의 에너지를 자기 성찰의 매개로 삼고 있다는 것을 보여준다. '혁명'은 공동체의 가치가 폭발하는 순간, '광장'에서 벌어지는 사건이다. 혁명은 공동체적인 일체감과 집단적 동일성의 감각을 체험하는 것이다. 그런데 왜 역설적으로 혁명은 고독한 것인가? 그것은, 우선 혁명에 대해 투철하려는 개인의 정신적 성숙 혹은 그 섬세한 자의식의 경건성을 보여준다. 다른 하나는 혁명이라는 시간 속에서의 공동체적인 규범과 자기의식 사이의 균열의 문제이다. 혁명이 개인과 사회 사이의 총체적인 연관과 전면적인 소통이 순간적으로 실현되는 순간이라면, 지속되지 않는 혁명의 시간은 그 순간의 강렬함을 앗아간다. 혁명의 어긋난 시간들은 개인의 주체성을 공동체적인 규범과 지속적으로 일치하게 내버려두지 않는다. 그것을 혁명의 현대성을 사유하는 자기의식이라고 부를 수 있다.

그 과정을 가장 정직하게 보여주는 시는 「그 방을 생각하며」(1960)[19]이다. "혁명은 안 되고 나는 방만 바꾸어버렸다"라는 자기 고백은 김수영 시의 자기 성찰의 동력이 4·19 이후 어느 지점에 도달했는가를 구체적으로 보여준다. '그 방'은 어디인가? 그 방은 "싸우라 싸우라는 말이/헛소리처럼 아직도 어둠을 지키고 있"는 방이다. "나는 그 모든 노래를 그 방에 남기고 왔"다. 그 방은 "나의 가슴이고 나의 四肢일까?"라고 질문할 때, 내게 남은 것은 "녹슬은 펜과 뼈와 狂氣—/실망의 가벼움"이다. 이 시에서 시적 화자의 의식의 역전은 "이제 나는 무

---

18) 『김수영 전집 1—시』, 민음사, 1993, p.147.
19) 같은 책, p.160.

엇인지 모르게 기쁘고/나의 가슴은 이유 없이 풍성하다"라는 긍지에 이르게 되는 과정이다. 김수영의 시에서 특이한 것은 혁명이라는 사회적 공간을 내면적 성찰의 과정으로 옮겨놓으면서, 그 균열과 모순을 감각하는 것에 머무는 것이 아니라, 그곳에서 다른 사랑의 가능성을 적극적으로 사유한다는 것이다.

「現代式 橋梁」(1964)에서 시의 화자는 한국적 모더니티의 식민성을 제기한다. 다리는 시간 위에 건설된 공간이다. "젊음과 늙음이 엇갈리는 순간/그러한 속력과 속력의 정돈 속에서/다리는 사랑을 배운다"[20]라는 문장 속에서 다리의 시간은 '속력'의 문제가 아니라, 사랑의 문제 속에 놓인다. "적을 형제로 만드는 실증"이란 다리의 식민적인 모더니티를 받아들이면서, 죄 많은 다리의 역사를 모르는 젊음을 동시에 받아들이는 '사랑의 기술'이다. 이 지점에서 다리로 상징되는 도시의 모더니티에 대한 김수영의 시적 의식은, 그 한국적 모더니티의 끔찍한 식민성과 가속도를 '새로운 역사'를 만드는 '사랑의 기술'로 전환하는 시적 윤리학에 다다른다. 또 다른 시「사랑의 變奏曲」(1967)에서는 도시에서 소외와 자기 연민, 공허와 설움만을 보는 것이 아니라, 그 내재적 사랑의 가능성을 상상한다. "사랑의 위대한 도시"에 이르는 사유의 궤적은 "사랑을 만드는 기술" "눈을 떴다 감는 기술" "4·19에서 배운 기술"의 과정이다.[21] 그것은 "소리 내어 외치지 않"고도 이 도시에서 '사랑'을 발견하는 기술이다. 이 기술은 도시 산책자의 소외된 관음자적 시선으로부터 도시의 내부에서 '사랑'을 발견하는 시선의 윤리학으로의 극적인 이동을 보여준다. 그것은 한국적인 모더니티에 대한 뜨거운 미적 윤리학의 지점이다.

---

20) 같은 책, p.235.
21) 같은 책, p.271.

이청준의 「병신과 머저리」(1966)는 환부와 증상에 대한 정신병리학적 탐구를 보여주는 소설이다. 의사인 형과 화가인 동생이 있다. 형은 한국전쟁 중에 동료를 죽이고 살아남았다는 트라우마를 가지고 있고 최근에는 수술의 실패로 좌절했으며, 동생은 우유부단한 태도로 인해 다른 사람과 결혼하겠다는 애인의 통고를 받는다. 형은 자신의 심리적 외상과 마주하는 방식으로 소설 쓰기를 선택했으며, 동생은 형의 소설을 훔쳐 읽으면서 형의 상처를 대리 체험한다. 형이 자신의 상처의 근원을 향해 소설 쓰기를 하다가 멈춘 동안, 동생은 자신의 그림을 그리지 못한다. 동생의 여자를 통해 발설되는 다음과 같은 말은 두 사람의 증상에 대한 숨은 서술자의 발언으로 읽을 수 있다. "선생님의 형님은 아직도 그 상처를 앓고 있다고 하시는 그분의 말씀을 듣고 저는 선생님을 생각했어요. 그렇다면 이유를 알 수 없는 환부를 지닌 어쩌면 처음부터 환부다운 환부가 없는 선생님은 도대체 무슨 환자일까요. 게다가 그 증상은 더 심한 것 같았어요. 그 환부가 어디에 위치해 있는지, 그것이 무슨 병인지조차 알 수 없다는 점에서 선생님의 증상은 더욱더 무겁고 위험해 보였지요. 선생님의 형님은 그 에너지가 어디에 근원했건 자기를 주장해왔고, 자기의 여자를 위해 뭔가 싸워왔어요."[22] 동생은 형의 소설의 결말에 스스로 개입하고, 형은 다시 그 소설을 고쳐 쓰면서 자신의 결말을 만든다. 자신의 환부를 알고 있는 자의 죄의식과 환부조차 없는 자의 나약함 사이에서 '병신과 머저리'라는 명명법이 가능해진다.

문제는 이 소설이 동생의 관점에서 진행되고 있다는 점, 형의 소설

---

22) 이청준, 『병신과 머저리』, 열림원, 2001, p.84.

이 액자소설 구조로 설정되어 있다는 점이다. 소설은 환부조차 대면하지 못한 자의 자기 성찰이라는 맥락에서 진행된다. 이 자기 성찰은 여러 겹의 층위를 갖고 있다. 형의 환부를 통해 자신이 처한 무기력함을 대면하는 것은, 자기 확인과 자기 정당화의 반복이라는 현대적 개인의 내면적 정황을 날카롭게 보여준다. 동생에게 형은 자기 성찰의 근거이자 자신의 비겁함에 대한 일종의 알리바이가 된다. 형이 동생의 소설 결말에 대해 분노하고 동생의 그림을 훼손하는 마지막 장면에서 통렬하게 드러나는 것은, 자기 자신과의 불화와 맞서지 않는 동생에 대한 혐오감이다. 이 소설에서 중요한 것은 현대적 주체성이 야기한 자기 정당화와 절대화의 요구를 허무는 데까지 소설적 자기 성찰이 나아가고 있다는 점이다.

　이 소설의 액자소설적인 중층 구조는 두 가지 의미를 갖게 되는데, 형의 환부에 대한 동생의 대리 체험이라는 측면과 함께, 소설 쓰기 자체의 근원적 성격에 대한 질문이 그것이다. 이청준 소설에서 두드러진 것은 현실과 개인의식 사이의 문제만이 아니라, 그 관계에서 발생하는 '언어'의 문제이기 때문이다. 작가의 표현을 빌리면 액자소설은 '반성의 언어'로서의 '진실의 장치'에 해당한다.[23] 소설가 소설로서의 이 소설의 특징은 소설 쓰기를 자의식을 따라가는 것이 아니라, 그것을 반성적으로 대상화한다는 것이다. 그곳에서 작가의 자의식은 독자

---

23) "격자소설이라는 것은 간단히 말해 진실의 장치라고 할 수 있겠지요. 진실의 소설적 표현이라는 게 어떤 것이겠습니까? 어떤 징후에 대한 예감과 암시 같은 것이 아니겠어요. 소설의 언어는 기본적으로 반성의 언어입니다. 어떤 것을 선택해서 그린다는 것 그것 자체가 반성으로서의 의미를 갖는 것이지요. 이처럼 반성이라는 특성을 지닌 언어가 할 수 있는 것은 삶의 진실에 대한 암시 정도일 뿐이겠지요. 직접적으로 드러내 보이는 경우에 있어서도 그것은 하나의 예시일 뿐 최종적인 진실의 실체는 아닐 것입니다. 그러니까 나로서는 이것이 진실이다라고 말하는 대신에 일정한 넓이를 마련해주고 그 안에서 진실을 찾아보기를 권하는 것이죠"(권오룡 엮음, 『이청준 깊이 읽기』, pp.28~29).

위에 군림하는 것이 아니라, 독자와 함께 제3의 탐구의 장소를 마련한다. 그것은 자기 자신을 성찰하기 위해 스스로를 객체화하는 현대적 주체성의 원리에 부합하는 것이면서, 나아가 작가의 자의식을 재성찰하는 메타적인 주체성의 공간을 확보한다.

이청준의 소설에서 현대적 내면성의 원리가 중요한 문제로 부각되는 것은, 자신의 원체험과 상처의 근원으로부터 자신에 대한 질문법을 만들어내기 때문이다. 그런데 이청준의 인물들의 내적 의식은 그 상처에 대한 피해자 의식뿐만 아니라, '피의자의 의식'을 함께 갖고 있다.[24] 이 점이 이청준 소설의 자기 성찰의 치열성을 확보하는 것이며, 여기서 이청준 소설의 자기의식은 현대적 주체성의 원리를 보존하는 수준을 넘어서 시대에 대한 비판과 소설 쓰기의 밑자리에 대한 반성적 의식이라는 중층적인 겹을 띠게 된다. 그것은 4·19 이후의 자기의식이 이청준에게는 원죄의식을 통한 자기 탐구와 그것을 언어화하는 문제라는 두 겹의 층위를 갖게 되었다는 것을 의미한다.[25] 현실의 억압에 대한 문학적 대응이라는 차원을 넘어서, 문학 언어의 틀 자체에 대한 질문이라는 측면에서 개인 주체의 자율성과 문학의 자율성은 상호작용한다. 이것이야말로 이청준 문학의 미적 현대성이 당대적

---

[24] 「병신과 머저리」의 갈등 구조를 '가해자와 피해자의 양가 논리를 맞세운 것'으로 분석한 것은 우찬제이다(우찬제, 「'틈'의 고뇌와 종합에의 의지」, 『타자의 목소리』, 문학동네, 1996, pp.300~301).

[25] "그때가 5·16 이후의 상황이었는데, 그때의 느낌이란 열렸던 세계가 완전히 닫혀버렸다는 그런 느낌이었어요. 닫혔을 때는 안으로 들어갈 수밖에 없는 것이겠지요. 바깥을 향해 뭔가를 물을 수 없을 때에는 자신에게 물어볼 수밖에 없지요. 또 위기감이라 하면 그것은 내 삶의 어느 일부가 고장 나는 것이 아니라 삶 전체가 몽땅 부서진다는 느낌에서 오는 것이었지요. 이런 상황에서 살아남아야겠다고 할 때, 절필하지 않으려면 과연 이럴 때의 언어가 어떤 언어이어야 하겠는가, 그리고 이렇게 쓰고 있을 때 과연 나 자신이 역사와 문학과 삶의 옳은 자리에 서 있는가라는 자신을 향한 물음에서 오는 그런 위기감이 많았었지요" (권오룡 엮음, 『이청준 깊이 읽기』, pp.33~34).

인 지평을 넘어서는 이유이다.

 최인훈, 김수영, 이청준의 텍스트를 통해, 4·19라는 '사건'에 '충실'함으로써 그 이전에는 발설하지 못했던 잉여와 공백으로서의 문학적 언어들이 드러나는 미적 실천의 사례들을 만났다. 이들 텍스트에서 드러나는 것은 4·19라는 역사적 사실의 직접적인 재현도 아니며, 4·19라는 원인에 의해 필연적으로 낳게 된 단일한 이념과 의식의 발현도 아니었다. 바로 4·19라는 이름의 모더니티가 한국문학의 미적 현대성과 맺는 관계, 혹은 그 관계의 복수적인 지점들이었다. 이들의 텍스트는 사회적 모더니티의 반영물이 아니라, 그 관계 속에서 만들어진 또 다른 모더니티들이다.
 특히 이들 텍스트에서 문제적인 것은 현대적 주체성의 원리가 자율적 개인의 자기 정당화의 요구에 귀결되지 않는다는 점이다.[26] 4·19 이후 합리적 이성과 자율적 개인에 대한 믿음이 정치 현실과 생활 세계 속에서 왜곡과 억압을 경험해야 할 때, 문학적 개인은 자기 자신의 내적 의식을 탐구의 대상으로 삼아야 하는 사태에 도달한다. 그러나 이들은 개인적 주체성의 원리를 배타적으로 절대화하는 방식으로 사태를 해결하는 것이 아니라, 현실이 일부로서의 자신에 대한 반성적

---

26) 이와 연관하여 김영찬은 1960년대 소설을 대상으로 '근대적 주체의 자기의식의 표현'이라는 관점에서 모더니즘 문학의 특징을 세밀하게 분석한 바 있다. 하지만 최인훈과 이청준의 문학적 한계를 논하는 지점에 이르면, 그들 문학에 대해 외재적인 입장에서 비판이 진행된다. "최인훈과 이청준의 소설에 각기 나타나는 냉소적 방관의 태도나 증오와 선망의 양가 감정은 바로 그런 자기 보존적 개인이라는 입지점 자체의 성격에서 비롯되는 것이다. 또한 그들의 소설이 포착하는 근대적 현실이 대부분 생생하게 살아 있는 구체적인 것이기보다는 주관적이고 추상적인 관념의 상으로 고정되는 데 그치는 것도 자기의 바깥으로 걸어 나가지 않는 개인이라는 입지점을 고려하지 않고는 온전히 설명할 수 없다"(김영찬, 『근대의 불안과 모더니즘』, 소명출판, 2006, p.221).

성찰을 끝까지 밀고 나감으로써, 다른 층위의 미적 주체를 재구성한다. 시대에 대한 비판과 자기비판이 조우하는 지점에서 심미적 주체가 탄생하는 것이다. 자기의식에 극단적으로 주의를 기울이고 그 주체성을 존중하면서 그것을 뒤흔들어버리는 미적 자유를 탐문한다. 주체의 자율성은 문학 텍스트의 구체성 안에서 문학의 자율성과 대면함으로써, 근대적 자기동일성에 대한 비판적 질문법을 만들어낸다.

그것은 서구적인 의미의 현대성을 주입한 것이 아니라, '분단-4·19-5·16'을 관통하는 한국적 모더니티의 역사적 공간 구조를 미적으로 전유하고 재구성한 산물이다. 한국사의 굴절된 모더니티가 그들의 문학을 필연적으로 규정했다기보다는, 그 외부적인 모더니티의 억압 속에서 미적 모더니티를 구성해나가는 과정 속에서 새로운 심미적 주체가 탄생한 것이다. 그들의 문학은 한국적인 모더니티가 만들어낸 문학적 '증상'이 아니라, 치열한 내면의 모험과 미적 투쟁이 만들어낸 모더니티의 '다른 장소'이다. 그 투쟁을 통해 한국문학은 사회적 모더니티와는 또 다른 모더니티의 가능성을 탐구할 수 있었다. 여기서 4·19를 둘러싼 미적 현대성은 당대적인 현대성이 아니라, 미래를 살기 시작하는 시간의 의미를 갖게 된다. 이들 텍스트 내부의 문학적 주체와 언어들은 4·19의 과거가 아니라, 4·19의 '미래'를 향해 열려 있다. 이 지점에서 4·19를 둘러싼 미적 현대성은 하나의 특정한 시대가 아니라 미래를 향한 활동이다. 미적인 층위에서 4·19는 명사가 아니라, '동사'적인 시간대이다. 한국문학에서 지금 중요한 것은, 4·19를 기억의 투쟁이 아니라 미래의 투쟁으로 바꾸는 일이다. 미적 혁명은 도래하지 않았거나 영원히 지속된다.

자유의 스타일, 스타일의 자유

우찬제

1. 자존심과 자기 세계

4·19세대의 초상을 그린 『숨통』에서 작가 최일남은 자존심의 담론을 제출한다. "혁명으로 추앙되는 학생들의 정의로운 열정이 급기야는 노회한 독재자를 바다 밖으로 몰아내는 데 성공했을 때, 그들은 일단 자존심을 충족시키고 무수한 희생자들의 피 값을 받아냈다고 믿었다."[1] 개개인의 사존심은 나아가 민족과 국가의 자존심으로 심화된다. 혁명에 참여했던 승재는 해방 후 미군정기를 거치고 정부를 수립했지만 일제 잔재를 제대로 청산하지 못한 상태에서 반공을 구실로 민족주의자들을 탄압했던 시기를 상기하면서 "우리는 사일구 전까지도 식민지 백성 신세를 면치 못했다"고 진단한다. 그러니까 4·19는 "민족의 생존과, 여전히 청산되지 않은 일제 식민지 상태에서 벗어나

---

1) 최일남, 『숨통』, 한국문학사, 1989, p.22.

려는 신생 독립국 국민들의 몸부림"(p.90)이었다는 것이다. 그러면서 "민족의 생존"이란 말 대신에 "자존" 혹은 "자존심"이라는 말로 바꿔도 무방하다고 언급한다. 4·19가 개인, 민족, 국가의 자존심 혹은 자기 효능감을 느끼게 하는 데 매우 의미 있는 역사적 기제였다는 생각은, 여기에 사회과학적인 논리 틀을 보태지 않는다고 하더라도 퍽 설득력 있게 다가온다. 그러나 각 심급에서의 자존심은 이듬해 벌어진 5·16군사쿠데타에 의해 심화·확산되는 경로를 차단당한다. "사일구의 피도 마르기 전에 권력에 허천들린 놈처럼 들입다 뛰어가 붙어먹는 자"(p.57)들, 그러니까 이런저런 이유를 들어 4·19혁명 대열에 앞장섰던 학생은 물론 교수, 기자 들이 5·16 세력에 동참해서 4·19 정신을 왜곡시키는가 하면, 5·16 군부 세력의 폭압에 의해 4·19의 영혼은 거세 일로에 놓이기 때문이다. "버둥거리면 버둥거릴수록, 이편저편에서 썩우는 올가미만 단단해질 것 같은 불안한 예후(豫後)를 점치게도 만들었다. 시시로 결딴나는 희망 앞에 몸부림치는 사람들과 사그라지려는 희망의 불씨라도 되일으키려는 사람들 사이에 끼어 바람막이 구실을 해야 한다는 인식은 아직 짓무르지 않았으나, 먼저 찾아드는 건 무력감이라는 걸 외면하기 힘들었다"(p.51). 4·19에서 불지핀 "자존" 혹은 "자존감"이 5·16으로 인해 "불안" 혹은 "무력감"으로 전환되기에 이르렀다는 것이다.[2] 이런 감정들의 길항 속에서 4·19

---

[2] 김병익은 4·19 기념 좌담에서 4·19의 혁명적 성격을 나름대로 진단한 다음 5·16 이후의 한국사회의 전개 과정을 4·19와 5·16의 이인삼각 형태로 논의한 바 있다. "4·19가 갖는 문화사적인 의미는 〔……〕 한글세대였다는 것과 민주주의를 어려서부터 교육받은 세대라는 것, 한글과 민주주의, 두 개가 묘하게 서로 결합된 세대라는 점이거든요. 〔……〕 6·25라는 것, 그리고 4·19라는 것이 전근대적인 혹은 전후적인 체제를 극복하는 것이라고 할까요? 그렇게 되어서 거기에서부터 근대화가 이루어지면서 문화적인 민족적 정체성, 인식의 민주화, 그리고 이성이라든가 자유에 대한 의식이 개화된 것이 아닐까 싶어요. 〔……〕 우리에게도 혁명이 있었다고 한다면 그 시점을 4·19로 잡는 것이 어떨까. 그것은 전 시대의 식민

세대의 삶과 문학적 감수성이 새롭게 형성되고, 그 진자운동 속에서 나름대로 '자기 세계'를 형성하려는 문학적 수고를 통해 미완의 혁명을 진행형의 혁명으로 계기하고자 한 것이 4·19세대의 문학이 아닐까 생각한다.

가령 4·19 원년인 1960년에 대학에 입학한 김승옥은 대학 2학년 때 쓴 「생명연습」으로 1962년 한국일보 신춘문예에 당선한다. 6·25를 체험한 4·19세대로서 "6·25 이후 한국인은 아버지를 상실한 세대, 민족대혼란의 전쟁과 이데올로기 때문에 성리학적 전통문화가 깨져버리고 아직은 새로운 것이 붙잡히지 않은 세대, 이렇게 압축시켜 보자 해서 그렇게 썼"[3]다는 「생명연습」에 나오는 '자기 세계' 담론을 주목해보기로 하자. "'자기 세계'라면 분명히 남의 세계와는 다른 것으로서 마치 함락시킬 수 없는 성곽과도 같은 것이 아닌가 생각한다. 그 성곽에서 대기는 연초록빛에 함뿍 물들어 아른대고 그 사이로 장미꽃이 만발한 정원이 있으리라고 나는 상상을 불러일으켜보는 것이지만, 웬일인지 내가 알고 있는 사람들 중에서 '자기 세계'를 가졌다고 하는 이들은 모두가 그 성곽에서도 특히 지하실을 차지하고 사는

지 체제라든가 6·25 체제를 극복하는 단계였고, 근대성이 시작되는 때였고, 그래서 이건 혁명으로 봐야 하지 않을까 하는 생각을 많이 합니다. 〔……〕 저는 4·19와 5·16은 이인삼각(二人三脚)이 아닌가 생각했거든요. 자유민주주의라는 4·19의 정신과 달리 5·16군사쿠데타는 정치사적으로나 정신사적으로 여러 가지 부정적인 요소가 압도하고 있지만 근대적인 경제 체제를 개발하려고 했다는 점에 주목할 수 있을 것 같아요. 민주주의라든가 자유라는 것의 물적 토대는 역시 어떤 경제적인 기반 위에서 가능한 것이지 그것 없이 실재하기 어려우니까요. 그래서 경제적인 근대화와 정신적인 근대화, 이것이 60년대를 이인삼각 형태로 끌고 간 것이 아닌가. 그리고 둘 사이가 제휴하거나 협력한 것이 아니라 오히려 견제하고 길항한 것이었지만 거기에서 우리 현대사가 시작된 것이 아닌가 하는 생각이 듭니다"(김병익·김승옥·염무웅·이성부·임헌영·최원식, 「좌담: 4월혁명과 60년대를 다시 생각한다」, 최원식·임규찬 엮음, 『4월혁명과 한국문학』, 창작과비평사, 2002, pp.38~39).
3) 같은 좌담, p.32.

모양이었다. 그 지하실에는 곰팡이와 거미줄이 쉴 새 없이 자라나고 있었는데 그것이 내게는 모두 그들이 가진 귀한 재산처럼 생각된다."[4] 여기서 단단한 성곽과 장미꽃 정원으로 표상되는 상상적 '자기 세계'는 아마도 4·19 이상의 낭만적 형상일 터이고, 그와 대조되는 곰팡이와 거미줄로 얼룩진 지하실은 5·16으로 인해 상실감에 젖어들 수밖에 없었던 상징적 '자기 세계'에 대항하는 것이 아닐까 짐작해도 그다지 무리는 아닐 것이다. 「생명연습」에서 "련민! 련민! 아 련민뿐이여"(p.27)라며 거듭 탄식해 마지않는 것도 그런 까닭이다. 물론 작가 스스로 6·25 이후 상실감에 대해 언급한 바 있으므로 이를 참조하여 다시 말하자면, 6·25 이후 지속되었던 상실감으로 인해 4·19의 희망은 더욱 고귀한 것이었는데 5·16으로 인해 그 상실감은 더욱 중첩되고 심화될 수밖에 없었다는 것으로 정리해볼 수 있겠다. 곰팡이와 거미줄로 얼룩진 지하실, 혹은 연초록빛 대기가 아닌 안개 자욱한 다락방 같은 것은 작가 김승옥이 상실의 세대의 감수성을 극화하기에 적당한 메타포요 리얼리티에 값한다. 이른바 1960년대 "감수성의 혁명"[5]은 그와 같은 무의식에서 오믈렛처럼 빚어진다. 김승옥의 평판작의 하나인 「무진기행」에서 "마치 이승에 한(恨)이 있어서 매일 밤 찾아오는 여귀(女鬼)가 뿜어 내놓은 입김과"도 같은 무진의 '안개'는 "손으로 잡을 수 없으면서도 그것은 뚜렷이 존재했고, 사람들을 둘러쌌고, 먼 곳에 있는 것으로부터 사람들을 떼어 놓"(p.126)는 존재로 그려진다. 이런 안개 속에서 존재와 소유 사이의 곤혹스러운 갈등 혹은 존재론적 아이러니를 보이는 윤희중의 초상은 5·16 이후 현실과 타협할 수밖에 없어서 더욱 상실감에 젖어들게 되는 일군의 행태에 대한 비판

---

4) 김승옥, 「생명연습」, 『생명연습 외』(김승옥소설전집 1), 문학동네, 1995, p.26.
5) 유종호, 「감수성의 혁명—김승옥」, 『현실주의 상상력』, 나남, 1991, p.85.

적이고 반성적인 진단의 결과로 보이기도 한다. 그만큼 '자기 세계'에 이르는 길은, 혹은 '자기 세계'를 탐문하는 상상적 도정은 곤혹스럽고 험난할 수밖에 없었던 것이다.

2. 자기 정립의지와 '자유민의 꿈'

자기 세계를 탐문하기 위해 김승옥처럼 상처와 상실감을 가지고 지하실로 강림하는 모습은 어쩌면 4·19세대 문인들의 공통된 집단 무의식처럼 보이기도 한다. 강등과 전락의 상처는 최인훈, 서정인, 이청준 등의 소설에서도 거듭 변형 생성된다. 「강」의 서정인이라면 "아―, 되찾을 수 없는 것의 상실임이여!"라고 한탄할 수밖에 없는 "천재가 열등생으로 변모해가는 과정"[6]이 한 예가 되겠고, 이청준이라면 「이어도」「황홀한 실종」「시간의 문」『자유의 문』『인문주의자 무소작씨의 종생기』 등 여러 소설에서 되풀이되는, 현실에서 패배한 자의 자기 유폐 내지 자기 실종의 기호가 그러하다. 평론가 김현이 "정치사적인 측면에서 보자면 1960년은 학생들의 해이었지만, 소설사적인

---

6) "그의 머릿속에는 몽롱한 가운데서 하나의 천재가 열등생으로 변모해가는 과정들이 하나씩 떠오른다. 너는 아마도 너희 학교의 천재일 테지. 중학교에 가선 수재가 되고, 고등학교에 가선 우등생이 된다. 대학에 가선 보통이다가 차츰 열등생이 되어서 세상에 나온다. 결국 이 열등생이 되기 위해서 꾸준히 고생해온 셈이다. 차라리 천재이었을 때 삼십 리 산골짝으로 들어가서 땔나무꾼이 되었던 것이 훨씬 나았다. 천재라고 하는 화려한 단어가 결국 촌놈들의 무식한 소견에서 나온 허사였음이 드러나는 것을 보는 것은 결코 즐거운 일이 못 된다. 그들은 천재가 가난과 끈질긴 싸움을 하다가 어느 날 문득 열등생이 되어버린다는 사실을 몰랐다. [……] 문제는 적중하느냐 않느냐가 아니라 적중하건 안 하건 간에 아무런 차이가 없다는 데에 있다. 적중하건 안 하건 간에 그는 그가 처음 출발할 때에 도달하게 되리라고 생각했던 것으로부터 사뭇 멀리 떨어져 있는 곳에 와 있음을 깨닫는다. 아―, 되찾을 수 없는 것의 상실임이여!"(서정인, 『강』, 문학과지성사, 1976/1996, pp.138~39)

측면에서 보자면 그것은 『광장』의 해"[7]였다고 평가한 최인훈의 『광장』에서라면 부채의 '사북자리' 상징으로 형상화된다.

〔……〕 펼쳐진 부채가 있다. 부채의 끝 넓은 테두리 쪽을, 철학과 학생 이명준이 걸어간다. 가을이다. 겨드랑이에 낀 대학신문을 꺼내 들여다본다. 약간 자랑스러운 듯이. 〔……〕 다음에, 부채의 안쪽 좀 더 좁은 너비에, 바다가 보이는 분지가 있다. 거기서 보면 갈매기가 날고 있다. 윤애에게 말하고 있다. 윤애 날 믿어줘. 알몸으로 날 믿어줘. 고기 썩는 냄새가 역한 배 안에서 물결에 흔들리다가 깜빡 잠든 사이에, 유토피아의 꿈을 꾸고 있는 그 자신이 있다. 조선인 꼴호즈 숙소의 창에서 불타는 저녁놀의 힘을 부러운 듯이 바라보고 있는 그도 있다. 구겨진 바바리코트 속에 시래기처럼 바랜 심장을 안고 은혜가 기다리는 하숙으로 돌아가고 있는 9월의 어느 저녁이 있다. 도어에 뒤통수를 부딪치면서 악마도 되지 못한 자기를 언제까지나 웃고 있는 그가 있다. 그의 삶의 터는 부채꼴, 넓은 데서 점점 안으로 오므라들고 있었다. 마지막으로 은혜와 둘이 안고 뒹굴던 동굴이 부채꼴 위에 있다. 사람이 안고 뒹구는 목숨의 꿈이 다르지 않느니. 어디선가 그런 소리도 들렸다. 그는 지금, 부채의 **사북자리**에 서 있다. 삶의 광장은 좁아지다 못해 끝내 그의 두 발바닥이 차지하는 넓이가 되고 말았다. 자 이제는?[8]

부채로 비유된 이명준의 과거 삶 전체, 의식과 무의식 전체가 총람적으로 압축되어 있다. '펼쳐진 부채'로 상징되는 존재 공간 혹은 존

---

7) 김현, 「사랑의 재확인」, 최인훈, 『광장/구운몽』(최인훈전집 1), 문학과지성사, 1976/1999, p.313.
8) 같은 책, pp.186~87.

재 광장의 축소 괴멸 과정이 점진적으로 묘사된다. 그래서 마침내 부채의 사북자리 끝까지 내몰린 상태임을 환기한다. 사북자리 끝에서 주인공은 환멸 속에서 자기를 방기한 채 제3국으로 표류하고 있었던 것임을 반성하면서 제정신이 들게 되고, '푸른 광장'을 보게 된다. 그리고 '신내림'과도 같은 분위기 속에서 '활짝 웃'으며 '푸른 광장'으로 몰입해 들어간다. 사북자리 끝에서 이어지는 이명준의 죽음은 매우 절박하다. 식민지에서 태어나 분단된 조국의 남과 북에서 공히 환멸을 체험한 청년, 온몸으로 세계와 대결하고자 했던 청년의 죽음이기에 더욱 그러하다. 그렇다면 『광장』에서 이명준의 역정과 죽음의 의미는, 4·19와 관련하여 무엇인가. 발표 당시 서문에서 최인훈이 "아시아적 전제의 의자를 타고 앉아서 민중에겐 서구적 자유의 풍문만 들려줄 뿐 그 자유를 '사는 것'을 허락지 않았던 구정권하에서라면 이런 소재가 아무리 구미에 당기더라도 감히 다루지 못하리라는 걸 생각해보면 저 빛나는 4월이 가져온 새 공화국에 사는 작가의 보람을 느낍니다"(『새벽』 1960년 11월)[9]라고 밝혔거니와, 자유에의 열정으로 들끓던 4·19의 기운에 힘입어 한국사회를 전면적으로 비판하는 이데올로기적 성찰의 소설을 쓸 수 있었던 것이다. 그러나 "운명을 만나는 자리"인 "광장"을 발견하기란, 결코 쉬운 일이 아니었다 대립적인 남북의 이데올로기와 체제를 초극하고 제3의 이데올로기와 체제를 전망하기도 난망에 가까운 것이었다. 진정한 사랑으로 운명처럼 광장에서 어우러지는 새로운 삶의 기획 역시 상상 이상의 곤혹이었을 것이다. 그러니까 이명준의 역정과 죽음은 개인적 삶의 방정식에서 한국사회 체제론, 나아가 세계 체제론에 이르는 문제 틀을 시사한다. 결

---

9) 같은 책, p.19.

코 쉽게 풀릴 방정식이 아니지만 그럼에도 도전해야 하는 상상적 과제를 안겨준 것이라고 하겠다. 이에 이명준을 이데올로기와 사랑이라는 심해에 장사 지내고 진혼의 묘비명을 쓴 최인훈은 이어지는 작업에서 계속 자아와 세계에 대한 심도 있는 성찰을 계속한다. 이러한 문제 틀과 성찰 및 상상의 기본적인 동력은 4·19의 광장에서 얻어진 심원한 것들이었을 것이다.

『광장』에서 발견한 문제 틀을 성찰하기 위해 최인훈은 이어지는 『회색인』에서 독고준이라는 문제적 인물을 형상화한다. 확실히 독고준은 최인훈다운 자기 정립의지를 보이는 인물이다. 분단된 "남북조시대"10)의 상황으로 인하여 '독고(獨孤)' 상태에 처한 단독자의 초상인 독고준은 그야말로 고독한 자유인이다. 그는 기존의 경계를 허물고 기존의 영토를 넘어서 새로운 사유와 인식으로 진정한 삶의 지평을 열기를 간절히 소망하고 갈구하는 인물이다. 그 자신이 결여로 인해 매우 불완전한 존재임을 승인하는 인물이기에 결여를 넘어서기 위한 허심탄회한 보헤미안의 방랑을 서슴지 않는다. 지난한 관념의 방랑과 탐색 과정을 거친 독고준은 자신이 넘어서기를 주저한 어떤 곳과의 이피퍼니와도 같은 교감을 통해 새로운 근대인으로 거듭난다. "그렇다. 내가 신(神)이 되는 것. 그 길이 있을 뿐이다. 그러나. 그것은 번역극이 아닌가? 거짓말이다. 유다나 드라큘라의 이름이 아니고 너의 이름으로 하라. 파우스트를 끌어대지 말고 너 독고준의 이름으로 서명하라. 너의 이름을 회피하고 가명을 쓰려는 것, 그것이 네가 겁보인 증거다. 남의 이름으로는 계약하지 않겠다는 깨끗한 체하는 수작은 모험을 회피하자는 심보다."11) 다른 사람, 다른 존재가 아닌 자신

---

10) 김우창, 「남북조시대의 예술가의 초상—최인훈『소설가 구보씨의 일일』」, 『궁핍한 시대의 시인』, 민음사, 1977/1993, p.272.

의 이름으로 하겠다는 것, 자신의 이름으로 서명하겠다는 것, 바로 이것이야말로 독고준의 근대 선언이자, 근대 작가 선언인 셈이다. 그리고 그것은 곧 작가 최인훈의 준열한 선언이기도 하다. 4·19라는 자유의 광장에서 상상적 에너지를 충전한 최인훈의 문학은 이와 같은 자기 인식, 자기 서명의식, 관념적·예술적 모험의식과 자기 실험정신의 소산이다.

소설 『회색인』에서 문학적 자기 성찰, 자기 정립, 자기 정초에의 의지를 분명히 보인 최인훈은 『서유기』를 거치고 『소설가 구보씨의 일일』을 경유하고 『태풍』을 지나 『화두』에 이르기까지 부단히 상상력과 스타일을 혁신하는 문학적 역정을 펼친다. 특히 『화두』에 이르면 이명준 시절부터 소망했던 "자유민의 꿈"을, 그리고 "푸른 광장"을 운명처럼 큰 규모로 펼쳐놓는다. 세계의 변두리 한반도의 청년으로 성찰과 고난을 거듭하다가 동지나해에서 죽어간 이명준의 초상은 이제 『화두』에서 20세기의 중심적 인물로 새로 탄생하기에 이른다. 『화두』는 20세기의 운명과 20세기인들의 지적 자산과 20세기 한국인들의 집단 무의식과 20세기 한국인의 성찰을 집적한 작품이다. 『화두』에서 한반도의 변두리에서 태어난 한 작가의 인식 여정은, 기억의 타자성과 기억의 변증법을 통해 세계의 중심부에 진입한다. 20세기에 의해 "동원되었다"고 생각하는 인물이, 혹은 20세기에 의해 동원될 수밖에 없었던 인물이, 역설적으로 20세기를 전면적으로 "동원하면서" 한 편의 복합적인 소설을 완성한다.[12] 러시아 방문 여정에서 주인공이 중학교 문학 시간 때부터 인연이 깊었던 조명희의 영혼과 교감하는 장면이 있

---

11) 최인훈, 『회색인』(최인훈 전집 2), 문학과지성사, 2008, p.382.
12) 졸고, 「현실의 유형인·인식의 세계인, 그 가역반응—최인훈의 『화두』」, 『상처와 상징』, 민음사, 1994, pp.36~37.

다. 자기를 빼앗기면 안 된다는 것. "너 자신의 주인이 되라."[13] "빛이 있을 때 빛 속을 걸어라"(2권, p.522)와 같은 조명희의 화두와 교감하는데, 이는 '레닌구성체' 이야기와 겹쳐지면서 이런 인식으로 심화된다. "나 자신의 주인일 수 있을 때 써둬야지. 아니 주인이 되기 위해 써야 한다. 기억의 밀림 속에 옳은 맥락을 찾아내어 그 맥락이 기억들 사이에 옳은 연대를 만들어내게 함으로써만 나는 나 자신의 주인이 될 수 있겠다. 그 맥락, 그것이 '나'다. 주인이 된 나다"(2권, pp.542~43). 이런 자기 정립의지는 "자유민의 꿈" 내지 문학적 세계인의 꿈과 연계된다. "몸은 비록 노예일망정, 자유민의 꿈을 유지하는 것, 작품이란 것은, 꿈의 필름이 아니라 의식이 스스로 연기(演技)하여 꿈을 발생시키기 위한 연기 순서의 기록이다. 시나리오다. 〔……〕 한 번 깨달으면 그만인 어떤 것이 아니라, 그 깨달음의 상태를 끊임없이 유지해야 하는 '되풀이'의 운동이었다"(2권, p.460). 최인훈의 문학은 대수의 법칙과 소수의 법칙 사이의 삼투 현상, 역사와 인생의 상호작용, 현실과 예술의 상투(相鬪)/삼투 현상, 공동체적 이성과 공동체적 감정의 상호침투 과정에서 길어 올려진 "자유민의 꿈"의 결실이다. 이를 위해서는 늘 긴장하고, 늘 깨닫고, 늘 화두 풀이에 몰입해야 한다는 것, 그리고 그것들은 정태적으로 머물러서는 안 되고 역동적으로 되풀이되어야 한다는 것, 아울러 자유롭게 세계와 대결하고 자유롭게 자기를 반성하면서 동시에 스타일 혁신을 계속해야 한다는 것과 같은 문학의식의 소산이다. 이러한 최인훈의 문학의식, 혹은 인식과 상상의 힘, 내지 그가 나름대로 구안한 정신현상학의 원천의 상당 부분을 4·19의 광장에서 찾는 것은 그리 어려운 일이 아니다.

---

13) 최인훈, 『화두 2』, 민음사, 1994, p.511.

3. 자유의 문을 향한 운명의 스타일

이청준 역시 4·19의 희망과 5·16의 좌절 사이에서 곤혹스러운 갈등을 하면서 자신의 4·19문학을 형성해나간 작가이다.[14] 그의 인물들은 종종 "환부다운 환부가 없는"[15] 환자로 소설이라는 병원에 입원한다. 등단작 「퇴원」(1964)의 주인공부터 그렇거니와 「병신과 머저리」(1968), 『조율사』(1971) 등 여러 소설에서 인물들은 근거 없는 배앓이를 겪는다. 「병신과 머저리」에서 6·25세대인 형과 4·19세대인 아우는 현저한 대조를 보인다. 6·25 전상자로서 의사이자 시인인 형은 수술 실패로 소녀를 숨지게 한 사건 이후 낙담하여 병원 일을 그만두고, 6·25 경험을 바탕으로 자전적인 소설을 쓴다. 패잔병으로 남았다가 동료를 죽이고 도망치는 이야기다. 이 이야기를 쓴 다음 형은 현업에 복귀하지만, 아우는 다르다. 형은 상처가 분명했지만 화가인 아우는 자신의 애인이었던 혜인의 지적처럼 "환부다운 환부가 없는" 환자로 삶의 활력을 잃은 채 무기력한 예술가로 방황한다. 아우는 깊은 고뇌에 빠진다. "인간의 근원에 대해서 생각을 좀더 깊게 하지 않으면 안 된다는"(p.67) 절실함으로 에덴의 동산으로부터 그 이후 아벨이

---

14) 이와 관련해 이청준은 다음과 같이 언급한 바 있다. "6·25 때는 마성적 존재로서의 인간상을 목도했습니다. 인간성의 어두운 면과 그 불신감 때문에 무척 고통스러웠습니다. 4·19 때는 흔히 말하듯 자기 가능성과 희망, 꿈이 거의 무한대로 확산되는 느낌이었어요. 그러나 솔직히 내던져졌다는 느낌 또한 강했고, 자기 책임 아래서 어떻게 살 것인가에 대한 막막한 두려움도 있었지요. 그러다가 맞이한 5·16은 반동적 좌절감을 가져다주기에 충분했습니다. 나중에 정리한 느낌이겠지만, 조직의 폭력성과 자신의 무력감 사이에서 괴로워했습니다"〔이청준·권성우·우찬제 대담, 「이청준: 영혼의 비상학을 위한 자유주의자의 소설 탐색」(1990년 2월 13일), 『말·삶·글』, 열음사, 1992, p.77〕.
15) 이청준, 『병신과 머저리』, 열림원, 2001, p.84.

나 카인 같은 인간들의 의미와 속성을 궁리한다. 그럼에도 고통스러운 것은 심미적 대상을 만나기 어렵기 때문이다. "감격으로 나의 화필이 떨리게 하는 얼굴은 없었다. 실상 나는 그 많은 얼굴들 사이를 방황하고 있었는지도 모른다"(p.67). 아마도 아우는 「창세기」의 카인과 아벨 이야기의 신앙적 맥락뿐만 아니라, 신의 뜻과 단죄, 인간의 의지, 질투라는 감정, 살인이라는 행위, 그리고 히브리어로 얼음을 뜻하는 카인과 허무를 의미하는 아벨의 속뜻 등 여러 가지를 고민했을 것이다. 외적 행동이 아니라 근원을 깊이 탐문하는 것, 존재의 심연을 성찰하는 것, 그래서 인간의 상처를 근원적으로 헤아리고 치유의 지평으로 나갈 수 있는 지혜를 구하는 것, 그런 것들이 이청준 소설의 심층에 속한다. 그래서 이청준 소설에서 환자의 담론과 치유자(의사)의 담론은 전이와 역전이를 복합적으로 거듭한다.

「병신과 머저리」에서 아우가 허무와도 같은 방황의 심연에 빠진 정황을 우리는 장편 『씌어지지 않은 자서전』(1969)을 통해 헤아려볼 수 있다. 여성지 편집자이자 소설가인 주인공은 직장 일에 회의를 느껴 사직하려 하나 국장의 재고 권유를 받고 열흘간의 유예 휴가에 들어간다. 이 휴가 기간 동안 주인공은 정체불명의 신문관을 환상적으로 만나게 되고 자기 진술을 강요받는다. 어린 시절의 허기와 대학 시절의 단식, 전짓불 불안 얘기만을 되풀이하는 주인공의 진술에 신문관은 마침내 "불필요한 사고를 중지시키는 수술"인 "대뇌 기능 제거 수술 형"[16]을 선고한다. "우리들에 대한 부단한 의심과 불복 그리고 당신의 그 끝없는 망설임과 스스로에게마저 정직해질 수 없는 위험한 추상 관념"(p.164)이 선고 이유다. 이에 주인공 이준은 사고 능력을

---

16) 이청준, 『씌어지지 않은 자서전』, 열림원, 2001, p.166.

제거당하느니 차라리 사형을 택하겠다고 한다. 그러나 이준은 자신이 쓴 소설로 인하여 사형 집행의 유예를 받게 된다. 신문관의 배후인 각하가 "소설이라는 것이 가장 성실한 진술의 한 가지 형식"(p.255)임을 인정하고 이미 쓴 소설을 검토하는 동안 집행을 연기할 것이며 앞으로도 계속 소설을 쓴다면 집행을 계속 연기할 것이라고 결정했기 때문이다. 이렇게 진술을 강요하는 신문관과 억압당하는 작가 사이의 속절없는 대질 신문 과정이 주를 이루는 이 소설에는 4·19 담론이 비교적 명료하게 제시되어 있다. "우린 정말 세상을 좀더 나은 것으로 만들어보려는 의욕에 불타 있었어요. 그런 의욕의 실현 가능성을 우리는 4·19혁명 성공에서 얻을 수 있었거든요. 아까도 말했듯이 그 결과는 여하간에 우리는 그런 가능성과 자부심을 누리고 살았지요. 그런데 그 꿈과 의욕이 5·16으로 좌절을 당하고 말았어요"(p.114). 4·19혁명을 통해 자유의 가능성을 얻었던 4·19세대가 5·16으로 인해 철저한 좌절감을 맛보아야 했던 사정을 확인할 수 있는데, 바로 이 대목에서 4·19세대 작가로서 이청준의 정치적 무의식이 분명해진다. 그렇다는 것은 소설 속에서 주인공 이준이 유예 휴가 동안에 자신 여부를 스스로 선택할 수 있다고 생각했었는데, 실제로는 이미 선택은 주어진 게 아니었다는 사실에서도 확인된다. 동료 임갈태는 말한다. "네가 만약 그 일로 아직까지 머릿속을 굴리고 있었다면 그거야말로 서글픈 코미디잖아? 애초에 주어지지도 않은 선택을 가지고 혼자 고심을 하고 있었다면 말야. 〔……〕 어쨌든 마지막 선택은 네가 할 수 있는 게 아니었어"(p.264). 선택의 불가능성 테마는 곧 역설적인 자유의 테마이다. 도저한 자유 지향의식을 보였던 이청준은 이 소설 이외에도 『당신들의 천국』(1976), 「숨은 손가락」(1985), 『흰옷』(1994), 「지하실」(2005) 등 여러 소설에서 반복적으로 이 테마를 다루었다.

4·19의 동력은 그처럼 지속적이었던 셈이다.

자유 지향의 소망이 끝없이 미끄러지는 가운데 4·19세대 작가로서 이청준은 곤혹스러운 가운데서도 줄곧 진정성 있는 모색을 수행한다. "4·19세대의 좌절의 의식 그리고 돌파구의 처절한 모색"[17]을 보인 소설 『조율사』에서는 정작 연주회는 하지 못한 채 악기만 조율하는 악사들의 처지에 빗대어 4·19세대의 단면을 성찰한다. "그들은 어느덧 연주회에 대한 희망은 까마득히 사라지고, 오로지 악기의 소리를 잃지 않으려고 애쓰던 기억만을 갖게 되리라. 자기들은 연주회를 가지려는 악사임을 잊어버리고, 조율이 자신들의 본래 몫이었던 것처럼 착각을 하게 된다는 말이다. 그리하여 이제 이들은 조율에만 열중하고 조율에만 만족한다. 언제까지나 연주회를 갖지 못하고, 그 연주회의 꿈조차 잃어버린 영원한 조율사들—."[18] 「소문의 벽」(1971)에서도 주인공 박준은 자유로운 진술을 허락하지 않는 억압적 분위기 때문에 언어의 벽 혹은 소문의 벽에 부딪혀 극한의 불안과 진술 공포증을 느끼며 위장된 광기를 보이기도 한다. 『씌어지지 않은 자서전』에서 그랬던 것처럼, 「소문의 벽」에서도 진술을 강요하거나 통제하는 사회적 억압 때문에 제대로 된 이야기를 하지 못한 채 '언어-조율사'에 머물고 만다. 여러 소설에서 되풀이되는 이런 상황은 「전짓불 앞의 傍白—가위 밑 그림의 음화와 양화·2」(1988)에서 이렇게 정리된다.

> 그것은 이를테면 내 소설을 감시하는 두 개의 전짓불인 셈이다. 말할 것도 없이 하나는 개인적 진실 쪽에서요, 다른 하나는 사회적 공의(당국과 독자는 그런 점에서 같은 편의 검열관들이다) 쪽에서다.

---

17) 정과리, 「지식인의 사회적 자리」, 이청준, 『조율사』, 열림원, 1998, p.218.
18) 같은 책, p.32.

나는 소심하게도 그 두 개의 전짓불에 쫓기면서 끊임없이 선택을 강요당하고 있는 꼴인 것이다. 하지만 그것은 이미 선택의 문제가 아니다(보다는 차라리 자신과 세상과의 싸움의 문제이다). '지시된' 선택은 선택이 아니려니와, 양자는 다 같이 소설이나 삶 속에서 선별적 택일의 대상이 될 수가 없기 때문이다. 그것은 선택의 대상이 아니라 필경은 조화와 통합의 대상인 것이다(그것을 끝끝내 대립관계로 수용하여 전짓불의 감시에 강압당하고 있는 데선 쫓기는 자의 역설적 권리마저 생길 수 있고, 거기 의지하는 이점도 그리 적지 않을 터이기 때문이다).[19]

잘 알려진 대로 '전짓불' 모티프는 이청준 소설에서 주체를 억압하여 불안에 빠지게 하는 대타자의 향락의 징표이다. 그런데 눈여겨봐야 할 것은 이 대목에서 작가가 외적인 대타자의 전짓불 말고도 내면의 전짓불을 또 하나 상정하고 있다는 점이다. 새로운 모색 혹은 진정한 화해와 통합을 위해서는 반성적 성찰이 항상 수반되어야 한다는 도저한 작가의식을 거듭 확인하게 하는 대목이다. 이 안팎의 전짓불의 갈등 가운데 쫓기면서 불안스럽게 진술할 수밖에 없었는데, 그 전짓불의 감시 때문에 불안하긴 했지만 "쫓기는 자의 역설적인 권리"를 발견할 수도 있었음을 밝히는 대목이 이상적이다. 이청준 특유의 역설적 인식이다. 개인 또는 작가의 존재를 폭력적인 전짓불 신호에 의한 단순한 수동적 피해자, 혹은 불안신경증 환자로 머물게 하지 않는 점이 눈에 띈다. 일차적으로 불안과 공포의 대상인 전짓불 폭력을 역설적으로 성찰하여 문학적 권력의지를 생산적으로 추동케 하는 기제로 파악하고 있는 것이다.[20] 말하자면 이청준은 "쫓기는 자의 역설적

---

19) 이청준, 「전짓불 앞의 傍白—가위 밑 그림의 음화와 양화·2」, 『가위 및 그림의 음화와 양화』, 열림원, 1999, p.57.

인 권리"에 기대어 한밤중 구불구불한 산길 소설 여정을 걸어온 작가라고 할 수 있다. 그러면서 그가 추구한 것은 "우리의 삶에 대해 드넓고 화창한 자유의 질서"[21]였다. "자유의 질서야말로 우리의 가장 크고 깊은 삶의 진실이 아닐 수 없"(p.131)는 것이기 때문이다. 그리고 그것은 계속 새롭게 탐색되어야 하는 혁신적 대상이다. 자신이 발견한 자리에 머물면 곧 타락할 수 있기 때문에 탈주는 계속되어야 한다는 생각을 그는 견지한다. "언제나 그가 도달한 세계에서 또 다른 다음번 이념의 문을 향해 고된 진실의 순례를 떠나야 하는 숙명적 이상주의자"(p.127)가 바로 이청준이 생각하는 진정한 작가의 초상이다.

이 때문에 이청준은 4·19 이후 줄곧 탐색해온 자유의 가치에 대해서도 여러 차례 반성적 성찰을 하며 새로운 '자유의 문'을 열어 보이고자 한다. 가령『당신들의 천국』(1976)을 보자. 조백헌 원장은 진심으로 선한 의지를 지니고 섬 환자들의 낙원을 구상하고 실천하고자 했었다. 그러나 그것은 섬사람들의 자유로운 의사에 입각한 선택이 아니라 주어진 것이었다. 그것을 섬사람들은 견디기 어려워한다. 실제로 소록도의 나환자들은 자신들의 원장을 자유롭고 민주적으로 선택할 수 없었거니와 자신들의 삶을 위한 어떤 명분도 실천 행동도 자유롭게 선택할 수 없었다. 게다가 미래를 위한 선택의 변화와 개선 가능성도 없다고 비판자 이상욱은 생각한다. "하지만 진정한 천국이라면 전 그것을 누리고자 하는 사람에게 먼저 선택이 행해져야 할 것이고, 적어도 어느 땐가는 보다 더 나은 자기 생의 실현을 위해 그 천국을 버릴 수도 있어야 하는 것으로 믿고 싶습니다. 천국이란 실상 그 설계나 내용이 얼마나 행복스러워 보이느냐보다 그것을 누리고자 하는 사

---

20) 졸저,『텍스트의 수사학』, 서강대학교출판부, 2005, p.83.
21) 이청준,「지배와 해방」,『자서전들 쓰십시다』, 열림원, 2000, p.133.

람들의 선택 여부와 내일의 변화에 대한 희망이 어느 정도까지 허용될 수 있느냐에 더욱 큰 뜻이 실릴 수 있기 때문입니다."[22] 그런데 그가 보기에 소록도에는 다양성이 보장된 상황에서 행할 수 있는 자유로운 선택과 변화 가능성이 없다. 그런 상황에서라면 원장이 꾸미는 천국 역시 '섬 원생들의 천국'이기 이전에 오직 '원장님 한 분만의 천국'이라고 그는 생각한다. 심지어 "선택과 변화가 전제되지 않은 필생의 천국이란 오히려 견딜 수 없는 지옥일 뿐"(p.399)이라고 말한다.[23] 이렇게 이상욱은 섬사람들의 자유를 강조한다. 자유에 입각한 민주적인 질서를 존중한다. 그래야 진정한 주인으로서 살아갈 수 있다고 믿는 까닭이다.[24] 그러나 작가는 그런 자유의 문제에 대해 반성

---

22) 이청준, 『당신들의 천국』, 열림원, 2000, pp.399~400.
23) 여기서 우리는 『자유론』의 저자 J. S. 밀의 생각을 떠올려도 좋을 것이다. 그는 "인간의 삶에서 각자가 최대한 다양하게 자신의 삶을 도모하는 것 이상으로 더 중요한 것은 없다"는 훔볼트의 말을 즐겨 인용했다. 인생의 목적을 달성하기 위해서는 자유와 상황의 다양성이라는 두 조건이 충족되어야 함을 훔볼트는 강조한다. 훔볼트를 존중하면서 J. S. 밀은 진지하면서도 열정적으로 자유의 소중함과 불가침성에 대해 논의한다. 밀에 따르면 자유를 향유할 수 없으면 이미 인간일 수 없다. 비록 아주 훌륭한 역할 모델이 있다고 하더라도 그에 무조건 추종하면 안 된다. 자신의 구체적 경험과 자유의사에 따라 사리를 판단하고 행동하는 것이 인간만의 특권이자 인간다운 조건이기 때문이다. 밀은 다른 사람에게 해를 끼치게 될 경우, 이 유일한 예외적 상황을 제외하면 자유는 절대적으로 보장되어야 한다고 주장했다. 자유를 행사하는 개인에게 최대의 이익 내지 최선의 결과를 가져다줄 수 있기 때문에, 개인에게 자유가 보장되어야 밀은 생각했다. 설령 최선의 결과를 가져오지 못한다고 하더라도 자기 방식대로 사는 것은 매우 중요하다. "자기 방식대로 자기 삶을 살아가는 것이 가장 바람직하다. 그것이 최선의 결과를 낳을 것이기 때문만이 아니라 바로 자기가 선택한 자기 방식대로 살 수 있기 때문이다"(『자유론』). 폴 발레리의 "생각한 대로 살지 않으면 사는 대로 생각하게 될 것"이라는 시구를 떠올려도 좋을 대목이다.
24) 이상욱은 이렇게 말한다: "전 결국 이 몇 년 동안 원장님과 원생들의 관계에서, 한 선의의 지배자와 피지배자들 사이의 어떤 대등한 상호 지배 질서, 만인 공유의 화창한 지배 질서가 탄생하는 것을 본 것이 아니라, 한 지배자가 어떤 불변의 절대 상황 속에 갇힌 다수의 인간 집단을 얼마나 손쉽게, 그리고 어느 단계까지 저항 없는 조작을 행해갈 수 있는가 하는 슬픈 지배술의 시범을 보아왔던 셈입니다. 〔……〕 원생들은 자기 천국의 진정한 주인

한다. 자유와 사랑의 어울림을 모색한다. 이런 생각은 황 장로의 발언을 통해 정리된다. "이제 이 섬에선 자유보다도 더 소중스런 사랑으로 행해나갈 수 있어야 한다는 소리일 뿐이지. 자유가 사랑으로 행해지고 사랑이 자유로 행해져서, 서로가 서로 속으로 깃들이면서 행해질 수만 있다면야 사랑이고 자유고 굳이 나눠 따질 일이 없겠지만, 이 섬에서 일어난 일들로 해서는 자유라는 것 속에 사랑이 깃들이기는 어려워도, 사랑으로 행하는 길에 자유가 함께 행해질 수도 있다는 조짐은 보였거든. 그리고 아마 이 섬이 다시 사랑으로 충만해지고 그 사랑 속에서 진실로 자유가 행해지는 날이 오게 되면, 그때 가선 이 섬의 모습도 많이 사정이 달라질 게야"(p.349).

"자유와 사랑의 실천적 화해"[25]는 이청준 소설이 추구한 소중한 덕목이다. 그것이 가망 없는 희망에 가까운 것이기에 더욱 그에게는 절실했던 것으로 보인다. 하여 그는 그것의 탐문에 운명을 거는 소설 스타일을 보인다. 『자유의 문』(1989)에서 진실을 증거하기 위해 죽음으로 입사해 들어가기를 마다하지 않는 작가 주영섭이 강조하는 것도 바로 그것이다. "인간의 유한성과 그 도덕성에 바탕한 실천적 자유와 사랑을 목표로 하는 것"[26]이 바로 소설이다. 이를 위해 소설은 "영구 불변의 절대계율"에 얽매이면 안 된다. "소설의 길은 끊임없는 자기 반성과 변화"(p.253)로 이루어져야 한다. 계율을 버리거나 바꾸는 것이 소설의 파탄이 아니냐는 백상도 노인의 질문에 영섭은 "파탄이 아니라 재탄생"이며, "우리의 삶과 정신의 자유, 나아가 그 소설 자체

이 아니라 오히려 그것을 받들고 복종하는 그 천국의 종으로서 괴로운 봉사만을 강요당할 수도 있을 것입니다"(p.412).
25) 김현, 「자유와 사랑의 실천적 화해」, 이청준, 『당신들의 천국』, 문학과지성사, 1976/1999, p.430.
26) 이청준, 『자유의 문』, 나남, 1989, p.253.

의 자유를 보여주는 것"(p.254)이라고 강조한다. '자유의 문'을 향한 4·19세대 작가 이청준의 운명적 탄생은 그런 모습이었다. 삶과 정신, 소설 모두의 자유를 위해 끊임없이 탐색하고 부단히 새로운 스타일을 모색했던 것이다. 혁명이나 혁신은 일거에 이루어지는 것이 아니라는 생각을 4·19의 현장에서 그리고 그 이후의 전개 과정을 통해 절실하게 체감했던 작가였기 때문이다.

4. 스타일의 자유와 혁신을 위하여

서정인 역시 4·19와 5·16 이후 속악한 현실에 대한 비판의 형식으로 소설을 택한 작가다. 1962년에 「후송」(『사상계』)으로 등단한 이후 50년 가까운 창작 기간 동안 그는 끊임없이 새로운 소설 언어와 낯선 담론 스타일을 나름대로 모색하고 혁신하며 현실에 대한 의미 있는 문학적 메시지를 전달해왔다. 끊임없이 기존의 소설 스타일을 넘어서서 새로운 소설 스타일을 탐색해온 서정인의 서사적 혁신 도정은 한마디로 소설을 소설답게 하는 소설성의 역동적 탐색이었으며, 그것은 또한 우리 삶에서 소설이란 무엇인가 하는 근본 질문에 답하려는 모색의 과정이었다고 할 수 있다.[27] 사실 그도 초기에는 고전적 소설 미학을 충실하게 구현했던 작가였다. 억압적인 군대 공간을 배경으로 실존적 분노의 문제를 이명(耳鳴)의 문제학으로 풀어본 데뷔작 「후송」을 비롯하여, 자유의지에 입각한 삶의 방향 모색의 비극적 좌절을 보

---

27) 서정인은 "삶의 형식적 모방이 그 삶의 혼돈을 보여주고, 형식이 모방의 현실로부터 유리되어 실체를 보여줄 수 없을 때 그 형식을 새로운 형식으로 파괴하여 유리된 현실이 아니라 놓친 실체를 보여주려는 노력이 리얼리즘"(「리얼리즘考」)이라고 강조한다.

여준 「미로」 「물결이 높던 날」 등 실존주의 색채를 지닌 초기 단편에서, 그는 비속한 현실에서 인간 실존의 문제를 내면적으로 다루었다. 소설 형식의 고전적 미학을 유지하던 시절의 작품의 백미는 아무래도 평판작 「강」(1968)일 터이다. 「강」 이후에 차츰 그는 속악한 현실을 그같이 단정한 형식으로 실체화하기 어렵다고 생각한다. 삭막하고 막막한 소시민들의 일상적 풍경들을 조명하고 그 삶의 리듬과 자잘한 기미들을 형상화하기 위해 서정인은 서사적 스타일 혁신을 도모한다. 그 과정에서 「圓舞」(1969)가 새로운 리듬으로 휘돌아가고, 「南門通」(1975)이 새로운 소설 언어로 생기를 얻게 된다. 연작 중편 「철쭉제」(1983~1986)에서 생기 있는 인물들의 발랄한 대화를 적극적으로 끌어들이는 시도를 보인 그는 『달궁』(1987~1990)에 이르러 더욱 적극적으로 소설적 실험을 펼친다. 판소리의 창조적 계승이라 평가되기도 한 『달궁』에서 작가는 해학과 연민의 페이소스를 넘나들면서 다양한 인간 군상들의 교감의 형식을 창출한다. 그런 가운데 삶의 누추함과 고단함을 비판적으로 조명한다. 살아 있는 말과 그 말의 리듬으로 생기 있는 현실을 포착하고자 한 의도였던 것으로 보인다.[28] 『달궁』의

---

28) 『달궁』의 세계는 대화적 상상력에 기초한다. 미하일 바흐친에 따르면, 이 대화적 상상력은 예술이건 삶이건 영구불변하고 고정된 실체를 전혀 인정치 않는 미래 지향적, 개방적 사고 패턴이다. 예술에 있어서 유동적인 변화와 생성을 강조하는 대화적 상상력은 절대적 일원론을 배격하고 상대성과 다원성을 중시한다. 무엇보다 대화라는 것은 언어가 가리키는 대상 속에서 상이한 언어의식이 교차되고 중첩되는 현상을 가리킨다. 『달궁』은 이러한 대화적 상상력을 바탕으로 유동적이고 부조리한 삶을 소설화한 것이다. 언어적인 측면에서 볼 때, 여러 언어가 서로 타자의 언어에 활기를 불어넣어주는 개방적인 갈릴레오적 언어의 세계가 바로 이 소설에서 두드러지는데, 그것은 대위법적 이야기 구성이나 발화자와 수화자가 동시 공존하는 상호대면화법, 관례적 언술 방식에서 탈피한 자유직접화법과 자유간접화법의 구사, 4·4조의 판소리 창투, 자연스런 대화체 문장, 반복 어투, 말 뒤집기 등으로 직조되어 나타난다. 또 복수 주체의 언어 의식에 의한 혼합 구성으로 된 이중적 목소리와 중층적이고 전방위적인 시점은 퍽 이채롭다. 중층적 혼합 구성으로 이루어져 있으면서

세계는 『봄 꽃 가을 열매』(1991), 『붕어』(1994)를 거쳐 『베네치아에서 만난 사람』(1999), 『용병대장』(2000)의 세계로 나아간다. 특히 『달궁』 이후 서정인의 자유로운 스타일 모색은 4·19를 체험한 한국 작가의 자존감 혹은 자주의식과도 긴밀하게 관련되는 것처럼 보인다. 만약 한국인이 서양의 소설 스타일을 받아들이지 않았다면, 어떻게 이야기를 주고받고 있었을까, 혹은 서구의 소설 스타일과는 다른 한국만의 스타일을 개성적으로 구축할 수 있지 않을까 하는 생각이, 서정인의 스타일 혁신의 심층의식이었을 것이다.

  물론 4·19 이후 자유로운 스타일 혁신 도정은 여러 작가들에 의해 수행되었다. 조세희는 4·19세대의 자유의식에 보태어 1970년대 본격적인 산업화 경험을 바탕으로 평등의 이념을 본격적으로 제출했다. 이런 문학사상사의 맥락과 더불어 스타일 혁신 측면에서도 조세희의 『난장이가 쏘아올린 작은 공』(1978)은 단연 돋보인다. 짧은 문장의 절묘한 결합과 빈번한 시점 이동으로 창조해낸 아주 새로운 담화 방식, 리얼리즘과 반리얼리즘의 접합, 문학의 사회성과 미학성의 결합, 산업 시대 현실과 이상의 갈등과 긴장의 형상화 등등의 측면에서 매우 이채롭고 복합적인 소설 스타일로 혁신한 작품이기 때문이다. 독특한 은유 심사와 문체로 여성 소설의 스타일을 새롭게 정립한 오정희의 소설은 구리거울에 새겨진 인생과 우주의 만화경이다. 불안과 공포의 늪을 건너는 섬뜩한 아름다움, 선험적인 고향을 상실한 잃어버린 영혼들의 존재론적 심연, 일상적이고 제도적으로 자동화된 세상

도 절제된 호흡을 보여주고 있다는 점, 각기 일탈되고 독립된 멜로디들을 대위법적 구성에 의해 『달궁』 특유의 화성으로 결합시켜 나가면서 높은 품격을 지니고 있다는 사실 등이 주목된다(졸고, 「대화적 상상력과 광기의 풍속화」, 『세계의 문학』 1988년 겨울호, 민음사, pp.253~54 참조).

의 질서를 낯설면서도 날카롭게 해부하는 시선의 메스, 자기 안의 넋의 우주적 부활을 위한 닫힌 듯 열린 몽상, 의미를 소진한 죽음의 동굴에서 긴장하면서 환멸의 풍경을 응시하고 그 심연에서 새로운 문학적 우주를 지피는 작가의 현묘한 연금술 등과 같은 미학과 스타일 창조를 통해 독자로 하여금 생과 우주의 다양한 스펙트럼을 확인하게 하는 것이 오정희의 소설이다. 1980년대에 이인성과 최수철, 박인홍 등의 실험적 스타일 모색 또한 아주 인상적인 것이었다. 그렇다면 21세기에 들어서는? 스타일에 대한 자의식 없이 쉽게 쓰이는 소설이 많은 가운데 한유주의 소설이 주목된다. 한유주의 서사적 자아는 처절하게 자기를 잃은 영혼들이다. 그들은 한결같이 거칠고 타락한 지금, 여기의 "수사학 시대"에 반항하면서 새로운 스타일 혁신으로 탈주한다. 가독성이 떨어진다는 비판 가운데 겨우 존재하는 소설임에도 불구하고, 한유주의 소설은 일단 읽힌다면, 현존 세상과 인간, 말과 이야기 문화에 대한 강력한 항의의 서사로 받아들여질 수 있다. 너무나 쉽게 말하고 아무렇지도 않게 소비해버리는 말 문화, 흔한 이야기를 편한 스타일로 아무 고민 없이 전달하려는 이야기 문화의 속악함에 작가가 절망하고 있기 때문일 터이다. 세상과 인간이 폐허처럼 절망적인 상황에서 편하게 말과 이야기를 주고받을 수 있다는 것은 죽음보다 더한 절망일 것으로, 작가는 생각한다. 이런 절망 때문에 작가는 희소성의 스타일로 희소성의 서사 가치를 추구하는 게 아닐까 싶다.

분단된 남북조시대라는 큰 틀 안에서 4·19 이후 한국문학은 5·16이라는 반대 거울을 마주 비추지 않고는 헤아리기 어렵다. 두 거울의 마주 봄 가운데로 움푹 팬 깊은 심연의 굴곡을 한국문학은 살아왔다. 혹은 탈주했다. 그 심연 안에서 다시 현실적인 것과 심미적인 것이 마주 보며 복잡하게 형성하는 미장아빔과 나름대로 대결하면서 탈주해 왔던 흔적은 결코 간단치 않다. 어느 시대, 어떤 상황에서도 그랬듯이 문학은, 역사는 결코 직선으로 된 포장도로를 닮지 않았다. 구불구불하거나 휘돌아가는 길, 척박하거나 둔탁한 길 위에서 오랜 성찰과 모색을 거쳐 상상력과 스타일의 횡보를 해왔던 것이다. 역사적으로 4·19는 1960년에 발생했으되, 결코 그해에 끝나지 않았다. 문학에서도 마찬가지다. 4·19는 4·19세대 문인들을 중심으로 새로운 상상의 지평을 열었으되, 결코 그들의 전유물만은 아니었다. 또 1960년대 문학만의 몫도 아니었다. 물론 4·19정신으로 한국문학 공간에 본격적이면서도 다양한 모더니티의 고원을 구축하고 혁신한 4·19세대 문학인들의 공적을 한국문학사가 합당하게 기리는 것은 마땅한 일이다. 특히 5·16으로 인한 4·19의 정치적 좌절을 딛고 문화적으로 승화된 모더니티의 새로운 지평을 응시했다는 점, 근대적 개인과 자유의 이념을 새롭게 탐문하고 발견하면서 역동적인 반성을 통해 한국문학의 내면을 혁신했다는 점, 부단히 열린 감수성과 스타일 혁신으로 미적 전위의 존재 방식을 입증했다는 점 등을 4·19문학과 관련하여 숙고하는 일은 매우 의미심장하다. 그와 아울러 그 이후에 지속되고 변화된 4·19정신의 문학적 지평을 온당하게 가늠하는 일도 중요하다. 체험이나 기억을 넘어 부단히, 또 다른 4·19를, 또 다른 한국문학의 모더니티를 향해 탈주하는 과정에 대한 심미적 성찰이 요긴하다. 더 중요한 것은 아마도 지금, 여기서 발본적으로 문학의 4·19를 진행하는 일일 터이다. 대중 소비사회의 소용돌이에 속절없이 휘말리는 타락한 시장의 동굴에서 문학마저 휘청거리고 있는 현실을 냉철하게 성찰한다면, 지금, 여기의 문학이야말로 혁명의 기운을 간절하게 바라는 것이 아닐까 싶다. 그 동굴은 깊고도 어둡다. 달리자, 4·19!

'미적 변위'의 탄생[1]
— 4·19혁명이 한국시에 미친 영향 하나

강계숙

1

한용운이 「복종」에서 "복종하는 데 복종하는 것은 아름다운 자유보다 달콤합니다. 그것이 나의 행복입니다"라고 했을 때, 그 기저에는 자기가 옳지 않다고 생각하는 것에 복종하지 않는 것을 진정한 자유로 여기는 의식이 숨어 있다. 스스로 규범을 세우고 그것에 자발적으로 복종하는 자유의 발견, 그것은 도덕적 자유에 대한 자각을 의미한다. 도덕적 자유란 기존의 법을 정의와 구별하고, 스스로 규정한 법에 복종하는 데 더 큰 가치를 두며, 자신의 규칙에 따라 행동하는 것을 자유의 본래적 의미로 판단함으로써 자신에 대한 구속을 자유와 동일시하는 것을 통칭한다.[2] 타자의 의지에 종속되지 않으면서 타자

---

[1] 이 글의 내용 중 일부는 필자의 논문 「1960년대 한국시에 나타난 윤리적 주체의 형상과 시적 이념—김수영, 김춘수, 신동엽의 시를 중심으로」(연세대 박사학위논문, 2008)에서 수정·발췌한 것임을 밝혀둔다.

의 의지를 자신의 의지에 종속시키지 않는 것을 자유로 인식하는 이러한 루소적 관념은 한용운의 「복종」을 관통하는 자유론의 핵심이다. 이러한 자유 개념은 법 일반과 정의의 규칙이 일치하지 않을 수 있으므로 만약 진정한 자유를 바란다면 양심(루소)이나 정언명령(칸트)을 행하려는 윤리적 실천이 필요하며, 그러한 윤리적 결단은 오직 자율로부터만 발원함을 전제한다. 자유가 자율이며, 자율은 자발적 구속이라는 등식은 이로부터 나온다. '남들이 사랑하는 자유'보다 복종이 더 달콤하고 그것이 "나의 행복"이라는 말은, 그런 점에서, 자유를 개인의 윤리성과 결부시켜 사고하는 의식의 전환이 한용운의 내부에서 일어났음을 보여준다. 한용운은 한국시에서 자율과 자유를 윤리의 문제로 사고했던 첫번째 선구자이다.

하지만 한용운의 도덕적 자유는 루소의 자유론이 '시민으로서의 자유,' 즉 개인을 어떻게 시민으로 만들 것인가라는 고심에서 나왔으며, 시민을 이루는 최종 심급이자 덕목이 자율성에 기반한 도덕 원칙의 내면화임을 주창함으로써 시민이라는 새로운 정치적 존재의 윤리학을 정초하는 데 바쳐졌다는 점[3]과 비교할 때, 너무나 '도덕적'이라는 한계를 지닌다. 그의 자유론은 윤리학의 범주를 넘어서지 않는다. 한용운의 자유 개념은 공동체의 도덕적·법적 질서가 개인의 의지를 침해하고 방해할 때 개인이 자기 의지를 실천하고 수호하기 위해 어떻게 해야 하는가에 대한 답을 제시하지 못한다. 사회가 정의롭지 못하다

---

2) 자유란 자신이 원하는 바를 하는 것이 아니라 자신이 원하지 않는 것을 하지 않는 데 있다고 여기는 이러한 자유 개념은 루소의 법과 자유론에 뿌리를 두고 있다. 루소의 자유 개념에 대해서는 J. 플라므나츠, 『정치사상사 II』, 김홍명 옮김, 풀빛, pp.57~73 참조.
3) 토도로프는 루소의 자유론과 도덕론이 근대적 인간의 개인화를 목표로 하며 그것의 최종 목적은 개인의 시민으로서의 재탄생임을 자세히 서술하고 있다(츠베탕 토도로프, 『덧없는 행복』, 고봉만 옮김, 문학과지성사, 2006 참조).

면 그것을 바꿀 수 있는 것, 아니 바꿀 수 있어야 하는 것도 개인의 자발적 선택의 대상이다. 기회 제공의 면에서 볼 때, 그것 또한 엄연한 자유이다. 개인이 자아실현의 기회를 확대하기 위해 의지의 관철을 방해하고 자아실현을 억압하는 조건들을 바꿀 수 있는 자유란 도덕적 자유와는 그 층위를 달리한다. 그것은 정치 영역과 밀접히 상관된 자유이다.[4] 한용운의 자유는 시대적으로 자유가 윤리 영역을 벗어나서 탐색되고 구가될 수 없었던 현실적 조건에서 파생된 답이자 그것이 적극적으로 정치화될 수 없었던 상황에서 개인의 참된 가치로 궁구되었던 자유의 제한적 형태를 보여준다. 그에게 현실의 실정법은 '나'와 '우리'의 일반의지가 아니었으며, 그러므로 그것은 다만 부정의(不正義)에 불과했다. 기존의 법을 따르지 않는 것이야말로 한용운에게는 개인이 누릴 수 있는 자유의 최대치이자 그것 외에는 선택의 여지가 없었던 필연적 한계치였던 셈이다.

  소극적 자유와 달리 현실의 조건 자체를 바꾸려 하는 적극적 자유의 형태를 한용운 이후의 시사(詩史)에서 찾는다면, 임화를 꼽을 수 있다. 반제, 반자본의 기치 아래 세계혁명을 의도한 사회주의 이념의 정치적 실천은 벌린이 말한바 적극적 자유의 대표적 전형에 해당한다. 첫 시집인 『현해탄』(1938) 이전의 시―「우리오빠와 화로」「네거리의 순이」「우산 받은 요꼬하마의 부두」「병상에서 죽은 녀석」등 ― 는 제국주의에 항거하는 프롤레타리아 계급의 투쟁을 자유를 실현하는 혁명적 노력으로 주창하며 이를 위한 동지적 우애와 계급 간 연대

---

4) 이사야 벌린은 이러한 자유를 가리켜 '적극적 자유'라고 칭한다. 불간섭, 독립, 즉 '~ 하지 않을 수 있는 자유'인 '소극적 자유'와 달리, 자유의 증진을 위해 행동할 수 있고 그러한 권리 보장을 위해 주어진 조건과 환경을 변화시킬 수 있는 자유, 그러한 변화에 참여할 수 있는 자유가 '적극적 자유'이다(이사야 벌린, 『자유론』, 박종천 옮김, 아카넷, 2006 참조).

를 낭만적 열정으로 기린 작품들이다. 그러나 자유에 대한 정치적 사유가 피상적 차원에 머물렀다는 점은 시 전체에 걸쳐 일관되는 감상주의에서 여실히 드러난다. 역사적·정치적 모순이 사회주의 혁명이라는 만능열쇠로 해소되리라는 믿음에서 임화가 다소간 벗어난 시기는 2차 검거로 인해 카프가 해산되고 난 이후이다. 『현해탄』의 시들을 쓰던 시기에 임화는 계급투쟁과 세계혁명이라는 추상적 일반성의 선전·선동이 아닌 식민지 청년의 운명이라는 개인적·개별적 존재의 현재성에 대해 내면적으로 성찰하게 된다.

근대 세계로의 진입을 가슴 벅찬 희망의 길로 새기며 동시에 그것을 싸워 이겨야 할 대상으로 인식하는 낭만적 주체의 내면은 "청년! 오오, 자랑스러운 이름아!/적이 클수록 승리도 크구나//삼등 선실 및/똥그란 유리창을 내다보고 내다보고,/손가락을 입으로 깨물을 때,/깊은 바다의 검푸른 물결이 왈칵/해일처럼 그의 가슴에 넘쳤다"(「해협의 로맨티시즘」)라고 표현된다. "적이 클수록 승리도 크구나"라는 의미심장한 구절은 식민지 청년의 자아상(像)이 상징적 타자의 시선에 노출된 형태로 구축되는 한편, 그러한 큰 타자를 반드시 극복해야 할 대상으로 삼는다는 점에서 식민지 청년이 지닌 주체화의 욕망이 어느 정도인지를 가늠케 한다. 그에게는 적을 이김으로써 획득될 "승리"의 모든 가능한 몫과 크기와 정도가 적극적 자유의 내용이 될 것이다. 그러나 그것의 실패가 인지되는 상황에서 임화는 다음의 시를 쓴다.

적이 나를 죽도록 미워했을 때,/나는 적에 대한 어찌할 수 없는 미움을 배웠다./적이 내 벗을 죽음으로써 괴롭혔을 때,/나는 우정을 적에 대한 잔인으로 고치었다./적이 드디어 내 벗의 한 사람을 죽였을 때,/나는 복수의 비싼 진리를 배웠다./적이 우리들의 모두를 노리었을 때,/나는 곧 섬멸의 수학을 배웠다.//적이여! 저는 내 최대의 교사,/사랑스런 것! 너의 이름은 나의 적이다./때로 내가 이 수학 공부에 게을렀을 때/적이여! 너는 칼날을 가지고 나에게 근면을 가르치었다./때로 내가 무모한 돌격을 시험했을 때,/적이여! 너는 아픈 타격으로 전진을 위한 퇴각을 가르치었다.//〔……〕//패배의 이슬이 찬 우리들의 잔등 위에 너의 참혹한 육박이 없었더면,/적이여! 어찌 우리들의 가슴속에 사는 청춘의 정신이 불탔겠는가?//오오! 사랑스럽기 한이 없는 나의 필생의 동무/적이여! 정말 너는 우리들의 용기다.

—「적(敵)」부분

    임화가 이 시를 썼을 당시 내적으로 주체의 위기를 겪고 있었음을 고려한다면, '적'은 주체의 재정립을 위해 자기의식의 변증법 내에서 호출된 가상의 타자라 할 수 있다. 문제는 이 타자의 자리가 어디인가 하는 점이다. 자기 내부로부터 발원하였음에도 불구하고, '적'은 지금 절대적 바깥에 있다. '적'은 부인할 수 없는 상징적 큰 타자로 '나'를 응시하면서 '나'의 정체를 구성하는 외부적 심급으로 작용한다. 그리고 그의 실제적 힘과 '나'에게 미치는 영향력은 '강한 아버지'의 형상과 크게 다르지 않다. 제국의 제도와 질서와 상징적 가치가 큰 타자의 위상을 점하던 당대에 비추어보면, 싸워야 할 '적'의 형상이란 자기반영의 형태를 띠기 마련이다. 그런데 이 시의 '나'는 그러한 '적'을 배척하기보다 동일시의 대상으로 인정한다. '적'은 식민지 청년의 반면교사이자 그의 의식과 행동을 추동하는 외부적 근원이다. 타자로서의 '적'에 대한 이러한 인식은 '나'의 정체가 어떻게 구축되는가를 살피는 자기 성찰임에 분명하다. 그러나 '적'이 큰 만큼 "승리"도 크다는 것에 함축된 '나'의 숨겨진 욕망은, '적'이 정의와 무관한 악한 세력인 만큼 그와의 투쟁에서 얻을 전리품은 자동적으로 사회적 평등의 실현과 자유의 확대임을 주장—사회주의는 이를 논리적으로 당연시했다—하지만, 그것의 진짜 내용은 큰 타자로서 '적'이 누리는 지위와 권한을 자기 소유로 만드는 것에 맞춰져 있다. '적'은 '나'의 정치적 욕망의 투사이자 거울상인 것이다.

적극적 자유의 실천이 요원한 시대 상황 속에서 '나'의 자아성을 외부의 타자성으로 재확인하는 노력은 주체화 과정의 한 모색이자 나름의 정직한 자기 응시이다. 그러나 이러한 욕망을 기반으로 한 적극적 자유의 실행은 강압적 권위를 무력화하는 것이 아니라 그러한 권위를 자기 손아귀에 쥐려는 데로 귀결될 수밖에 없다. 타자의 윤리학이 결여된 식민지-사회주의-청년의 내적 한계를 임화는 '적'의 인식에서 이렇게 노출한다.

2

한용운과 임화에게서 예시되는 자유에 대한 근대적 인식은 김수영에게 오면 질적으로 다른 문제가 된다. 해방과 더불어 본격화된 국가 건설의 과정은 외부로부터 이입된 법 체제를 다만 주어진 제도라는 형식적 외양으로 구축한 탓에 실제적으로 많은 한계와 모순을 안고 있었지만, 그러한 질서의 운용은 한국인들에 의해 선택된 문제였다. 적어도 한국인들은 '조선인'과 달리 법의 잘못된 체제와 구조, 운용에 항거하고 비판하고 거부할 권리를 해방 후 형식적으로나마 갖게 되었다. 그리고 그 형식을 힘으로 삼아 집단적 거부 의사를 정치적으로 표명했으니, 4·19는 그 역사적 증거에 해당한다. 4·19를 혁명으로 역사화할 수 있는가의 문제는 별도의 논의를 필요로 하는 사안이다. 다만 분명한 것은 해방과 함께 한국사회가 자유민주주의에 근간한 주권국가임을 제도로서 확립한 순간, 한국인들은 더 이상 "백성도 아니고 신민(臣民)도 아닌 존재"[5]로 탈바꿈되었다는 것이다. 참정권 내지 시민권의 획득으로 대표되는 정치적 자유의 법적·제도적 마련은 새로운 변화였고, 이러한 변화는 집단적 차원에서 시민사회나 계급 정치를 가능케 하는 조건의 구비를 뜻했다. 즉 "개인이 자신의 정치적 행위를 스스로 선택할 수 있게 됨으로써, 이제 시민적 이익을 보호하고 극대화하기 위해 시민사회를 자발적으로 형성하거나 근대적 이데올로기에 입각한 계급 범주를 조직화할 수 있는 계기가 마련된 것이다."[6] 그러나 익히 알려져 있다시피 1950년대 내내 현실은 이와 매우 달랐다.

이런 점에서 볼 때, 4·19는 현존하는 국가가 국민 통치의 토대인 입헌성을 어김으로써 지배의 정당성을 스스로 훼손하였고, 정당성을 상실한 국가는 더 이상 국민의 의지를 구현하는 대표체일 수 없으므로 합법성을 회복하기 위해 재정비되거나 또는 제도와 실행, 주어진 규칙과 구체적 실천 사이의 불일치를 해소함으로써 정당한 권위를 국민으로부터 다시 부여받아야 함을 대중이 직접 요구한 민주혁명이라 할 수 있다. 물론 이러한 요구의 근저에는 법치질서와 통치 구조의 정비를 통해 국가 체제가 더욱 확고해지길 바라는 소망이 가로놓여 있다. 국가가 '합법적'으로, '정당하게' 강화되어야 한다는 이러한 바람은 4·19 이전에는 찾아볼 수 없었던 정치의식이다. 국가 지배의 정당성을 그 근본에서부터 회의하고 정해진 법률이 다만 형식이 아닌 실

---

[5] 전상인, 「해방공간의 사회사」, 박지향 외 엮음, 『해방 전후사의 재인식』, 책세상, 2006, p.169.
[6] 같은 곳.

질적 힘으로서 수행되기를 요청하고, 국가가 개인을 억압하여 복종케 하는 강압적 권력이 아니라 개인의 동의에 따라 주권을 위임받은 대표체임을 자각하였다는 것은 한국인들이 4·19를 계기로 정치적으로 '다른' 존재로 거듭나기 시작했음을 방증한다. 다시 말해 그 같은 정치적 욕구의 자발적 발현은 4·19를 기점으로 한국사회에 진정한 의미에서 '시민'[7]의 탄생이 시작되었음을 가리킨다.[8] 개인이 주권국가의 정치적 참정권자인 시민으로 탈바꿈한다는 것은 정치적으로뿐만 아니

---

7) 근대 세계에서 '시민citizen'의 신분은 참여의 자격 또는 권한들의 총체와 그에 수반되는 일련의 의무와 책무를 의미한다. '시민'의 위상을 결정짓는 것은 정치에의 참여이며, 이로부터 개인은 정치의 객체가 아닌 정치의 주체가 된다. '시민'을 국가의 창조자라고 부르는 것은 개인이 자기 지배권을 상호 간의 동의에 근거하여 국가의 주권으로 복속시킨다는 의무를 자발적으로 이행함으로써 그에 대한 대가와 보답으로 국가의 보호를 수락하는 계약적 관계의 주체로 인식되기 때문이다. 개인의 정치 참여의 보장을 법적으로 제도화하고 합법적 권리로 인정하는 것이 근대국가, 특히 민주주의국가의 본질로 담론화되는 이유도 '시민'의 권리 보장이 관념이 아닌 사회적 실체와 힘으로 명문화되고 그것이 실제 행위의 구현을 통해서만 획득되는 결과로 간주되기 때문이다. 반면 '신민subject'은 개인이 이러한 정치 주체로서의 권리를 소유하지 못한 상태를 가리킨다. 어떠한 권리 행사도 자기 권리로 주장하지 못한다는 점에서 '시민'과 반대되는 개념이 '신민'이다. 근대 혁명이 개인이 '신민'에서 '시민'으로 해방된 역사적 전환점으로 불리는 것도 개인이 '시민'의 권리를 보장받는 것이야말로 국민주권이라는 민주주의 이념을 실현하고 자유와 평등이 정치적으로, 법적으로 성취·완결에 이르는 것으로 여겨졌기 때문이다. 한편 '국민nation'은 명확히 경계지어진 영토 내에 존재하는 단일 행정의 대상이 되는 집합체, 혹은 단일 행정에 종속되는, 명백히 구획된 영토 내에 존재하는 집합체를 가리킨다. 그런데 실제로는 국가nation-state, 국민nation, 국민주의 nationalism 등은 한데 뒤섞여 하나의 격정적인 혼합물이 된다. 그래서 개념적 구분과는 별도로, 이것들은 현실의 맥락에 따라 다른 효과를 낳는다. 그럼에도 불구하고 '시민'이라는 개념이 이들과 다른 층위에 놓이는 까닭은 '시민'의 본질이 참정권에서 뒷받침되는 한, '시민'의 정치 참여는 점점 더 개입주의적 성향이 짙어져가는 국가에 대해 개인의 반발이 정당화되는 길이며, 이로부터 국가를 감시하고 제한을 가하고 필요할 때에는 국가에 대해 강력하게 저항할 수 있는 정치적 근거를 제공하기 때문이다. 그런 점에서 볼 때, '시민'은 하나의 개념이자 제도이자 형식인 데서 벗어나 정치적 이념이자 이상(理想)으로까지 부각된다. '시민' '신민' '국민'의 개념에 대해서는 크리스토퍼 피어슨, 『근대국가의 이해』, 박형신·이택면 옮김, 일신사, 1998 참조.
8) 이것은 역사적으로뿐만 아니라 문학사적으로도 중요한 의미를 지닌다. 존재 형태의 제도

라 사회적으로도 혁명에 해당한다. 이는 근대의 많은 혁명이 개인을 시민으로 해방시키는 과정이었으며 단순히 정치 구조와 집권 세력을 교체한 정치 변동이 아니라 사회 전 영역에 걸쳐 방대한 변화를 초래한 사회혁명의 출발점이었다는 데서도 확인된다.

김수영이 자유를 자율성, 자기 입법성 등 윤리 문제로 인식하기도 했지만, 그것의 정치적 의미와 효과와 기능에 대해 사유하게 된 계기에는 4·19혁명으로부터 초래된 이러한 근본적 변화가 가로놓여 있다. 자유에 대한 김수영의 고심은 한용운과 달리 윤리적 원칙으로서의 도덕적 자유에 국한되지 않으며, 임화처럼 정치적 자유의 꿈이 엄폐된 상황에서 개인의 주체성을 '적(敵)'을 새롭게 인식함으로써 그 가치를 재검토하려 한 것과도 구분된다. 「푸른 하늘을」에서 김수영이 자유에는 "피의 냄새"가 섞여 있고 '혁명은 고독한(해야 하는) 것'이라며 연결지은 '자유-고독-혁명'의 알고리즘은 4·19를 지켜보면서 정치 주체의 자유가 실제적 권리로 발휘되지 못하고, 실정법, 시민의 정치적 자유, 개인의 도덕적 자유가 충돌하는 상황에서 무엇이 올바른가를 자문했던 그의 시적 사유의 결과라 할 수 있다. 그는 혁명이 비혁명적 상황으로 후퇴하는 것을 목도하면서 제도적 자유와 정치적 자유와 도

적·내용적 변화는 자아의 주체화 과정에서 새로운 욕망을 낳으며, 이는 역사적 변화와 연동하여 이전과 다른 정치적 무의식을 형성하기 때문이다. 특히 일본의 국민으로 자라나 해방과 국가 건설, 한국전쟁을 역사적 동시성으로 경험한 1960년대 시인들, 특히 김수영, 김춘수, 신동엽에게서 나타나는 주체로서의 자기 정립 과정은 4·19혁명을 거치며 본격화되는 새로운 '아비-되기'의 무의식적 드라마를 통해 가시화된다. 이들은 이 과정에서 윤리적 전인(全人)을 자신들의 자아-이상ego-ideal으로 세우고 각기 다른 형태의 도덕 원칙을 내면화함으로써 윤리적 주체로서 자기를 재정립해나간다. 민주주의가 새로운 사회질서를 이루는 근간이 되어가는 초기, 각각의 개인이 권력 행사의 주인공('시민')으로 재탄생하는 시점에서 새롭게 정립되는 주체가 무엇보다 '윤리적'이어야 한다고 인식한 이들의 내적 변모는 이전에 없던 미학적 혁신과 정치성을 한국시에 불러일으키는 토대가 된다.

덕적 자유의 일치란 사실상 불가능함을, 따라서 '완전한 자유'란 불가능함을 깨닫는다.[9] 그렇기에 그는 자유와 혁명 사이에 '고독'을 가교로 놓고, 자유와 혁명 양쪽에 '고독'을 내재적 본질로 부여한다. 자유와 혁명에 완성이란 없으며, 그것은 영원히 그 자체를 계속해서 실천하고 부단히 지속하는 것 외의 다른 것이 아니다. 김수영이 자유와 혁명을 말하면서 '고독'을 전경화한 진짜 이유는 이것이다. 자유와 혁명에 완성은 없다. '완전한 자유'와 '완전한 혁명'이란 환상이다. 그것을 깨닫는 것도 온전히 개인의 몫이다. 그렇기에 자유와 혁명을 꿈꾸는 한, 피 흘리는 고독의 감수는 피할 수 없다.

이처럼 자유도, 혁명도 고독('피')을 요구하는 까닭은 그것들 모두가 자기 혁명이어야 하기 때문이다. 그런데 혁명은 결코 자기 혁명에만 머물지 않는다. 자유를 자율로서 내면화하는 것이 자기 혁명의 원리를 이룰 때, 혁명은 단수적 자기 변이에서 벗어난다. 그 속에는 발생학적으로 타자성의 윤리가 내재되어 있기 때문이다. 자율성으로서의 자유의 윤리학은 나에게 법으로 강요되는 어떤 근원적인 이타성에 비해서만 상대적으로 독립적인, 그러한 독립성을 자율로 본다. 이것은 타자와의 합의를 통해 법으로 인정된 것이 자아에게 제한을 가한다면 그것을 자율의 원리로서 수용할 수 있음을 뜻하는 것이기도 하다. 즉 상호 주체성이라는 배경에 주체성을 새기는 것이 자율성의 원

---

[9] 그래서 그는 "혁명은 안 되고" "방만 바꾸어"(「그 방을 생각하며」)버린다. 「그 방을 생각하며」는 김수영이 혁명을 정치적 혁명에서 미학적 혁명으로 관점을 이동시켜 사유하기 시작했음을 암시하고 있다. "혁명은 안 되고 나는 방만 바꾸어 버렸다/나는 인제 녹슬은 펜과 뼈와 광기—/실망의 가벼움을 재산으로 삼을 줄 안다"에서 그는 정치혁명의 실패와 불완전성 때문에 '방'을 바꾸었다고 말하지만, 대신 '바뀐 방'에서 "뼈와 광기"를, "실망의 가벼움"을 재산으로 삼아 '펜'을 잡는다. 김수영이 혁명을 미학적 관점에서 사유할 수 있게 된 것은 자유의 완전한 실행이란 정치적으로는 불가능한 환상임을 깨달으면서였다.

리이다.[10] 이러한 자율성 개념은 개인이 주체성의 획득을 자율성에 둘 때, 그러한 목표의 본래적 성격으로 인해 모든 개인 존재들이 각자를 함께하는 세계의 일원으로 생각함으로써 자신의 단독성에서 벗어남을 의미한다. '내재성 속의 초월성'[11]으로 표현되는 이러한 특징으로 인해 무한한 이기성으로부터 빠져나온 개인은 자신의 개인성을 근원적 이타성으로 여기고 그것이 나의 자율성으로 내면화되면 타자를 자율적 존재로 대해야 한다는 의무를 지상명령으로 의식하게 된다. 따라서 자율성은 이타성의 자각을 발생론적으로 내포한 개인성의 초월이다.

김수영이 자기 혁명을 주체화의 목적으로 여기고 그것의 원리를 자율로 삼았을 때, 자유를 향한 개인의 혁명은 단수적 혁명으로 끝날 수 없는 것이었다. 자율적 주체에 대한 욕망은 상호 주체성 및 이타성과 밀접히 연관된 구조를 취하기 때문이다. "곧은 소리"가 "곧은/소리를 부르듯"(「폭포」) 혁명은 혁명을 부른다. 혁명이 자유를 향한 것인 한, 그것은 언제나 복수적(複數的)이다. 개인의 주체화가 자유와 혁명 간의 상호 연관성에서 탐구되는 이러한 인식적 구조로 인해 김수영의 자유의 윤리학은 사회적 관계성의 문제로 부각된다(이 점이야말로 김수영의 자유의지가 한용운의 도덕적 자유와 다른 점이다). 그 시적 증거가 김수영의 '적(敵)'의 창안이다.

우리는 무슨 적이든 적을 갖고 있다/적에는 가벼운 적도 무거운 적도 없다/지금의 적이 제일 무거운 것 같고 무서울 것 같지만/이 적이 없으면 또 다른 적—내일/내일의 적은 오늘의 적보다 약할지 몰라도/오늘의 적도 내일의 적처럼 생각하면 되고/오늘의 적도 내일의 적처럼

---

10) 알랭 르노, 『개인』, 정정아 옮김, 동문선, 2002, p.51.
11) 같은 책, p.70.

생각하면 되고//오늘의 적으로 내일의 적을 쫓으면 되고/내일의 적으로 오늘의 적을 쫓을 수도 있다/이래서 우리들은 태평으로 지낸다
——「적 1」전문

1962년 작(作)인 「적」에서 "더운 날/적이란 해면 같다/나의 양심과 독기를 빨아먹는/문어발 같다"고 했을 때, '적'은 절대적 외부로서 나의 존재를 위협하는 적대자일 뿐이었다. 자아의 반(反)-테제로 호명된 이러한 '적'은 '적'이라는 절대적 이타성을 발견함으로써 자신의 정체성을 인식하는 계기로 삼았던 임화의 '적'의 가치를 근본에서 회의하는 내용을 담고 있다. 4·19혁명을 실패한 혁명으로 바라보면서 "먼 곳에서부터/먼 곳으로/다시 몸이 아프다"(「먼 곳에서부터」)고 되뇌며 절망과 권태와 환멸 속에 내적 침잠의 시간을 보낸 이 시기의 김수영에게 '적'은 다만 나를 위해하는 외부의 타자로 의식된다. 하지만 1965년 작인 앞의 시에서 김수영은 '적'을 일부러 세운다. '적'은 내가 '적'으로 삼는 순간 '적'이 되는, 자기의식 내에서 의도적으로 타자화되는 그런 대상이다. 주목할 것은 이 '적'은 '나'라는 동일성의 외적 투사가 아니라는 점이다. 그것은 내 안의 타자로서, 동일성의 균열이자 틈입이며 자아에게 불안을 조성하는 낯선 국외자이다. 이러한 '적'의 현시는 통합된 자아, 혹은 견고한 자기동일성이 한낱 환상에 불과함을 주체에게 통보한다. 동일화될 수 없는 '적'이 존재하는 한, 주체는 언제나 결핍된, 찢어진 주체이다. 주체를 내부로부터 파열하는 이러한 타자성을 김수영은 주체 바깥으로 산포한다. 내부에서 외부로 이어지면서 '적'의 현존은 나의 불완전성을 적시한다. 다시 말해, '적'은 완성된/될 주체임을 자부하기 쉬운 자신을 반성케 하는 타자이다. 그것은 주체를 응시하는 타자적 시선에 가깝다.

그러나 이 시선은 절대적 외부에 있지 않다. '적'은 '나'의 부름에 따라 저의 시선을 나에게 돌린다. 내가 '적'과의 대면을 바랄 때 '적'이 나의 호출에 응한다는 것은 곧 '적'과 내가 간(間)-주관적 관계에 있기 때문이다. '적'이든, '나'이든, 주체든, 타자든, 모든 현존은 상호 주체적인 간-주관성이다(이 점이 김수영의 타자성 인식이 임화와 다른 점이다). 김수영의 '적'에 함유된 시적 명제는 이것이다. '적'의 실재성에 대한 이러한 인정은 타자에 대한 열린 대면을 가능케 하고, 주체성의 본질을 '내재성 속의 초월성'으로 구조화하는 기능을 할뿐더러 사회적 관계(성)의 지평에서 나를 반성케 하는 기능을 한다. 주체와 타자의 관계를 간-주관적인 것으로 사유하는 이러한 현상학적 인식을 바탕으로 김수영은 '사랑'의 가치를 적극적으로 정치화하는 길을 트게 된다.

3

4·19혁명이 한국시에 미친 영향의 하나로 자유 인식의 시적 계보를 추적할 때, 김수영과 더불어 거론해야 할 시인이 김춘수이다. 4·19혁명에 대해 직접 언급한 경우는 없지만, 김춘수는 혁명이 일어나기 직전 역사적 예감처럼 의미심장한 시를 발표한다. 「부다페스트에서의 소녀의 죽음」이 그것이다. 이 시는 1956년 헝가리의 자유혁명을 모티프로 하고 있는데, 시의 면면을 주의 깊게 살펴보면 김춘수가 4·19혁명을 헝가리혁명과 동일한 관점에서 파악하였으리라는 점을 짐작할 수 있다. 그런데 이 시의 판본은 두 가지이다. 하나는 『꽃의 소묘』(백자사, 1959)에 실린 것이고, 다른 하나는 『부다페스트에서의 소녀의 죽음』(춘조사, 1959)에 실린 것이다. 전자가 시기적으로 앞서는데,

후자를 재수록하면서 김춘수는 시를 대폭 삭제·개작한다.

> 나는 스물두 살이었다./대학생이었다./일본 동경 세다가야서 감방에 불령선인으로 수감되어 있었다./어느 날 내 목구멍에서/창자를 비비 꼬는 소리가 새어 나왔다./'어머니, 난 살고 싶어요!'/난생처음 들어 보는 그 소리는 까마득한 어디서,/내 것이 아니면서, 내 것이면서……/나는 콩크리트 바닥에 머리를 부딪고/북받쳐 오르는 울음을 참을 수가 없었다./누가 나를 우롱하였을가,/나의 치욕은 살고 싶다는 데에서부터 시작되었을가/부다페스트에서의 소녀의 내던진 죽음은/죽음에 떠는 동포의 치욕에서 역으로 싹튼 것일가,/싹은 비정의 수목들에서보다/치욕의 푸른 멍으로부터/자유를 찾는 소녀의 뜨거운 핏속에서 움튼다.
> ——「부다페스트에서의 소녀의 죽음」 부분

'역사=악한 의지'라는 도그마는 김춘수의 세계 인식의 한 틀이다. 그는 이러한 등식이 세다가야서에서 겪은 영어(囹圄) 체험에서 비롯되었다는 것을 여러 산문과 자전적 소설에서 밝힌 바 있다. 삭제된 앞의 대목이 주목을 요하는 까닭은 역사를 개인에게 가해지는 폭력적 거세로 인식하는 데 주요인으로 작용한 개인적 체험이 시에서 처음 언급된 부분일뿐더러, 억압된 트라우마가 의식의 부면으로 솟아오르던 순간 시인에게 환기된 즉각적 감정이 무엇인지가 드러나 있기 때문이다. 그것은 다름 아닌 치욕이다. "콩크리트 바닥에 머리를 부딪고/북받쳐 오르는 울음을" 참지 못하면서 살고 싶다는 욕구에 휩싸인 그때 솟아오른 치욕감은, 앞의 구절에 따르면, 누군가 자신을 우롱하고 있다는 감각에서 빚어진다. 그리고 비인간적 취급 속에 솟아난 이러한 감정은 '살고 싶다'는 동물적 본능이 맹렬해지는 순간 인간으로서의 자존감이 포기된 징후로 느껴져 더욱더 배가된다.

치욕은 본질적으로 자신의 명예가 실추되었다는 데서 유발되는 감정이다. 간혹 치욕 때문에, 자신이 모욕당하고 있다는 느낌 때문에, 자신의 명예를 지키고자 죽음을 택하는 자들도 있다.[12] 치욕이 명예의 손상과 관련 있다는 것은 소녀의 죽음이 "비정의 수목"이 아니라 "치욕의 푸른 멍으로부터/자유를 찾는 소녀의 뜨거운 핏속에서 움튼다"고 말한 부분에서 드러난다. 치욕은 자신이 자유의 주인임에도 불구하고 그러한 주인으로서의 명예가 무력적인 총탄에 짓이겨져 '찢어진 명함'[13]이 되었다는 자각에서 비롯한다. 소녀의 죽음은 인간으로서의 명예훼손이며, 치욕의 극한 읊기이다. 소녀의 죽음을 자유와 연결시키고, 자유를 억압하는 무력적 침탈을 치욕으로 연관시키는 이러한 시적 논리는 역으로 인간의 명예는 자유의 보유로부터 지켜지며, 자유가 최고의 인간적 가치인 한 각각의 개인은 자유의 주체일 때 명예로운 존재가 된다는 결론을 낳는다.

그런 점에서 김춘수의 치욕은 역사로부터 거세된 개인으로 하여금 자신이 자유의 주체임을 상기시키는 계기를 이룬다. 치욕을 '치욕'으로 느낌으로써, 개인은 개인 주체로서, 자유의 주인으로서 자기 명예가 땅에 떨어졌음을 깨닫는다. 치욕의 도래와 회귀로부터 '나'는 비로소 "일어설 것이다." 아니 '일어선다.' 이처럼 김춘수에게 혁명은 역사의 폭력에 의한 개인의 거세가 치욕의 자각으로 현재에 되살아나는 순간이며, 치욕의 귀환을 통해 개인이 자유의 점유와 소유권을 '개인

---

12) 자크-알랭 밀레는 라캉이 수치—김춘수의 어법으로는 치욕인 것—때문에 죽은 자로 바텔을 언급한 이유가 한낱 하인조차도 자신의 명예를 위해 삶을 희생할 수 있음을 보여주기 위해서라고 말한다(자크-알랭 밀레,「섭리적 민주주의 사회에서 '수치'의 기능」, 정과리 옮김,『문학과사회』 2004년 봄호, pp.426~29 참조).
13) 같은 글, p.430.

성'의 최종심급으로 재확인하는 순간이다. 아니, 더 엄밀히 말해, 혁명이 무력—국가로 대표되는 역사의 악한 의지—에 의해 굴복될 때, 자유의 강탈은 인간으로서의 명예 손실이 되고, 이를 치욕으로 느끼는 개인은 존재 자체만으로 역사에 반(反)하는 이념이 된다. 이로써 치욕의 주체인 개인은 역사가 인간을 치욕스럽게 만들고 있음을 현시한다는 점에서 역사에 반(反)하여 존재하는 대립물의 위상을 얻는다.

김춘수에게 자유를 위한 혁명은 치욕의 주체인 개인(주의)을 역사에 대립되는 뚜렷한 강령으로 만드는 사건이다. 여기서 사건은 두 가지 의미를 지닌다. 그것은, 첫째 개인이 자유의 주체로서 자각되는 사건이며, 둘째 그러한 주체에게 자유의 손실은 인간으로서의 명예훼손을 뜻하기에 그것의 회복이 추후의 과제로 남는 사건이다. 따라서 그에게는 주체로서의 명예 회복을 어떻게 이루어낼 것인가가 풀어야 할 숙제로 남는다. 이에 대해 김춘수는 안티고네적 주체가 되어 역사를 넘어선 초월자가 되는 길을 택한다. 그의 장편시 「처용단장」에는 '처용'과의 동일시를 통한 주체화 과정이 내포되어 있다. 이 시에서 '처용'은 세계에 미만한 역사의 악한 의지에 의해 거세를 당한 존재이다. 박해받는 자가 동일시의 대상이 된 까닭은 그가 남근phallus을 소유하지 못한 자라는 데서 연유한다. 전래 설화를 빌리면, 남근이 없기에 그는 아내로부터 역신과의 내통이라는 형태로 거세를 당한 못난 아비이다. 거세의 보완으로 춤을 추지만, 그 춤은 아비의 자리를 지켜내려는 방책이라기보다는 그것을 포기하는 육체적 기술(記述)에 가깝다. 하지만 춤은 특정 대상에 얽매이지 않음으로써 억압 없이 충동을 만족시키려는 몸짓이기에 역설적으로 '처용'을 상징적 아버지의 자리마저 넘어서는 극한의 초월자로 만든다. 스스로 주이상스적 주체가 됨으로써 쾌락 원칙 바깥으로, 언어적 형용이 불가능한 '물Das Ding'의 영역으로 나아가는 것이다.[14] 따라서 역사에 의해 박해받지만 역으로 그것을 기존 세계의 폭력성이 노출되는 증거로 각인시키면서 자신을 흡사 예수처럼 상징적 질서 너머로 이끌고 가는 '처용'과의 자기동일시는 궁극적으로 스스로를 역사-초월자로 만드는 것과 같다.

그러나 이것만으로는 충분치 않다. 신이 아닌 이상 인간은 거세라는 희생 없이 그러한 초월적 자리에 위치할 수 없기 때문이며, 김춘수의 말처럼, "인간이 누릴 수 있는 자유에는 한계가 있"고 "한계는 구속"[15]이기 때문이다. 따라서 역사 내에서 개인의 구원은 어떻게 가능한가라는 질문은 풀기 힘든 난제로 다가온다. 김춘수에겐 이에 대한 답을 찾는 것이 더 궁극의 과제였다고 할 수 있다. 이에 대해 그가 내린 결론은, 오직 문학을 통해서만, 오직 시만이 그것을 이룰 수 있다는 것이었다. 김춘수에게 시는 역사로부터 개인이 구제되는 유일의 긍정적 방법이었다.

---

14) 이때 '천사의 눈'이 향유 jouissance의 기능을 담당한다는 점은 김춘수의 주체화 과정에 깊은 윤리학이 내재되어 있음을 가리킨다. '천사의 눈'은 상징적 큰 타자의 시선보다 더 너머에 있는 눈, 즉 주체로서는 결코 가늠할 수 없는 순수한 타자의 눈이며, 그로 인해 주체의 결핍뿐만 아니라 상징적 큰 타자의 결핍까지 동시에 상기시키는 눈이다. 김춘수는 이 '천사의 눈'을 주체에 대해 외재하는 '영원한 시선'으로 만든다. 그가 평생에 걸쳐 안티고네적 인물인 예수, 소크라테스, 정몽주, 베라 피그넬 등을 떠올린 것은 그들이 자신들이 속한 세계의 명령과 금지를 위반하고 쾌락 원칙 내에 있을 것을 거부하면서 '상징적 죽음'을 택한 이들이기 때문이다. 김춘수가 이러한 인물들을 누차 상기하는 까닭은 개인의 의지를 가로막는 세계의 잔인한 얼굴을 폭로하고 그러한 세계에서 자신의 윤리를 고수하는 노력이란 죽음에 근접해가는 것과 다를 바 없음을, 하지만 인간이라면 누구나 자신의 도덕률에 따라 행동하려는 충동을 지니고 있으니 그것을 포기해서는 안 된다고 되새기기 위해서다. 그리고 그러한 의지를 갖는 자만이 진정한 의미에서 개인의 개인성, 즉 자기 입법적 존재로서의 자율성을 실천하는 자격을 갖추게 됨을 분명히 한다. '천사의 눈'에 노출된 부끄러움을 자발적 고통으로 삼았다는 점에서 김춘수는 한국시사에서 가장 '윤리적' 시인이었다고 해도 과언이 아니다.

15) 김춘수, 「자유, 꿈」, 『처용단장』, 미학사, 1991, p.164.

4

혁명에 대한 근대적 이해는 두 가지 지평을 함축한다. 하나는 혁명이 장기간에 걸친 전환이 될 수도 있지만 유일무이한 새것임을 강력한 권리 주장으로 내세운다는 것이다. 또 하나는 계몽의 작업을 통해 비교적 조용하게 수행된 옛것의 복원도 포함한다는 것이다.[16] 전자가 일회성을 혁명의 본질로 규정한다면, 후자는 반복 가능성을 혁명의 본원으로 인식한다. 혁명 개념에는, 그러므로 일회성과 반복 가능성이 착종되어 있다. 김수영의 경우도 초기에는 혁명을 이 두 가지 지평에서 사유한다. 한편으로는 혁명을 과거로부터의 단절이자 되풀이될 수 없는 시원적 사건으로 단언하지만, 다른 한편으로 반복 가능성의 지평에서 제시하기도 한다. 하지만 「꽃잎」 연작에 이르면 혁명은 어디로도 귀착되지 않는다.

누구한테 머리를 숙일까/사람이 아닌 평범한 것에/많이는 아니고 조금/벼를 터는 마당에서 바람도 안 부는데/옥수수잎이 흔들리듯 그렇게 소금//〔……〕//언뜻 보기엔 임종의 생명 같고/바위를 뭉개고 떨어져내릴/한 잎의 꽃잎 같고/혁명 같고/먼저 떨어져내린 큰 바위 같고/나중에 떨어진 작은 꽃잎 같고//나중에 떨어져내린 작은 꽃잎 같고
—「꽃잎 1」 부분

꽃잎 위에 꽃잎이 포개지며 떨어지는 형상은 세계와 역사가 시작과

---

16) 한스 로베르트 야우스, 『미적 현대와 그 이후』, 김경식 옮김, 문학동네, 1999, p.68.

끝이 한 번씩만 존재하는 일회적 사건으로 구성되는 것이 아니라 시간의 열림이 계속적으로 반복·중첩됨으로써 중층화되는 것임을 암시한다. 김수영은 꽃잎의 이러한 연속적 떨어짐을 '혁명 같다'고 표현한다. 그렇다는 것은, 혁명이란 '하나의' 꽃잎이 떨어져내리는 일회적인 사건이면서 동시에 그러한 꽃잎'들'이 연거푸 사건을 반복함으로써 일회성을 탈피해가는 사건이라 할 수 있다. '꽃잎'과 꽃잎'들'이 연출하고 있는 일회성과 그러한 일회성의 극복이 혁명인 셈이다.

이로부터 김수영이 후기에 이르러 혁명의 본질을 어떻게 인식했는가를 추론할 수 있다. 요컨대, 일회성과 반복 가능성이 혁명의 각기 다른 지평을 구성하는 것이 아니라 이 두 속성의 항구적인 교섭이 혁명인 것이다. 일회성과 반복 가능성의 영원한 교대, 이것은 영구혁명의 이념이다. 다시 앞서가고 추격하고, 시작한 곳에서 재출발함으로써 이전에 이루어진 것에도 재차 변혁을 꾀하는 혁신적 시작(始作)의 반복은 영구혁명에 내재된 이념이 무엇인가를 단적으로 보여준다. 그것은 시작의 끊임없는 되풀이다. 시작은 언제나 미래로의 시작이며 미래를 여는 것으로서의 시작이다. 혁명은 정치적 격변기에 현실적 효과를 유발하는 물리적·사회적 힘의 운동이라는 의미를 넘어 미래를 향해 열리는 '다른' 시간의 개시(開示)이다. 이때 시간은 미래에서 현재로 오지 않고 미래에서 미래로 흐른다. 미래를 끊임없이 유예시킴으로써 시작의 가능성을 영구화하고 이를 통해 인간의 역사적 시간과는 '다른' 시간의 열림을 목도하고 체험하는 것, 이것이 김수영이 지향하는바 영구혁명의 이상(理想)이라 할 수 있다.

김수영은 이러한 혁명이 정치적 영역의 현실태일 수 없음을 이미 4·19에서 목격한 바 있다. 그는 「시여, 침을 뱉어라」에서 '시작의 영원한 반복'이라는 혁명 이념을 미학의 영역으로 이행시킨다. "시도 시인도 시작하는 것이다"[17]라는 구절은 '온몸의 시학'의 명제 중 하나로, '시작(始作)을 시작(始作)하는 것'으로서의 영구혁명은 예술에서만 가능하며, 예술만이 이러한 시작의 갱신을 실천할 수 있다는 테제의 정립은 새로움이 곧 시작이며, 새로움의 끊임없는 자기 혁신이야말로 예술의 목적이자 현대적 미임을 뚜렷이 한다. '시작=새로움'이라는 등식은 김수영이 영구혁명의 이념을 미학적으로 전유하면서 얻게 된 미적 가치 체계라 할 수 있다. 그는 이 등식에 자유라는 항을 덧붙인다. "새로움은 자유다, 자유는 새로움이다"라고. 이와 더불어 새로움의 계속적 추구가 예술의 자유이며, 이것을 현실에서 수행하는 자가 시인이고, 시인에 의해 행사되는 이 자유야말로 시(예술)를 통해서만 선취되는 궁극의 자유로서 정치적 혁명이 이루지 못한 한계를 돌파하는 미적 전위의 것임을 분명히 한다.

한국시에서 미적 전위는 이렇게 탄생한다. 단절의 수사학, 절대적 시작의 신화화, 미래를 내다보는 현재 속에서 새로움을 추구하는 것, 미래에 대한 역사의식으로 시대를 앞서 가려는 의지,[18] 세계의 새로운 시작이 예술에서만 정립될 수 있으며 미적 혁명이 역사의 새로운 시작을 주도할 수 있다는 신념, 그리하여 새로움의 끝없는 진행은 영구혁명의 미학적 수행이라는 선언[19] 미적 전위의 내포가 이러할 때, 김수영이 혁명의 미적 전유를 거쳐 도달한 지점은 예술에서의 현대적 전위, 바로 그것이다. 물론 이러한 내용을 선언했다는 것이 그를 미적 전위의 효시로 만들지는 않는다. 전위란 파괴를 자기 목적으로 삼아 새로운 건설을 추구하는, 말하자면 파괴와 건설을 동시에 실천하

---

17) 김수영, 「시여, 침을 뱉어라」, 『김수영 전집 2―산문』, 민음사, 2003, p.403.
18) 앙투안 콩파뇽, 『모더니티의 다섯 개 역설』, 이재룡 옮김, 현대문학사, 2009, pp.67~78.
19) 한스 로베르트 야우스, 『미적 현대와 그 이후』, 김경식 옮김, pp.82~83.

고자 하는 미학적 목적의 구체적 실현태이자 그것의 실제적 주체와 행위이며 그 둘의 복합적 결과물을 가리키는 것[20]이라면, 마땅히 그러한 결과물로서 새로운 시가 산출되어야 하고, 시의 내용과 형식에서 혁신을 가능케 하는 방법론이 뒷받침되어야 한다. 1966년을 전후로 발표되는 그의 산문에서 확인되는 시의 형태 변화에 대한 고심들, 예컨대 "'의미'를 이루려는 충동"인 "언어서술"과 "'의미'를 이루지 않으려는 충동"인 "언어작용"[21]이 서로 강렬하게 충돌하면 충돌할수록, 그것이 변증법적 결합을 달성하면 달성할수록 힘 있는 시가 나오고, 시의 새로움을 창조할 때 언어서술이나 언어작용은 동등한 비중으로 동일한 정도의 감동을 유발하기에 똑같이 결정적으로 중요한 문제라고 지적하는 것들은 시의 예술성을 실현하는 심급이 무엇인가를 논리화한 예라 할 수 있다. 시 언어의 내재적 통합과 "자코메티적 변모"[22]로 대표되는 스타일 변화의 지속적 추구는 실제로 김수영의 후기 시들, 가령 「풀의 影像」「엔카운터誌」「電話 이야기」「꽃잎」 1·2·3, 「먼지」 「元曉大師」「풀」을 연이어 낳는다.

　김수영이 이렇듯 영구혁명의 미적 전유를 통해 전위의 위상을 갖추는 동안, 김춘수는 다른 경로를 거쳐 이에 도달한다. 시만이 역사로부터 개인의 구원을 가능케 한다고 선언했을 때, 그의 관심은 역사를 해체할 방법적 미학을 시를 통해 구현하는 것에 집중되어 있었다. 역

---

20) 졸고, 「그들이 '현대'의 기치를 높이 들어 올렸을 때」, 『시와 반시』 2008년 겨울호, p.184 재인용.
21) 김수영, 「변하는 것과 변하지 않는 것」, 『김수영 전집 2―산문』, p.368.
22) "자코메티적 변모"의 내포적 의미는 김수영의 시론과 후기 시의 변화를 가늠케 하는 요소이다. 이에 대해서는 졸고, 「김수영은 왜 시작노트를 일본어로 썼을까?」, 『현대시』 2005년 8월호; 졸고, 「1960년대 한국시에 나타난 윤리적 주체의 형상과 시적 이념―김수영, 김춘수, 신동엽의 시를 중심으로」, pp.171~81 참조.

사의 악한 의지가 이데올로기로부터 연유한다고 본 김춘수는 이데올로기의 해체를 언어의 해체를 통해 실현하는 길로 나아간다. 그에게 이데올로기란 언어적 허구를 가리킨다. 따라서 이데올로기의 해체는 언어의 해체를 통해서만 가능하다. 그의 이러한 논리 속에는 말과 사물을 혼동하여 은유를 현실로 받아들이는 부당한 물화(物化)가 지속되면 그것이 곧 이데올로기로 고착되며, 그러한 은유의 물화가 해체되지 않는다면 이데올로기는 논리의 영역을 벗어나 맹목적인 신화의 영역으로 넘어감을 간파한 비상한 통찰이 숨어 있다. 역사를 이데올로기로, 그리고 이 이데올로기를 언어적 허구로 정의하면서 김춘수가 궁극적으로 의도한 것은 은유적 사고의 폭력적 동일화가 보편적 개념을 만들고 그것이 진리가 되어 정치적 힘을 발휘할 때의 상황을 문제시한 것이라 볼 수 있다. 그래서 그는 이데올로기의 해체가 언어의 해체여야 하며, 그것은 기존의 은유적 사고 구조와 체계를 교란시키는 방식으로 시도되어야 한다고 본 것이다.

김춘수는 그러한 교란을 기존의 은유를 새로운 은유로서 내파(內破)하는 방식으로 도모한다. 그가 '무의미 시'를 실험한 목적은 기존 언어의 의미화 작용, 즉 기표와 기의 간의 관습화된 연결망을 깨뜨림으로써 언어에 들러붙어 있는 이데올로기의 찌꺼기를 표백하고자 한 데 따른다. 이를 위해 김춘수는 기표와 기의의 불일치를 시도한다. 이것이 그의 시를 비동일성의 은유들이 집적된 공간으로 만든다. 그의 시가 보여주는 은유적 중첩의 시적 수사는 이러한 전복적 의식으로부터 형성된 결과이다. 그런데 기존 언어의 의미 작용을 해체하고자 한 김춘수의 '무의미 시'가 시에서의 대상 상실이자 의미 부재를 겨냥했을 때 최종적으로 맞닥뜨린 것은 시에서 언어는 더 이상 재현적이지 않으며, 언어가 점차 덜 재현적인 것이 되어갈수록 그것은 자율적 존재로 탈바꿈된다는 내재적 변화였다. "대상을 잃은 언어와 이미지는 대상을 잃음으로써 대상을 무화시키는 결과가 되고, 언어와 이미지는 대상으로부터 자유로운 것이 된다. 이러한 자유를 얻게 된 언어와 이미지는 시인의 바로 실존 그것이라고 할 수 있다. 언어가 시를 쓰고 이미지가 시를 쓴다는 일이 이렇게 가능해진다"[23]는 말이 의미하는 바는 명백하다. 그것은 '언어의 자율성'의 확인이다.[24]

시에서의 '무의미'란 "무엇인가 의미를 덮어씌울 그런 대상이 없어졌다는 뜻"[25]이며, "현대의 무의미 시는 대상을 놓친 대신 언어와 이미지를 시의 실체로서 인식하게 되었다고 할 수 있다"[26]라고 했을 때, 그리고 "폴 세잔이 사생을 거쳐 추상에 이르게 되는 과정을 나도 그대로 체험하게 되었고, 사생은 사생에 머무를 수만 없다는 확신에 이르게 되었다. 리얼리즘을 확대하면서 초극해가는 데 시가 있다는 하나의 사실을 알게 되고 믿게 되었다"[27]고 술회했을 때, 이것들은 모두 사물/사유와 언어 간의 재현관계를 근본에서 부정하고, '언어는 스스로 말한다'는 것, 즉 언어 그 자체의 힘과 운동에 대한 인식을 강조함으로써 언어의 자율성을 시의 본질이자 본원으로 환원시킨 것이라 할 수 있다. 그 스스로 '무의미 시'는 "가장 순수한 예술이 되려는 본능"이라고 규정한 까닭도, 그것의 근간은 "언어에서 의미를 배제하고 언어와 언어의 배합 또는 충돌에서 빚어지는 음색이나 의미의 그림자가

---

23) 김춘수, 「한국 현대시의 계보—이미지의 기능 면에서 본」, 『김춘수 시론 전집』, 현대문학, 2004, p.516.
24) '언어의 자율성'이 현대시의 전위주의를 형성하는 고유한 특징임은 익히 알려진 바이다. 이에 대해서는 후고 프리드리히, 『현대시의 구조』, 장희창 옮김, 한길사, 1996; 앙투안 콩파뇽, 『모더니티의 다섯 개 역설』, 이재룡 옮김, pp.79~92 참조.
25) 김춘수, 「대상·무의미·자유」, 『김춘수 시론 전집』, p.522.
26) 김춘수, 「한국 현대시의 계보—이미지의 기능 면에서 본」, 같은 책, p.512.
27) 김춘수, 「의미에서 무의미까지」, 같은 책, p.535.

그것들이 암시하는 제2의 자연 같은 것"의 추구라고 설명한 이유도, 시의 진정한 조건이란 언어이며, 이때 언어란 대상의 표현 수단이라는 관습적 상식의 비본질적 요소를 버리고 자기 조건의 본질적 속성을 온전한 자유로 누리는 자율적 존재임을 주창하기 위해서다. 그럼으로써 한국의 현대시는 언어만의 '자연'이라는 절대적 순수의 영도(零度)로 "진화"[28]하는 도정에 오를 수 있다고 김춘수는 믿었다. 그가 동시대 어떤 시인보다 '무의미 시'의 형태 발생을 한국시의 사적(史的) 계보를 통해 문학적 전통의 진화로 서술한 연유도 '언어의 자율성'에 대한 인식은 시의 역사에서, 특히 현대성을 추구하는 시와 시인일 경우에는 필연적으로 맞닥뜨릴 수밖에 없는 테제라고 보았기 때문이다. 그렇게 필연으로 인식되면 인식될수록, 언어의 자율적 운동을 극대화시키려는 형식 창출의 의지와 그에 대한 미적 자의식은 대체로 전통적 재현 방식으로부터 시를 과격하게 멀리 떨어뜨리는 방향으로 나아간다.

  김춘수가 '언어의 자율성'을 의식하고 그것을 시의 "현기증 나는 자유"[29]와 연관시킨 이후, 형식에 대한 의지는 한국시의 현대적 전통의 자기 계보를 형성하게 된다. 그에 의해 언어의 자기 지시성 혹은 자율성의 추구는 1960년대 이후 현대시의 전위라면 누구나 지녀야 할 필수 덕목이자 스스로가 전위임을 보증하는 예술적 정체와 증표가 되었다. 한국시에서 미적 전위는 이렇게 김수영과 더불어 김춘수에 의해 또 다른 기원(起源)을 얻고 있다.

---

28) 김춘수, 「대상·무의미·자유」, 같은 책, p.523.
29) 같은 글, p.522.

|제 2 부|

4·19와
담론의 정치학

대담 2
사람을 위한 민주주의에 대한 구체적 성찰

김우창·최장집

일시 2010년 3월 5일 오후 2시
장소 광화문 최장집 교수 집필실

김우창 사실 나는 4·19 때 한국에 없었기 때문에 직접 체험하지 못했고 구체적으로 이야기할 게 많지 않습니다. 4·19가 일어났을 때 미국에 유학 가 있었지요. 그곳 지역 신문에서 인터뷰를 하자고 해서 신문에 났지만…… 워낙 작은 동네여서 한국인 거주자가 둘밖에 없었지요. 최 선생님으로부터 사정을 들어보았으면 합니다. 먼저 4·19 때 적극적으로 참여하신 최 선생님께서 그때의 경험을 중심으로 먼저 말문을 열어보시지요.

최장집 김우창 선생님께선 그때 해외에 계셨지만, 저도 사실 4·19의 중심 세대라고 볼 순 없습니다. 왜냐하면 4·19는 대학생들이 중심이 되었는데, 저는 4·19 당시 고등학교 3학년이었거든요. 고등학교 3학년 학생으로서 민주주의에 대해 깊이 알았다고 할 수 없지만, 데모에도 적극 참가하고 그랬어요. 또 친구 집을 아지트로 해서 여러 고등학교 학생회장들이나 간부들과 만나 나름대로 고등학생들을 조직화하기도 하고요. 거기에 있던 친구들도 마찬가지였지만 광화문에서 처음 발포할 때 저도 현장에 있었어요. 총소리 날 때 막 도망가고 그랬는데, 지금은 파이낸스 센터와 프레스 센터 어느 지점쯤 되는데, 그게 옛날 소방서 자리와 서울신문사 건물 앞입니다. 거기서 좍 스크럼을 짜고 시위를 하는데, 앞에서 경찰들이 발포해서 막 총소리를 들으면서 도망간 기억이 생생해요. 만약 제 연배를 '4·19세대'라고 이름 붙인다면 가장 말미에 속하지 않을까 생각합니다. 고등학교 학생으로서 4·19를 경험하고 생각하고 보았던 세대가 되겠지요. 당시에 4·19는 대학생들, 그중에서도 고학년들이 중심이었지요. 다 알다시피 이승만 독재와 3·15부정선거, 이런 것들에 대해 반대하고 당시 이승만 체제가 민주주의에 어긋나고 배치되기 때문에 분연히 봉기한다, 독재정권을 타도한다…… 이런 것이 당시에 4·19에 공통적인 게 아니었을까 생각을 합니다. 어쨌거나 저는 개인적으로 4·19 때문에 정치학을 공부하게 되었다고 할까……

김우창 4·19에 참여한 동기에 대해서 말씀하시죠.

최장집 예, 그전까지는 진로를 확실히 정하지 못한 채 방황하고 있었을 때예요. 그냥 막연히 물리학을 공부할까 생각하다가 4·19가 나는 바람에 정치학으로 진로를 정했습니다. 그런 면에서 저 개인적으로 상당히 의미가 있는 사건이었던 셈입니다.

김우창 그때 누가 고등학생들에게 와서 4·19를 설명한다든지, 고등학생들도 4·19 데모에 참가하라든지, 그렇게 종용을 하는 사람들이 있었습니까?

최장집 그런 건 없었습니다. 제가 고2 때 서울에 있는 주요 고등학생들이 모인 서클 같은 게 있었어요. 그건 정치적인 목적의 서클이라기보다 순전히 고등학생 친목 서클 같은 것이었는데, 가끔 정치적인 문제에 대해 토론하기도 한 것 같습니다. 4·19가 터지면서 이러한 비정치적 서클이 정치화된 것이 아닌가 기억합니다. 고3 올라가면서 4·19가 터지고 자연스럽게 그 조직은 데모 조직의 어떤 네트워크로 활용되었다고 생각해요. 학생회장 그룹들, 이를테면 당시에 중앙고등학교, 보성고등학교, 서울고등학교, 경동고등학교 등등의 여러 고등학교 학생회장들이 참여하고 그랬습니다만, 그중에 한 친구는 중앙고등학교 학생회장이었던 남궁진이라고, 김대중 정부 시절 문광부 장관도 했어요. 그리고 당시 고등학교 3학년이던 남궁진은 혈서도 쓰고 그랬던 기억이 납니다.

어쨌든 4·19는 촉발에 불과한 것이고, 그 이후로 시위가 계속된 거죠. 그러면서 당시 이승만 정부에 임화수다, 이정재다 하는 정치 깡패들이 있었는데, 일부 과격한 학생들이 밤에 그런 사람들 집에 불 지르러 가자고 그런 적도 있고, 그런 기억이 납니다.

김우창 거기 가실 때 겁이 난다든지 두렵다든지 하는 생각이 드시지는 않았습니까?

최장집 겁이 난다기보다는 완전히 흥분 상태였죠. 막 들떠 가지고…… 당시 분위기가 그랬던 것 같습니다. 그로부터 훨씬 뒤에 터진 87년 6월항쟁이나 이럴 때의 분위기가 4·19 당시의 그것을 재현한다는 그런 느낌도 많이 들었습니다. 여하튼 한 가지 지금 지나놓고 드는 생각은, 고등학생으로서 뭘 제대로 알지 못하는 상태였지만, 민주주의를 위해 우리의 행동이 어떤 의미를 가지는지, 한국 정치 체제가 어떤 상황에 있었는지에 대해서는 깊이 알았다고 할 수 없는 상태에서 참여한 것이 아닌가 생각합니다. 그 당시의 격렬하고 과격한 행동에 비해서는, 정치 현실에 대해서는 독재 정치를 규탄하고 이를 타도해야 한다는 것 이상으로 문제를 깊이 있게 알았던 것 같지는 않습니다. 지금 가끔 4·19를 떠올리면 느껴지는 점입니다.

김우창 고등학교 2학년생들이 모여 정치 토론을 하셨다고 말씀하셨는데, 혹시 당시에 함께 토론했던 내용들이 어떤 것들이 있었는지 기억이 나시는지요?

최장집 그것은 잘 기억이 안 나요. 친목 서클이기 때문에 얼마나 자주 어떤 주제를 가지고 토론했는지는 기억나지 않습니다. 분명한 것은 사회적인 문제는 아니었어요. 정치적인 문제가 주제였다면, 그건 부정선거 같은 것이 아니었을까 생각합니다. 사실 4·19 때도 사회적이거나 경제적인 문제는 중심이 아니었습니다.

김우창 여기서 사회적인 것보다 정치적인 과제가 컸다는 중요한 지적이 나온 것 같습니다.

최장집 그리고 이제 뒤에 4·19가 점점 커지면서는 민족 문제, 말하자면 냉전 시기의 민족 분단이라고 할까, 하는 것이 중요 이슈로 나타나기 시작했어요. 이런 문제는 이제 4·19 이후 민족통일연맹과 같은 민족 문제를 중심으로 한 학생 조직이 만들어지고, 학생운동은 점점 급진화하기 시작했다고 할 수 있겠습니다. 고등학생으로서의 우리에게 4·19는 그런 큰 문제, 국제 정치적인 문제나 민족 문제 같은 것에 대해서는 인식이 강하지 않았던 것 같은데, 그래도 당시에 나에게도 민족주의적 정서가 뿌리 깊었단 생각이 들긴 합니다. 당시에는 전반적으로 민족주의가 강했으니까요. 그러니까 일본제국주의에 반대하고, 그 결과가 분단으로 이어지고 하는 식으로 문제를 이해했고, 그런 민족주의적인 가치나 이념이 굉장히 강했고, 그것은 그 시기의 상당한 특징이란 생각이 듭니다.

김우창 우리 대학 다닐 때에는 시위가 없었지요. 6·25전쟁 직후 고등학교를 다녔는데, 유일하게 조그맣게 데모를 한 사건이 있었습니다. 소위 '구보다 망언'이라고 해서 일본과의 협의 과정에서 구보다 일본 대표가 식민지 통치를 옹호하는 발언을 한 것 때문이었던 것으로 기억이 됩니다. '민족'이라는 테마는 반일과 관련하여 1950년대 초에도 있었다고 할 수 있습니다.

그런데 4·19에 참여했던 사람들 중에 나중에 현실 정치에 참여한 사람들이 많지요?

최장집 4·19세대 중 나중에 정치인이 된 사람들은 무척 많습니다. 서울의 주요 대학을 나온 4·19세대 가운데서는 제가 기억하는 사람들만 해도 많지요. 이들 가운데서는 나중에 민정당, 민주당 국회의원이나 총재를 지낸 사람들도 있고, 여러 사람들이 장관을 지내기도 했습니다. 말하자면 4·19에 참여했던 세대가 기성사회의 정치권에 어떻게 참여하고 통합되었느냐 이런 문제는 중요하므로 언급을 해야 할 것 같습니다.

김우창 4·19 때 타도 대상이 된 게 이승만 정권인데, 이승만 대통령은 어떤 의미에서 독재자였습니까?

최장집 이승만 독재 체제에서 가장 중요한 것은, '부정선거'였던 것으로 보입니다. 선거를 공정하게 해야 하는데 공정하지가 않았고, 기존의 헌법을 그대로 지켜서 한 게 아니라, 자신의 권력 유지를 위해 두 번씩이나 억지로 개헌을 했지요. 민주주의의 규범이 될 수 있는 제도나 절차를, 권력 유지와 연장을 위해서 보통 사람들이 수긍하기 어려운 무리한 방법으로 했고요. 그리고 50년대의 선거는 공공연하게 부정선거가 치러졌고, 야당 탄압도 심했지요.

김우창 그렇다면 4·19에서 들고일어난 사람들은 민주주의의 규범적 질서가 어긋난 데 대해서 반응한 것인데, 말하자면 상당히 추상적인 문제에 반응을 했다고 할 수 있을 것 같습니다.

최장집 네. 그리고 구체적으로는 김주열의 시체가 마산 앞바다에서 떠오르고 그것이 본격적으로 촉발점이 된 거지요. 그래서 대구에서 고등학생을 포함한 데모가 먼저 일어났고, 그다음에 서울에서는 고려대학교, 즉 4·19 하루 전에 고려대 학생들이 국회의사당 앞까지 진출해서 데모를 한 사건이 있었지요. 당시 고대 총장이 국회의사당 앞에 와서 귀교를 종용해서 들어갈 때 (종로)5가에서 깡패들의 습격을 받았거든요. 그것이 아마 당시 정치 깡패로 유명했던 이정재 갱단이 아닌가 기억됩니다.

김우창 규범적인 것이 어긋난 데 대한 느낌 외에, 폭력으로 인해서 사람이 죽은 사건에 대한 반응도 한 계기가 되었다는 지적이십니다.

최장집 네. 그런 면도 있을 것입니다. 그런데 4·19는 단지 사람이 죽은 것에 대한 것만은 아니었고요. 당시 부통령이던 이기붕, 내무부 장관이던 최인규, 법무부 장관이던 홍진기, 이 세 사람이 이승만 정부의 나쁜 상징처럼 되어서 말하자면 표적이었습니다. 아까도 말씀드렸지만, 정치 깡패들이 권력을 많이 휘둘렀고, 그래서 반감이 확산돼 있었기 때문에 고등학생들에게도 임화수의 집이 공격의 대상이 되었다고 할 수 있겠어요. 저도 덩달아 친구들과 함께 관훈동인가 그 부근까지 간 기억이 나는데, 깡패가 일차적인 공격의 대상이 된다는 것도 흥미 있습니다.

김우창 손세일 씨의 『이승만과 김구』라는 책을 보면, 이승만과 김구에 대한 개인적인 이야기들도 들어 있고 독립운동 안에서 일어난 정치적인 문제가 두루 들어 있습니다. 꼭 그렇게 의도하고 쓴 것 같지는 않은데, 맥락상 독립운동에 참여한 인사들 가운데서 이승만 씨가 민주적인 정치 체제에 대한 의식을 가장 분명하게 가진 사람이라는 인상을 받습니다. 그러나 이승만 씨는 독재자라고 호명되어 타도의 대상이 되었습니다. 미국에서 교육을 받고 생활한 경험이 있어서인지는 모르겠지만 민주적인 정치 절차 문제, 임시정부 문제, 또 여러 가지 제반의 정치 문제에 대해서 민주주의라는 관점에서 보자면 가장 선진적인 이해를 가지고 있던 지도자였던 것 같은데, 왜 그렇게 되었을까요? 개인적인 경험을 떠나서 이승만 씨를 어떻게 평가하십니까?

최장집 그 문제에 대해서는 상당히 많은 설명이 필요할 것 같습니다. 중요한 것은 분단이 되어서 단독으로 세워진 남한정부가 정당성이랄까 도덕성이랄까 하는 측면에서 충분히 자리 잡지 못했다는 사실입니다. 그러니까 1948년부터 시작해서 1950년에 이르기까지 내전이나 다름없는 혼란 상태는 분단국가 건설을 계기로 끝난 상태였지만, 여전히 혼란은 컸다고 할 수 있고, 좌우 이데올로기 투쟁의 여진이 남아 있었을 때인데, 정부의 기반이 굉장히 취약했지요. 그래서 국가보안법 같은 걸 만들고 했는데, 1950년 6·25전쟁의 발발은 분단국가의 기반을 튼튼히 해준 중요한 계기가 되었다고 봅니다. 그런데 문제는, 이승만 대통령은 '민주주의'라고 하는 헌법이나 제도가 엄연히 있는데 이를 자주 무시하고 독단적으로 권력을 행사했습니다. 당초 분단국가는 미국의 지원 하에 이승만 그룹과 한민당-민주당으로 이어지는 보수 세력이 연합해서 만든 것이었는데, 이승만 씨가 집권하면서 한민당 그룹을 완전히 배제하고 권력과 인사를 독점했습니다.

권력으로부터 소외된 이들이 떨어져 나와 반대 세력이 된 것이 야당의 기원이라 할 수 있겠는데, 야당과 비판 세력을 사실상 인정하지 않고 탄압하면서 독재로 가게 된 점이라고 생각해요. 그러나 범위를 좀 더 넓혀볼 때 그보다 더 중요한 것은 분단국가를 사회와 연결시켜주는 정치의 기반이 너무나 좁았다는 점이라고 봅니다. 공산당을 포함하는 좌파들을 척결하는 것은 당시의 정황에서 피할 수 없었다 하더라도, 좌파가 아닌 중간파 세력도 많이 있었다고 생각합니다. 그리고 이들을 제거하는 과정은 폭력적인 면도 상당히 컸다고 봅니다. 어쨌든 좌도, 우도 아닌 광범한 중간파 지도자들이나 사회 세력까지 모두 좌파라고 규정하고 정치에 참여할 수 없도록 해서 분단국가의 정치적 기반을 좁히고 독재로 나갈 수 있는 길을 닦았다고 하겠습니다. 그리고 50년대에 부정선거는 광범하고 공공연했는데, 그것이 이승만 독재 정부를 뒷받침해주었다고 생각합니다.

김우창 부정선거나 이러한 문제에 대해서 이승만 대통령이 알고 지시한 증거라든지, 아니면 밑에 있는 사람들이 자신들의 이권 확보를 위해서 알아서 그렇게 했는지에 대한 연구가 되어 있는 게 있습니까?

최장집 그에 대해서는 별로 연구가 안 된 것 같습니다. 대부분이 이승만 대통령이 했다, 이런 식이지, 이를테면 내무부 장관이 이것을 어떻게 지시해서 이승만 대통령은 어디까지 보고를 받았다든지 하는 기록에 대해서까지 실증적으로 연구한 것을 저는 아직 보지 못했습니다.

김우창 이승만 대통령이 그 정권을 내놓는 과정을 보면 비교적 순탄하게 내놨지 않습니까?

최장집 비교적 순탄하게 내놓았다는 데 동의합니다. 더 많은 희생이 날 수도 있는 상황이었지요.

김우창 그런 것을 생각해볼 때, 이승만 스스로 정말 정권 장악에 대한 확실한 의도를 가지고 모든 게 이루어졌는지, 아니면 그때의 체제가 그렇게 만들어놔서 자기의 의도와는 달리, 혹은 자신도 모르는 사이에, 그러한 길을 갔는지 약간 불분명한 느낌이 드는 것 같아 드린 질문이었습니다. 군대를 동원해서 큰 유혈사태가 날 수도 있었을 터인데, 물론 송요찬 계엄사령관 같은 사람이 적극적인 협조를 거부한 것과도 관계되지만, 이승만 씨가 정말 자기의 절대 권력을 강화하려는 의도를 가지고 있었는지에 대해 한번 생각해볼 수는 있을 것 같습니다.

최장집 분단국가가 만들어지고, 자유당이 만들어지고 운영되는 과정에서 깡패 조직들의 역할은 컸다고 하겠어요. 그래서 자유당 하면 '깡패' '부정선거' '야당 탄압' 이런 이미지들이 자연스럽게 따라붙었어요. 그래서 사람들은 민주당에 정권 교체에 대한 기대를 걸었고, 민주당의 후보들이 선거 유세를 하면 많은 청중이 모였고, 1956년 대통령 선거운동 시 민주당 후보 신익희 씨 같은 분이 "못 살겠다 갈아보자" 하는 구호를 들고 유세할 때는 수십만 인파가 몰렸습니다. 민주주의는 상당 정도 민주당과 동일시되었던 것이지요.

김우창 이 분야의 전문가들이 이야기해야지, 끼어들 만한 문제가 아니지만, 이승만 대통령이 정권을 쉽게 내놓은 것, 또 축재한 것이 별로 없었던 것들, 이런 걸로 봐서 개인의 의지 문제였는가 아니면 체제의 문제였는가를 일단 생각해볼 만한 것 같습니다.

최장집 말씀하신 대로 이승만 대통령에 대해선 좀 체계적인 연구가 이루어져 재평가되어야 하는 부분이 분명히 존재합니다. 그동안 4·19로부터 파생된 이승만의 반민주 이미지가 굉장히 강해서 어찌 보면 과도하게 비판된 측면도 있을 수 있단 생각이 듭니다. 왜냐하면, 1950년대라는 시기는 분단이 된 직후이고 민족 문제가 해결되지 않고 남아 있던 시기인데, 미국이 분단을 만들었고, 그러기 위해 이승만을 지원했다라는 인식이 사회 일각에서 상당 정도 수용되었다고 하겠습니다. 말하자면 좌파라고 불리는 그룹 외에도 그렇게 이해하는 사람들은 많았다고 할 수 있겠습니다. 이러한 흐름은 1980년대 민주화 운동 과정에서 문제를 나름대로 이론적인 틀을 가지고 보는 이른바 NL(민족해방)이라고 불리는 그룹으로 나타났다고 볼 수 있지 않을까 생각합니다만. 이들은 지금까지의 민주화 운동에서 가장 중심적인 흐름을 이룬 그룹이고, 민족 문제를 중심으로 한국사회의 민주화, 분단 문제, 통일 문제를 인식한다고 생각합니다. 이런 관점이 강한 것만큼 분단국가를 세웠던 인물로서 이승만 대통령을 부정적으로 보게 된 것 같아요. 여기에 덧붙여 이승만 씨가 민주주의의 원리나 규범을 지키지 않고, 독재로 흘렀다라는 것이 합쳐지면서 이승만 씨에 대해 굉장히 부정적인 이미지를 갖게 된 것이 아닐까 하고 생각하지요. 문제는 지금의 남북 문제, 현재 우리의 입장에서 분단국가로부터 1950년대를 볼 때는 재해석이 필요할 수밖에 없는 조건이잖아요. 냉전도 무너지고, 냉전의 해체와 더불어 오늘의 북한을 볼 때, 북한은 근대화에 완전히 실패했을 뿐만 아니라 그들이 직면한 오늘의 엄중한 현실을 해결할 능력조차 없는 것으로 보이고, 하나의 체제로서 존립의 벼랑에 서 있는 북한에 어떤 형태로든 정당성을 부여하기는 어려울 것 같습니다. 아무튼, 기존의 민족해방적 관점에서 문제를 보기는 어렵게 되었고, 그러한 관점을 갖는 사람들은 점점 적어지지 않을까 예상하게 됩니다. 이런 조건을 고려할 때 이승만 대통령에 대해서는 여러 다른 설명이 필요하다는 생각이 듭니다.

김우창 아까 말한 것이지만, 손세일 씨의 책을 읽으면서 받은 인상은 이승만 대통령이 동료 독립운동가들에 비하여 민주주의적 정치에 대해서 조금 차원이 다른 이해를 가지고 있었다는 점입니다. 그래서 다른 동료들과의 갈등이, 권력투쟁적 성격의 갈등 말고 사고나 오리엔테이션이 다른 데서 오는 갈등일 수도 있었다는 생각이 들었습니다. 일례를 든다면, 임시정부 초기에 이승만은 일본정부와 일본국민을 구분하려고 한 일이 있습니다. '일본 놈들은 모두 다 나쁜 놈들이다' 하는 주장과는 달리 일본 위정자와 일본국민을 구분해야 한다는 주장이지요. 주변 동료 독립운동가들은 이승만의 주장을 이해하지 못합니다. 그 외에도 여러 측면에서, 선구적 민주주의라든지 세계 속의 한국이라든지에 관한 생각들이 매우 달랐습니다. 어쨌건 간에 이승만이 왜 독재자가 되었는가, 독재자였음은 틀림이 없지만, 거기에 대한 연구가 필요한 것이 아닌가 하는 생각이 듭니다.

보태고 싶은 말은, 한 사람의 의지보다도, 많은 사람들이 살아가는 시대가 지닌 복합적 요인을 살펴보는 것이 중요하다는 것입니다. 시대의 움직임 속에서 별수 없이 이런 사람도 되고 저런 사람도 되는 면이 있으니까요. 개인에 대한 문제뿐만 아니라 시대 정치적인 양상에 대한 이해가 더 있어야 4·19를 보다 적절하게 이해할 수 있을 것이라는 생각이 듭니다. 비단 4·19뿐만이 아니라 모든 사건이 그렇지요.

김우창

"한 사람의 의지보다도, 많은 사람들이 살아가는 시대가 지닌 복합적 요인을 살펴보는 것이 중요하다는 것입니다. 시대의 움직임 속에서 별수 없이 이런 사람도 되고 저런 사람도 되는 면이 있으니까요. 개인에 대한 문제뿐만 아니라 시대 정치적인 양상에 대한 이해가 더 있어야 4·19를 보다 적절하게 이해할 수 있을 것이라는 생각이 듭니다."

개인적인 동기, 집단, 조직, 이런 것들을 넘어서 시대 속에서 어떤 사건이 불가피하게 되는 원인들을 알아야 한다고 봅니다.

최장집 이승만 정부가 권위주의 정부가 된 데에는, 이승만 대통령 개인의 리더십 스타일이나 가치관이나 이런 것도 중요하지만 그것보다는 당시 분단국가가 만들어졌던 정황도 보아야 한다고 믿습니다. 말하자면 거의 내란이나 다름없는 혼란스러운 상황에서 국가가 만들어졌잖아요. 남한에서 국가를 세우는 것에 덧붙여, 북한하고도 대립해야 하니까, 강한 군대 만들어야지요, 경찰 만들어야지요, 국내 치안과 질서를 유지해야 되고, 이런 조건 속에서 민주주의 제도가 도입된 것이니까요. 형식적으로 구색은 다 갖추었는데, 말하자면 미국 헌법을 모델로 해서 입법·사법·행정을 분할해 삼권분립의 제도를 만들고 선거도 하고 했지만, 실제로 이러한 체제가 돌아갈 수 있는 조건은 겨우 내란 상태를 벗어난 것에 불과했던 것이니까요. 또 불과 2년 뒤에 전쟁이 일어났기 때문에 정상적인 환경 하에서 정치 체제가 작동했던 시기는 아닙니다. 정치학의 관점에서 보자면 민주주의라고 하는 것은 권력이 견제되고 균형되어야 가능하지, 아무리 선한 사람이라도 권력이 쥐어지면 사용하게 되고, 견제가 없으면 남용하게 되어 있습니다. 다시 말해, 아직도 국내 치안이나 질서는 불안정하고, 북한은 북한대로 국가를 건설하고 나중에 안 것이지만 전쟁도 준비하고 했으니까, 한국사회에서의 정치는 의회를 권력의 거수기로 만들고, 야당이나 비판의 목소리를 탄압하고 견제 세력이 없는 상황에 이르렀지요. 이런 조건에서 독재는 거의 필연적인 것으로 보입니다.

쉽게 예를 들면, 현재 이라크나 아프가니스탄 같은 나라를 볼 수 있을 것 같아요. 우리하고는 상황이 다르지만 여기도 미국이 민주주의 제도를 막 갖다놨는데 제대로 작동하지 않지 않습니까. 이라크의 경우 집권 세력인 시아파는 소수파인 수니파와의 협력을 통해 정치 경쟁의 틀을 만들어야 하는데, 전후 질서를 만드는 사회에서 그런 갈등을 민주주의의 틀 안에서 해소하기란 지난한 일이지요. 아프간은 카불 부근이나 통치가 가능하지 나라 전체는 탈레반과 알카에다에 의해 주도되는 전쟁 상태라고 할 수 있는데, 정상적인 질서를 유지하고 법을 적용할 수 없는 곳에서 민주주의를 실현한다는 것은 사실상 어려울 것이란 말이지요. 제가 요즘 그 나라들을 보면서 한국의 해방 후의 상황을 떠올리곤 합니다. 이제 정치학도 공부하고 다른 나라 사례도 보고 하면서, 이승만 정부 시기, 민주주의에 대한 국민들의 기대는 컸을지 몰라도 현실적으로 실현되기는 어려웠던 배경을 이해하게 되는 것이지요.

김우창 민주주의든 혹은 다른 것이든 어떤 종류의 정치 질서가 발전해가는 데 있어서 잘한 일 못한 일, 이런 것이 불가피하게 일어난 상황과 측면에 대한 이해가 있어야겠지요.

최장집 당시에 우선 사회적인 조건이 80퍼센트 이상이 농업사회였잖아요. 국민들이 서구식 민주주의든 공화주의든 이런 걸 경험해본 적이 없었습니다. 바로 엊그제까지만 해도 조선조에다가 일제 식민통치를 받았기 때문에, '민주주의'라고 하는 것은 말이나 머릿속에서만 있지 실제로 어떻게 운영해야 하는 것인지, 그 가치가 무엇인지에 대해 이해할 기회가 없었어요. 게다가 아까 김 선생님도 말씀하셨듯이 독립운동 지도자들은 대개 만주, 중국 등 지하에서 투쟁을 해오다가 해방이 되고 나서 이 사람들이 지도자가 되지 않았습니까? 이런 상황에서 우리가 민주공화국의 제도를 수용한 것은 어떻게 보면 시대의 요구이고 미국에서 요구하는 것이기도 해서, 그것을 받아들이게 된 것이지, 실제로 이 제도에 대해서 얼마나 제대로 알고 이 가치를 수용했겠습니까. 그리고 그 당시에 지도자였던 독립운동 지도자들은 미국에서 활동했던 이승만 대통령과 같은 사람들 소수를 제외하고 민주주의가 아닌 중국이나 국민당 통치 지역, 러시아 또는 국내에서 활동한 사람들이 다수이지 않았습니까. 이러한 조건 속에서 해방이 되어서 민족 독립국가를 공동의 목표로 해서 민주의 체제를 건설한다, 이것은 이론적으로는 가능할 수 있어도 현실에서는 상당히 어려운 과제였을 것이라는 점은 이해할 수 있습니다. 이러한 상황에서 이승만이 그래도 서구적 민주주의에 대해서는 이해가 가장 깊었다, 어찌 보면 김 선생님의 이러한 말씀은 사실이었을 것이라고 믿어집니다. 왜냐하면 미국에서 실제로 민주주의가 돌아가는 것을 본 사람이고 그것이 어떤 것인지를 세간의 지도자들 중에서는 그래도 제일 많이 안 사람이었을 테니까요.

김우창 그러니까 비극적인 면이 많았던 것 같습니다. 4·19에 이승만을 타도하는 과정에서 사람이 죽고 다치고 한 건 더 비극적인 사건이지만, 이승만이 그렇게 쫓겨나고 결국 하와이에 가서 숨을 거두고 하는 것도 비극적인 사건이지요. 어쩔 수 없는 여러 가지 상황 속에서 일어난 부분도 있는 것 같다는 말이지만, 이러한 것은 물론 정치학을 하시는 분들이 이제 연구해주셔야 하겠지요. 우스갯소리를 하나 하자면 학교 다닐 때, 청와대 위 북악산에 올라간 일이 있지요. 청와대 앞을 지나다닐 때도 자유롭게 다녔어요. 지금은 아마 그렇게 자유롭게 못 다닐 거예요. 그러니까 그땐 차라리 원시적인 자유가 있던 사회였단 생각도 듭니다.

최장집 제 견해로는 한국 현대사에서 본격적으로 '권위주의'라는 것이 체제로서 자리를 잡은 것은 유신 체제였습니다.

김우창 그렇게 보는 수도 있겠죠.

최장집 굉장히 강한 정부가 있고, 제도가 꽉 짜여서 진짜 독재를 시행한 것은 유신 때부터고 이승만 독재는 새롭게 정의해야 되는 측면이 있습니다.

김우창 이승만 정부는 미숙한 독재였겠지요.

최장집 독재할 국가 체제가 아주 엉성한 상태였기 때문에, 근대적인 관료 권위주의 국가 이전에 나타난 전통과 근대 사이에 위치하는 특정 유형의 독재였다고 생각합니다.

김우창 4·19가 한국사회나 민주주의 발전에 어떤 기여를 했는지에 대해 생각해보았으면 합니다.

최장집 김 선생님의 의견은 어떠신지요.

김우창 어느 일본 기자가 그전에 이런 말을 한 적이 있습니다. 한국에 왕당파가 없는 것이 이상하다. 왕정을 그토록 오래 해서 왕정복고를 얘기하는 정치 파벌이 있을 것 같은데 그런 게 전혀 없는 게 이상하다, 그런 말이지요. 19세기 말부터 독립협회를 비롯한 여러 국면에서 민주주의를 해야 된다, 민주주의 사회가 되어야 한다, 그런 생각들을 찾아볼 수 있습니다. 그런 연속선상에서 4·19가 일어났던 것이니까 4·19는 그러한 민주주의에 대한 역사적 요구가 대중의 의견이 되어 집합적으로 표출된 역사적인 사건이라고 할 수 있을 것 같습니다. 거기서부터 시작되어서 누구도 4·19 그리고 민주주의를 부정적으로 볼 수 없게 된 것이지요. 4·19를 위해서 노력한 사람들은 잠재적으로 커져가고 있던 역사의 요구를 분명하게 한 것이라 할 수 있습니다.

최장집 제 의견도 선생님과 비슷한데, 근대화·산업화·도시화 등 한국 현대사의 전개 과정과 민주주의의 형성 과정에서 하나의 중요한 패턴을 만든 것이 4·19다, 이렇게 말할 수 있을 것 같습니다. 그런데 한국 사람들이 그 민주주의라고 하는 가치를 굉장히 강하게 수용한 반면, 하나의 통치 체제로서 민주주의의 제도적 특성과 가치들에 대해 그다지 깊이 생각하지 않았고, 또 알 기회도 없었다고 봅니다. 그래서 현실의 정치 체제를 비판적으로 보고, 그 대안적 체제를 생각하거나 또는 어떤 바람직하다고 생각하는 이상이나 가치에 대해, 모두 민주주의라고 이해하고 민주주의를 이상화하게 되었다고 보는데, 이 점에서 민주주의의 의미는 과부하(過負荷)되었다는 생각이 듭니다. 어떤 이상적인 가치, 이념 또는 체제가 필요하다면, 그것을 민주주의라고 생각하는 경향을 말합니다. 모두 민주주의의 가치로 수렴해서 생각하는 것이지요. 여러 가치들이 과도할 정도로 민주주의로 수렴되어 들어와, 그 속에 중첩되어 있다는 생각이 듭니다.

김우창 그 지적은 아주 필요한 지적인 것 같습니다. 그러니까 우리에게 민주주의가 필요했지만, 또 그것에 그렇게 과도하게 가치 부하가 되는 바람에 추구해야 하는 정치 목표를 지나치게 단순화한 면도 있었다, 이런 말씀이신 것 같네요.

최장집 민주주의라고 하는 게, 현대 민주주의는 대의적 민주주의인데 이 체제가 해결할 수 없는 모든 것까지 여기에 집어넣은 것이지요.

김우창 그것만 해결되면 뭐든지 다 되는 것으로 말이지요.

최장집 진짜 만병통치약 비슷하게 돼서, '민주주의만 되면 모든 게 해결된다.' 이것이 1987년 민주화 운동 때 그대로 재현된다고 보거든요. 그래서 4·19를 들여다보면 그보다 축소된 형태로 거기에서 그 모델이 발견되는 것 같은 느낌이 듭니다.

김우창 어떤 계기나 어떤 집단의 의사나 의지 그리고 방향에 못지않게 중요한 게 역사적인 흐름인데, 역사 흐름에 배치되게 행동하는 사람은 희생이 되고 역사의 흐름과 더불어 움직이는 사람은 역사에 기여하고 영웅적인 인간이 된다, 이런 생각이 듭니다. 이 흐름과의 관계에서 희생자도 나오고 영웅도 나오는 것 같습니다. 헤겔은 역사의 주체를 개인이 아니라 역사 자체라고 보는데, 우리는 이에 대해서는 조금 더 생각해야 될 것 같습니다. 역사에 그 자체의 흐름이 있다면, 나쁜 일을 한 사람도 어떻게 보면 희생자입니다. 좋은 일을 한 사람도 너무 영웅으로 볼 것은 없고 역사의 흐름이 들어 올려줘서 영웅으로 맞아떨어진, 그런 면이 있지요. 4·19는 우리에게 모범적인 것이지만 민주주의를 하는 데 이런 4·19적인 움직임이 늘 가장 중요하다고 이야기하긴 어렵다고 할 수 있습니다.

더불어 두 가지를 더 보태고 싶습니다. 하나는, 이 4·19에서 희생된 사람과 그 후에 민주화 운동 과정에서 희생된 사람들이 영웅적인 인간이면서, 동시에 비극적인 인간이라는 것을 우리가 알아야 된다는 겁니다. 독립운동에 관계된 사람도 그렇지요. 윤봉길 의사가 독립운동을 위해 중요한 기여를 하고 의기를 보여주었지만 윤봉길 의사가 젊은 나이에 스스로 죽음을 택했다는 것은 비극적인 사건이라는 것을 알아야 된다는 말입니다. 하나의 영웅적 행동으로서 인간의 가능성이 전부 실현된다고 생각하는 경향이 너무도 강합니다. 영웅적 사건이 없는 시대가 제일 좋은 시대이지요.

인간적 희생은 보이지 않고 영웅적 측면만 보이게 되면, 영웅적 행동의 계기가 없으면, 그것을 만들어야 할 것처럼 생각하는 경우가 있지요. 우리 역사가 많은 희생을 요구한 역사이기 때문에, 그 교훈이 단순히 영웅과 열사의 삶만을 높이는 것이 되는 수가 있습니다. 비극적 상황 속에서 일어난 영웅적 사건에 들어 있는 비극적인 측면을 간과해서는 안 된다는 것, 그 비극적 각 상황은 없어야 제일 좋다는 것,

영웅적 역사관 속에서 인간의 개인적 윤리에 대한 잘못된 이해가 스며들 수 있다는 것을 생각할 필요가 있습니다. 그리고 역사의 드라마 속에서 나쁜 역을 맡은 사람에 대한 이해도 가져야 하지요. 여기에 상황의 복합성, 비극성에 대한 이해가 필요합니다.

1980년대 들어 민주화 운동 때 일입니다. 최 선생님하고 나하고를 포함해서 고려대 교수 몇 사람을 그 당시 총리이던 김정렬 씨가 만나자고 연락을 해왔습니다. 당시 김정렬 총리는 자신의 관심은 정권의 유지나 퇴진이 아니라 희생자가 적게 나면서 이 문제가 해결되는 것이라고 했습니다. 이야기를 나누는 사이에 우리하고 같이 간 분 중에 김대중 선생하고 가까운 분이 있었는데 김대중 선생하고도 한번 만나서 희생자가 없게끔 하는 방법을 이야기할 수 있었으면 좋겠다고 했습니다. 김정렬 씨가 4·19 때 무슨 장관이었지요?

최장집 네, 국방 장관을 했지요. 4·19 때문에 물러난 것으로 기억합니다.

김우창 4·19 때 자기가 가장 아프게 생각한 것은, 통제할 수 없는 상황에서 총기가 발사되고 사람이 목숨을 잃게 되는 것이라고 김정렬 씨는 말했습니다. 다시 그런 상태가 되어 유혈사태가 일어나지 않도록 하는 것이 자기 관심사인데, 이것이 4·19 때 깨달은 것이라고 했습니다. 4·19 당시에 대중의 적이 될 수 있었을 그런 사람도 이런 생각을 했었던 것이지요.

여하튼 영웅도 목숨을 버린 비극적인 대가를 지불한 사람이고 악당도 상황 속에서 그런 역할에 맞게 되는 경우들이 있지요. 그렇다고 해서 무조건 두루뭉술하게 하자는 것이 아닙니다. 어떤 경우에는 목숨을 버리고 대결도 해야 되지만, 그러면서도 거기에 또 하나의 차원이 있을 수 있다는 것을 알아야 한다는 말입니다. 근데 우리 역사 해석에서 계속, 옛날 역사도 그렇지만 특히 현대사에 있어서 역사가 훨씬 복잡한 일이란 것이고 거기에는 인간의 의지와 결단을 넘어서는 부분들이 있다는 것에 대한 생각은 별로 안 하는 것 같아서 하는 말입니다.

최장집 부연하자면, 선생님께서 헤겔의 시대정신을 말씀하셨는데 한국의 현대사는 굉장히 '압축적 근대화'라고 할까, 그것은 현대사의 중요한 특징으로 보입니다. 해방부터 1980년대 민주화에 이르기까지, 반세기도 안 되는 시간 동안에 일어날 수 있는 모든 변화가 다 일어났거든요. 냉전과 분단, 전쟁, 4·19에 의한 민주화, 군부쿠데타, 산업화, 1980년대 민주화, 탈냉전, 세계화, 이런 것들이 다 세계적인 변화와 직접적으로 연결된 한반도의 격변적인 사태잖아요. 한 세대 동안에 이런 일들이 다 일어나버리고 말았지요.

이를테면 서양에서는 16, 17세기에 종교개혁과 종교전쟁, 17, 18세기에 자유주의, 계몽사상, 그런 게 있은 다음, 프랑스와 미국에서 혁명이 나고, 19세기는 산업화, 그다음에 민주화 하는 식으로 몇 세기에 걸친 장기적인 기간을 두고 변했기 때문에, 역사를 단계적으로 이해하는 것이 가능하고, 헤겔의 시대정신이라는 말은 이런 느리고 장기적인 변화 속에서 의미를 가질 수 있는 것으로 보입니다. 그런데 한국의 경우는, 너무나 빠른 속도로, 한 세대 안에 이 모든 것이 모조리 다 일어났습니다. 이렇기 때문에 한 시대를 지배하는 가치가 공감할 수 있는 수준에서 전개되기 어려웠습니다. 이런 말이 가능할지 모르겠지만, 그래서 한국의 역사는 '부분적 역사partial history'라고 할까요? 모든 것이 부분적으로 일어나고, 이념 간에, 세대 간에, 사회적 부문이나 계층 간에, 역사를 경험하고 이해하는 내용들이 제각기 달라졌고, 이들은 또 중첩되는 양상을 띠게 된 것이지요. 그러다 보니 관점의 상호 소통을 통해 역사를 전체로 아울러 통일적으로 보는 문제가 무척이나 어렵습니다. 역사를 이해하는 공통의 인식 틀이 약하거나 없는 거지요. 그러니까 한국사회에서 좌우 이념 갈등이 무척 심한 것도 이런 것과 관계가 있겠지요. 이를테면 분단되고 좌우가 있었잖아요. 해방 후에 이런 것이 채 아물기도 전에 덧씌워지고 뒤죽박죽 연결이 되는 과정 속에서 골이 깊어갔지요. 각 시대마다 역사의 변화에서 중심적인 역할을 했던 그룹이 존재하고, 이들의 가치와 신념들이 그 다음에 오는 변화와 충돌하면서 갈등하게 되는데, 이는 정치적이고, 사회경제적인 원인으로부터 오는 것도 있지만 시간의 짧은 변화 사이클에서 비롯된 것도 크지 않나 하고 생각합니다.

김우창 그러니까 더욱더 많은 사람들이 자기의 판단과 의지에 의해서 움직이기보다 상황 속에서 뒤흔들리는 것이겠지요. 자기가 주인공이라기보다 상황이 주인공이 되어서 말입니다.

최장집 그러니까 이렇게 생각을 해볼 수 있을 것 같아요. 해방 후 한국의 좌파는 어쨌든 분단과 전쟁, 냉전 반공주의, 미국에 의해서 지원된 이승만 정부 등, 한국의 중심적인 역사를 쉽게 수용하지 못하지 않아요. 또한 북한에 대해서는 긍정적으로 아니면 남다른 민족적 감정과 더불어 많은 이해심을 가지고 보는 경향이 있다고 할 수 있지요. 그러는 동안 이러한 태도, 관점이 합리적이 되기 위해서는 북한이 잘해나가서 나름대로의 특성과 장점을 갖는 하나의 체제로서의 면모를 보여줘야 하는데, 이제 도저히 이성적으로 수용이 되기 어려운 체제가 되어버렸지 않습니까? 이런 가운데서 민족 문제 이슈에서 좌파의 논리라고 하는 것이 아주 애매해져버린 것이지요. 그렇다면 현실의 관점에서 이것을 조정하고 바꿔야 하는데, 변화에 대응하는 태도와 정서의 변화는 시간의 빠른 사이클을 미처 따라갈 수 없습니다. 한국사회의 모든 갈등, 이런 것들이 논리적이고 합리적으로 일관성을 지니기가 무척 어려운 측면이지요. 어떻게 이 사태를 합리적으로 설명할 수 있을 것인지요. 한국의 현대사를 이해하고 평가하는 데는, 정말 사려 깊음과 신중함, 그리고 온유함과 선생님 표현대로 겸허함이 필요하다고 느끼게 됩니다. 쉽게 단정하고 단순화해서 이야기하는 것이 얼마나 위험한가, 그런 생각을 요즘 와서 많이 하게 됩니다.

김우창 지금껏 전체적인 문제로 많이 이야기를 나누어보았습니다. 문화사나 심성사적인 측면, 그리고 사회사적 측면에서 4·19를 어떻게 평가할 수 있는가, 이런 문제를 논의해보면 어떨까요?

최장집 문화사적인 측면에 대해 먼저 말씀해보시지요?

김우창 초기의 민주화 운동과 관련해서 사람들은 김승옥의 소설이나 김수영의 시를 떠올리는 것으로 보입니다. 신동엽도 들 수 있고요. 우리가 읽었던 『청록집』 같은 문학과는 다른 현대성을 보인 작품들이었지요. 그런데 이런 사람들의 시나 문학 작품은 그 후에 나온 이데올로기적인 작품보다는 폭이 넓었던 것 같습니다. 정치성을 가지면서, 이데올로기적인 속단에 의해서 모든 상황을 판단한 작품들은 아니었다는 것이지요. 민주주의나 자유나, 보다 더 나은 삶에 대한 소망들은 표현되어 있지만, 그게 하나의 경직된 이데올로기에 의해서만 답해질 수 있다는 생각은 적었지 않았나 생각합니다. 그러니까 지금 얘기한 이런 작가들은 반드시 마르크스주의적 시각을 가졌다기보다는, 자유주의자이면서 사회적인 관심도 있고 이런 사람이라고 얘기할 수 있지 않을까 합니다. 이것은 4·19의 성격이 사회적인 측면이 약하고 규범적인 의미에서 민주적인 체제에 대한 소망을 표현했다고 얘기할 수 있는 것과 비슷한 것이지요. 그 후의 문학이나 미술을 보면, 문학이나 예술이 인민에 봉사해야 한다는 민중주의적 경향이 강하게 됩니다. 지금 중국이 자유화됐다고는 하나, '중국작가협회'라는 기구가 상당히 강한 권력 기구 중의 하나인데, 다른 분야는 어떤지 몰라도 적어도 공장하고 군대에 배속되는 작가들이 있습니다. 이들은 군대를 소재로 해서 작품을 쓰되, 당의 이념을 촉진하는 데 봉사해야 하는 것이지요. '작가는 당 이념에 봉사하는 선전원이다'라는 생각이 거기에 들어 있지요. 이데올로기적 문학의 궁극적인 형태가 이러한 것입니다. 우리 경우에 반드시 그러한 것은 아니지만, 시사하는 바가 많은 사례라고 할 수 있습니다. 4·19를 촉진하고 4·19를 표현한 시 작품이나 또 김지하 정도까지만 해도, 그러한 엄격한 정치 이념이나 민족적인 과업이라든지 사회적이고 이념적인 과업에 봉사해야 된다든지 하는 생각은 없었던 것 같습니다. 그냥 민주주의니 자유, 평등, 이런 것들은 비교적 자유롭게 추상적으로 얘기하는 것이었지요.

  소련의 경우도 마찬가지였습니다. 처음 소련혁명은 작가들에게 표현의 자유를 넓혀주었습니다. 당의 권력이 강화되면서부터는 인민에게 봉사하는 게 주업이 되지요. 당파성, 인민성, 이념성, 이런 것들을 작가가 지켜야 된다 하는 것들이 강조되었지요. 이상은 이념화되면서 경직성을 띠는 경향이 있습니다. 그러면서 좋은 이상도 통제의 수단이 되지요. 그러면서 모든 사람에게 봉사해야 한다는 것, 인민에게 봉사해야 한다는 것을 어떻게 하여야 하는가를 당이 결정하게 됩니다. 이렇게 하여 당파성과 인민성은 하나가 되지요. 우리 체제가 그렇다는 것은 아니지만, 문화사적으로 보자면 4·19는 해방적 기능을 가지면서 동시에 이념적으로 좁아진 문화적 흐름도 생기게 하였다고 할 수 있지 않을까 합니다. 이것이 전부는 아니고 다른 흐름도 생겨나게 되었지만요.

최장집 저 역시 덜 정치적이고, 개인의 문제가 중심이 되고, 현대성을 가졌던 김승옥 씨 작품을 굉장히 좋게 읽었습니다. 저희 연배들은 김승옥 씨의 영향을 받은 사람이 많았는데, 저는 그의 팬이었습니다. 그 시절, 우리에겐 김승옥 씨가 거의 히어로였죠. 문학계에서는요. 「무진기행」이 준 감동은 매우 컸고, 강렬했습니다.

김우창 그런데 글 쓰는 사람들은 자기하고 동시대 사람들을 향해 글을 쓰고 있다고 생각하지만, 그 효과는 동시대 사람에게서 나오는 게 아니고 다음 세대 사람들에게서 나오는 것으로 보입니다. 즉, 글 쓰는 사람들은 당장에 자기가 하고 싶은 이야기를 하는 것인데 그 작가와 동녀배에 있는 사람들은 자기들 나름대로 아는 것이 굳어져 있는데 더 얘기 들을 필요 있는가, 이런 입장을 가지고 있는 반면에 젊은 학생들이나 성장하는 세대의 사람들은, '아 이게 정말 맞다' 이런 생각을 많이 하지요. 그러니 시차가 있는 상태에서 효과가 있지 않나 생각합니다. 그러니까 4·19도, 4·19세대의 김수영, 김현, 김승옥 그런 사람들이 일으킨 게 아니라 그전 사람들의 글이 작용했을 것 같은데, 그것이 어떤 사람들이었는지 알아보아야 하지 않을까 합니다.

다시 시차 이야기를 해서, 글 쓰는 사람들이 착각하는 것 중의 하나는 당대를 너무 의식하는 것입니다. 문학 작품은 신문 칼럼과는 성격이 다르지요. 마르크스의 현실적 영향은, 마르크스주의자들로부터 생긴 것이지 마르크스에게서 생긴 것은 아니라 할 수 있습니다. 4·19문학 얘기를 했지만, 그 4·19문학이 4·19에 영향을 끼친 것은 아니지요.

 문화적인 측면은 그렇고, 아까 최 선생님께서 4·19 이전에, 특히 구한말 이후 식민지를 경험하고 이러면서 이전에 우리 사회에 가치들이 거의 부재하거나 혼란스러웠기 때문에, 민주주의라는 가치에 과도하게 의미를 부여하고 모든 것을 거기에 덮어씌우는 감이 있다는 말씀을 하셨는데, 그러한 가치의 역사사의 측면에서 4·19 전후의 변화를 한번 생각해보면 어떨까요?

 최장집 글쎄요. 아까도 잠깐 얘기가 나왔지만, 식민지를 경험하면서 왕당파가 생길 여지 자체가 없을 정도로 파괴되었던 것이 사실입니다. 그러니까 다시 왕정으로 복귀하려는 귀족주의적인 흐름도 기회가 없어지거나 아예 존재할 수가 없고, 오로지 일제 식민통치에 반대하는 민족주의가 가장 지배적이 되어버린 것이죠. 그 과정에서 민주적 가치도 언제나 앞장세워졌습니다. 우리가 냉전 상황에서 분단국가가 된 것은 어쩌면 독립운동의 실패라고 볼 수도 있습니다. 독립운동이 분단국가를 지향했던 것은 결코 아니었으니까요. 그 실패를 보상하기 위해서라도, 우리는 이제 민주주의 국가를 세운다는 생각이 내면적으로 굉장히 강렬했던 것 같고, 국가 건설을 위한 정치 체제의 정당성을 위해 활용되는 측면도 있었던 것 같고요. 어쨌든 분단이라는 조건하에서라 하더라도 이승만은 민족주의 가치와 민주주의 국가의 건설이라는 두 목표를 동시에 실현하고, 이를 표상하는 인물로 우리 앞에 나타났다고 할 수 있을 것 같습니다. 그러나 그는 그 기대를 충족시켜주지 못했습니다. 바로 그런 측면에서의 기대와 좌절로 인하여 민주주의라는 이름으로 이승만 독재를 재단하고 타도하려 했던 측면도 있었던 것 같습니다. 이승만 정부가 실제로 그리고 어느 정도로 민주적이었냐 아니었냐 하는 것을 상세하게 평가하거나 이해하려는 관심보다, 그냥 민주주의라는 이념을 통해 그렇게 된 점도 많은 것 같습니다. 4·19는 두 흐름이 합류하는 것의 결과라는 생각이 들어요. 하나는 일제 식민지하 독립투쟁의 연장선상에서 해방 후 통일된 민족 독립국가를 만들고, 민주주의 체제를 만들고자 했던 열망들이 냉전과 분단이라는 새로운 상황에 부딪히면서 발생한 좌절이 있는 것 같습니다. 다른 하나는 국가 수립 이후 현대적인 교육과 그 제도 개혁이 가져온 효과, 즉 민주주의라는 새로운 이념과 가치의 보편적 확산이라는 요소가 있는 것 같습니다. 4·19의 직접적인 동인은 현대적인 민주주의 교육의 세례를 받은 새로운 세대에 의해 반독재 운동에 의한 것이지만, 앞 세대로부터의 좌절, 여망, 체제에 대한 비판적 인식들이 또한 커다란 배경을 이루었다고 볼 수 있겠습니다. 이 둘 다가 모두 민주주의를 국민들 사이에서 보편적인 가치로 확산하는 효과를 가졌다고 보는데, 4·19는 이러한 의식 변화의 기폭제로서 역할을 했다고 생각합니다. 이렇게 확대된 민주주의의 이념과 가치에 관념적인 요소가 컸다는 점이 지적될 수 있겠지요. 동시에 북한에 대해서도 관념적으로 이해했던 측면이 많았다고 봅니다. 체제의 내부 구조와 실제에 대해 생각하려 했다기보다, 북한의 반외세 민족자주는 민족주의의 가치에서 평가할 것이 크다든가, 사회주의적 산업화가 자본주의적 산업화에 비해 우월하다든가 하는 방식으로 말입니다. 민주주의를 채울 수 있는 내용적 측면이라는 점에서 볼 때, 민주주의가 현대의 대의제로서 통치 체제라는 민주주의에 대한 관심은 적었던 것 같고, 외세로

최장집

"4·19의 직접적인 동인은 현대적인 민주주의 교육의 세례를 받은 새로운 세대에 의해 반독재 운동에 의한 것이지만, 또한 앞 세대로부터의 좌절, 여망, 체제에 대한 비판적 인식들이 또한 커다란 배경을 이루었다고 볼 수 있겠습니다. 이 둘다가 모두 민주주의를 국민들 사이에서 보편적인 가치로 확산하는 효과를 가졌다고 보는데, 4·19는 이러한 의식 변화의 기폭제로서 역할을 했다고 생각합니다."

부터 벗어난 민족자주의 실현과 이를 통한 통일, 인민주권과 민중 중심의 평등과 자유 구현과 정치적 억압과 권위로부터의 해방, 민족자립 경제의 건설 등, 이런 관념적으로 좋은 것들이 실현될 수 있는 사회 체제로 이해되는 측면도 컸다고 봅니다. 정치학적 개념으로 '최대정의적maximalist 민주주의'의 내용이라고 할 수 있을 것 같아요. 분단을 초월하여 시대의 모든 중요한 문제와 그에 대한 대안이 전부 다 민주주의의 내용 안으로 들어가게 된 것이죠.

김우창 근대사의 전개 과정에서 우리 의사와 상관없이 많은 가치들이 소진되어버렸기 때문에, 그 가치 공백의 자리에 민주주의 가치가 비교적 손쉽게 들어설 수 있었던 것이지요. 4·19의 긍정적 결과도 그런 측면과 관련되는 것 같습니다. 만약 이전의 여러 가치들이 그대로 잔존하고 왕당파가 강했더라면……

여러 차례에 걸쳐 가치 소진이 이루어졌기 때문에 민주주의가 쉽게 들어설 수가 있었지만, 동시에 거기에다 지나치게 많은 것을 기대하는 결과가 생긴 것이겠지요. 사람 사는 게 복합적인 가치 속에 있다는 것, 복합적인 사회 체제와 여러 기구 속에 있다는 것이 상실되고 우리 사회의 특징 중의 하나로 추상적인 이념으로 모든 것을 이룩해낼 수 있다고 생각하는 경향이 생기지 않았나 합니다. 우리 생각에서 구체성이 없는 게 너무 많아졌지요. 민주주의가 되면서도 동시에 민주주의가 너무 추상적으로 되고 또 복합적인 조건하에 성립된다는 것을 망각하기가 쉽게 된 것이죠.

최장집 그렇습니다. 복합적인 내용을 제대로 헤아리지 못할 때 어떤 사건이 추상화되거나 신화화되기도 합니다. 4·19의 경우도 예외가 아닌 것 같습니다. '국가의 강화' '시민의 탄생'과 같은 논점과 관련하여 볼 때, 실제로 4·19에 참여했던 사람들은 결국은 국가주의적이고 발전주의적이고 민족주의적이고 이런 전체적인 지배적인 이념 속으로 통합되는 경향을 보였어요. 사회학적으로 말하자면, 이듬해에 일어난 5·16이 군부 엘리트가 만든 것이라면, 4·19는 대학생을 필두로 한 교육받은 도시 중산층이 만든 것인데요, 그 당시 우리나라에서 '군'은 사회계층 구조에서 엘리트층에 끼지 못했던 하위 계층으로 인식되었습니다. 이 점에서 5·16군사쿠데타는 군 엘리트들을 사회의 상층으로 격상시키는 전기였어요. 5·16 이후의 상황을 볼 때 4·19라는 큰 혁명을 만들어낸 사회적 동력이 그 유산을 심화·확대하면서, 민주주의의 모형을 만들었느냐 하면 그렇지 못합니다. 오히려 1960~1970년대 박정희 정부가 주도한 개발주의나 발전주의에 입각한 산업화 과정의 역군으로 통합된 측면이 강합니다. 그러니까 4·19 엘리트라고 하는 건, 이후의 시대정신이 '산업화'라고 한다면, 여기에 부수적이고 보조적인 역할 이상을 하지 못했어요. 4·19의 세대들이 구체적인 정치 행위를 통해서 그들은 설령 실패하더라도, 그 이후 세대들에게 무언가를 남겼는가. 그렇지 못하고 기성세대로 아주 빨리 편입되었어요. 그러니까 4·19세대는 그 한 세대 뒤에 1980년대 민주화 운동의 주역이었던 386세대와 비교하면 재밌어요. 80년대 민주화 운동세대들도 많은 사람들이 체제에 순응하고 편입이 되었잖아요. 그런데 그 앞서 4·19세대가 그랬듯이 하나의 패턴인 것같이 생각됩니다.

김우창 4·19란, 다시 얘기하지만 추상적인, 기본적인 민주주의에 대한 향수, 동기가 강했기 때문에, 한국사회의 유기적인 핵심에 침투하지 못했다, 이런 말씀인 것 같습니다.

그런데 4·19가 터질 무렵 민주당의 핵심 구호인 "못 살겠다 갈아보자"에서의 '못 살겠다'는 삶에 관계된 것 아닙니까? 사회적인 내용을 가진 것이지요. 그러니까 4·19를 촉발하는 데도 숨은 동기로서 사회적인 문제가 있었을 거예요. 살기가 괴롭다든지, 가난하다든지 하는……

최장집 그런데 4·19를 자세히 들여다보면 여러 그룹과 다른 성격의 이념들이 합쳐진 것으로 보입니다. 삶의 문제나 노동 문제, 이러한 문제들을 분명히 제기한 것은 사실입니다. 특히 대구의 교원노조를 중심으로요. 노동조합들이 많이 움직이게 되고, 50년대를 통해 잔존했던 군소 진보 정당들도 움직이면서 생활 문제를 제기했고요. 4·19를 전체적으로 놓고 보자면 당시에 나왔던 문제를 크게 세 가지로 말할 수 있어요. 크게 얘기할 수 있는 게, 민주주의에 대한 것이 압도적이었고, 그다음 생활 문제, 사회경제적인 문제를 해결하고 개선하자는 요구들이 노동조합이나 교원노조나 이런 데를 중심으로 나왔고,

그다음에 남북통일 문제. 이렇게 세 이슈들이 차례로 4·19 이후 운동 과정에서 나타났었습니다.

김우창 그중에서도 가장 표면에 나온 건 정치적인 문제이지요?

최장집 그렇습니다. 민주주의 문제가 압도적이었지요.

김우창 그러니까 사회의 체제의 핵심적인 경제, 사회, 여기에 개혁을 요구하는 것으로 나아가는 경향은 강하지 못했다는 것이지요.

최장집 예. 그런 문제의식은 분명히 강하지 않았습니다.

김우창 그 대신, 거기에 계급투쟁적인 성격이 강하지 않았기 때문에, 희생이 적었다고 할 수도 있지요. 의식을 하든 안 하든 간에 "못 살겠다"는 문제의식도 있었지만.

최장집 그런데 당시에는 후기로 갈수록 남북 문제가 표면으로 등장했습니다. 5·16이 등장할 때의 명분 중의 하나가 되기도 했고요. 4·19 당시 '민족통일연맹'이라고 하는 단체가 중심이 돼서 "가자! 북으로, 오라! 남으로" 하는 구호를 외치면서 "판문점에서 남북학생대표회담을 열자"고 제의하는 등, 상황은 급변했습니다. 당시 냉전 체제가 이를 허용할 수 없는 것 아니겠습니까? 학생운동의 급진화는, 분단국가를 만들었던 기성 질서, 특히 군에 대해 이는 경종이었고, 곧 군대가 동원되는 중요한 명분이 되었어요.

김우창 심성적인 부분에 관한 이야기를 하나 하지요. 아까 최 선생님이 고등학생 신분으로 4·19에 참여를 하시면서 무엇이 이슈였는지 정확한 상황을 파악한 것은 아니었다는 말씀을 하셨지요. 해방 후에, 국민학교를 다닐 때인데, 당시 고약한 일본 담임선생이 있었습니다. 아이들 따귀도 때리고 성질이 사나웠지요. 해방이 되니까, 이 담임선생을 죽여야 한다고 국민학생들이 그 집으로 몰려갔어요. 이들이 뭘 알겠어요. 담임선생의 집도 못 찾아내고 그냥 해산했어요. 영국에 정치적인 풍자를 많이 한「몬티 파이선」이라는 영화가 있는데, 예수가 십자가에 달릴 때의 일을 풍자한 겁니다. 군중들이 많이 모여서 어떤 나쁜 놈의 집을 찾아가지요. 그런데 그 사람이 집에 없습니다. 그러니까, 군중들은 "누구든지 좋으니까 죽일 놈을 하나 내어놓으라"라면서 아우성을 하지요. 쫓아갔던 대상이 나쁘다기보다는 군중들이 자신의 마음에 쌓여 있는 울분을 누구에게든 터뜨려놓고자 하는 것이지요. 또 그것은 사람이 원하는 절정의 경지이기도 하지요. 해방 후 국민학생인 우리가 경험한 것이 그러한 것입니다.

그런 심성들은 누구에게나 있는데 그것을 어떻게 사회 체제적인 개선에 기여하게 하는가. 이것이 바로 지도자들의 책임이죠. 우리나라의 지도자들은 그것을 합리적이고 정치적인 힘으로 전환해야 하는 막중한 책임감을 느끼지 못하고 있다는 생각이 들어요. 목표나 이상이 무엇이든 간에 사람이 동원될 수 있는 계기가 있어요. 4·19 때는 그러한 군중의 에너지를 제도 개선이나 정치적인 동력으로 옮길 수 있는 정치적인 지도력이 없었다고 할 수 있겠지요. 상황이 무르익지 않았다고 할 수도 있고요.

정치적으로 사람을 동원하려면 사람들이 거부할 수 없는 목표를 내세워야 돼요. 우리나라에서 민족만큼 강력한 동원 기제나 이념은 찾아보기 어렵지요. 민족을 내세우면 다른 사람이 꼼짝할 수 없는 그러한 이념이 되지요. 그러니까 민족이란 문제가 나온 것은 민족 통일이나 단일국가의 구성, 이런 것이 중요한 것이기도 하지만, 사람을 동원할 수 있는 정치적인 기제로서 가장 편리한 것이었다고 할 수도 있지 않을까요? 민족이나 또는 어떤 집단적인 이상을 말한다면, 두 가지를 생각해보아야 할 것입니다. 하나는 동원을 위한 슬로건이냐, 아니면 진짜로 역사적으로 이루어야 될 일 그리고 현실적으로 절실성을 가지고 있는 일을 지칭하는 것이냐 하는 것 말입니다. 정치적인 이념에는 이중성이 존재하는데, 하나는 동원의 가능성에 봉사하는 수단이 되는 수가 있고 하나는 진정한 의미에서의 정치적인 목표가 되는 수가 있지요. 아까 말씀하신, 4·19 때 나온 '민족'이란 개념도 이중으로 해석할 필요가 있을 것 같습니다. 그 후로도 마찬가지이지만.

최장집 하여튼 민족주의라는 것이 집단적인 이념이고 감정이잖아요. 그러니까 서구의 자유주의나 개인주의, 계몽주의와 잘 어울리는 것이 아닙니다. 4·19에서 의도했건 안 했건 국가를 강화하는 데는 기여를 했다고 볼 수 있는데 개인의 자유나 서구에서의 개인주의적 전통, 이것이 개인주의의 근간이라고 볼 수 있는데, 4·19혁명이 여기에 그러한 전통을 하나 만들었다, 이렇게는 볼 수 없습니다. 그 현상은 1980년대 민주화 운동에도 그대로 적용될 수 있다고 말할 수 있을 것 같아요. 4·19도 그렇고, 그보다 훨씬 확대된 규모로 1980년의 운동은 산업화를 거친 이후의 민주화 운동임에도 불구하고 둘 다 사회경제적 문제가 운동의 중심에 자리 잡지 못했다는 공통점이 있습니다. 그리고 결과적으로 두 사건 모두 새로운 무엇을 만들지 못했다는 것, 자유주의적인 전통 같은 것이 그 두 운동을 통해 별로 제기되지 않았다는 것이지요.

김우창 '민족'이란 이념 이외에도 많은 정치적 이념이 있습니다. 그리고 그것들은 서로 연결되거나 모순의 관계에 있습니다. 가령 민족과 개인의 존엄성의 이념 사이에는 모순이 있을 수 있습니다. '민족을 위해서는 개인이 희생되어도 된다' 이런 명제가 쉬운 주장인 것처럼 말하는 것은 이 모순을 생각하지 않기 때문입니다. 그렇다고 하나를 취하는 것이 옳다는 것은 아닙니다. 이런 모순에 따르는 긴장을 받아들여야지요. 우리 정치 지도자들 사이에서도 여러 이념들 사이의 긴장에 대한 고민은 약한 것 같아요. 전통적으로도 그래왔어요. 마치 충(忠)하고 효(孝) 사이에 긴장이 없을 것처럼 생각하면 안 되지요. 가령 이순신은 국가에 충성하면서도, 우리나라에서 근본적으로 효를 더 중시했기 때문에, 이순신이 일본하고 대치한 상황에서 군복을 벗고 상을 치르러 집으로 갔거든요. 다른 예로 어떤 공무원 이야기를 해보겠습니다. 아버지가 몹시 위독하셔서 수술비가 많이 필요한데 집에 돈이 없습니다. 그럴 때 효만을 생각해서 나랏돈을 가져가느냐, 국가 공무원의 공직 윤리를 따라 가져가지 않느냐, 이럴 때 충과 효 사이에 긴장이 생깁니다. 그러니까 충, 도덕성, 윤리 등 여러 가치들이 부딪치는데, 보통의 경우 많은 사람들은 그 복잡한 충돌을 보지 않고 좋은 이념들은 한 덩어리가 될 수 있다고 생각하는 경향이 있어요. 좋은 이념들 사이엔 항상 갈등과 긴장이 있기 때문에, 이를 고려하면서 자기가 생각하는 정치적인 이상에 대해서 고민을 해야지요.

최장집 옳은 지적입니다. 그런 면에서 4·19 이후의 50년 동안 한국의 민주화 도정이라든지 정치 발전의 문제 같은 것도 그와 같은 복합적인 긴장을 고려하면서 사려 깊게 성찰해야 할 것 같습니다. 4·19와 1987년 사이에는 어떤 패턴 같은 게 존재했다고 볼 수 있는데, 이 사이에 1960~1970년대 산업화라고 하는 굉장히 큰 사건이 있잖아요. 그 이전의 한국사회는 혼란기였고, 이 시기의 산업화야말로 압도적으로 농업사회에서 산업사회로의 전환이라는 큰 변화를 추동하면서 오늘의 한국사회를 형성하는 데 중추적인 요인이 되었던 게 사실이지요. 그런 변화 이후에 일어난 1987년 민주화 운동은 4·19와 비교할 수 없을 정도로 큰, 전 사회적인 변화였다고 볼 수 있겠지요. 노동 문제가 실제로 대두되었고요. 그럼에도 어떤 면에서 비슷한 패턴을 보였다는 점은 생각거리입니다. 4·19 때는 대학생이 굉장히 중요한 역할을 했잖습니까. 이것은 다른 나라와 비교해서도 상당히 특징적인 것 같습니다. 1987년 6월항쟁 때에도 똑같은 일이 되풀이됩니다. 대학생들이 사회경제적으로도 자기가 생활을 전담해야 하는 사회집단이 아니고, 사회적 구속으로부터 자유롭다는 특성은, 대학생의 급진성이 사회경제적인 문제와 접맥이 안 되는 요인의 하나라는 생각이 들어요. 어떻게 보면 중산층 급진주의랄까, 그런 성격이 굉장히 강하고 1987년 민주화의 주역인 386세대들도 역시 4·19세대와 같이 그런 특성을 공유했다고 볼 수 있습니다. 이것이 정당 체제라든가 한국 민주주의 발전에 실질적인 변화를 가져오게 하기보단 그들의 운동을 아주 추상적인 데 머무르게 한 요소이기도 한 것 같습니다. 그러니까 80년대 민주화 운동도 그렇고, 그 이후 시기 한국의 지식인들은 구체적인 문제보다는 아예 마르크스주의로 가든가 포스트모더니즘으로 가든가 하는 추상적인 이론들에 많이 경도되는 것을 보게 돼요. 그러다 보니 아주 급진적이고 변혁적이거나 추상적인 이념의 추구와 가치 정향이 강하고, 그런가 하면 반대로 현실에서는 기성 질서에 적응하거나 영합하는 모습을 쉽게 발견하게 돼요. 그러나 현실로부터 문제를 보고 해결하고자 하는 그런 경향, 말하자면 중간이 약합니다. 4·19와 1987년의 6월항쟁, 이 사이에 가로놓인 큰 사회 변화에도 불구하고 이 공통성이 없어지지 않고 그대로 유지된다는 것은 신기하게 느껴집니다.

김우창 우리 사회는 지식인 사회이지요. 지식인들이 자기들이 생각하고 정리하고 하는 것들로 사회를 교체하면 된다는 이러한 생각들이 있는데, 이것은 조선조부터의 전통이라고 할 수 있습니다. 4·19라든지 1987년이라든지, 여기서 대학생들이 주요 세력이었다는 것도 지식인 사회라는 측면과 연관이 있습니다. 그런데 이것은 지식인 사회가 중요하다는 이야기도 되고, 젊은이의 방황과 정치적인 이슈가 긴밀한 연관이 있다는 이야기도 됩니다.

그리고 무엇보다도 정치 계획의 추상적 성격이 여기에 관계된다고 할 수 있습니다. 요즘 국가적인 현안인 세종시 문제 같은 것도 그렇지요. 사회적인 과제를 어떤 새로운 도시를 건설하는 것으로 해결하려는 나라는 별로 없을 겁니다. 스탈린 시대나 그렇게 했지. 사람 사는 땅을 몇 사람이 도안 그려 가지고, 세금 가지고 뜯어고치겠다는 이야기인데, 사람 사는 땅을 고쳐 사는 기틀을 바꾸어놓는 것은 매우 추상적인 발상이지요. 우리 사회를 분열하고 있는 것으로 빈부의 격차, 사회 불균형 이런 얘기가 많이 나옵니다. '사회통합위원회'라는 데 가서 이야기를 하면서 이렇게 추상적으로 문제를 설정하지 말고 구체적으로 모든 사람이 살 수 있는 집을 짓게 하고, 밥을 먹을 수 있게 하고, 이런 식으로 고쳐서 생각하는 게 좋겠다는 말을 했습니다. 그런데 듣는 사람들이 이 차이를 이해하는 것 같지 않아 보였어요. '사회 불균형'이란 것은 산술적인 관점에서 평등을 말하는 것인데, 삶의 문제를 상대적인 관점에서 파악하는 것이 아니라 절대적인 삶의 요청이라는 관점에서, 주거의 문제, 직업, 아이들 보육, 교육, 의료, 이런 구체적인 것으로 환원해서 생각을 해보자는 것이지요. 단지, 분배의 문제도 그렇게만 생각할 것이 아니라, 100원 가진 사람이 옆 사람에게 좀 떼어서 줘야 된다는 것보다 50원 가진 사람이 사람답게 살려면 어디에서 무엇이 필요한가를 생각하여야 한다는 말이지요. 이것은 가장 기초적인 의미에서의 물질주의로 돌아가 보자는 것입니다. 그다음, 구체적인 삶의 이야기를 어떻게 사람들의 심성에 호소하게끔 만드느냐가 어려운 문제지요. 정치적인 구호로는 평등, 분배 등이 좋지요. 그러나 사람의 마음을 움직이는 것은 삶의 구체적인 필요에 대한 인식과 공감이지요. 적어도 이렇게 생각하다 보면, 집을 다 휩쓸어버리고 거창한 아파트를 세워야겠다, 이런 식으로는 생각하지 않게 되지요. 다시 세종시 문제로 돌아가서, 호주에 캔버라가 있고 브라질에 브라질리아가 있고 하지만 선진국에서 민주주의의 프로그램으로서 수도를 다시 만드는 나라는 없다고 할 수 있습니다. 공산주의 국가에서도 새로 짓는 것은 쉽지 않지요.

조금 각도를 달리 하여, 이러한 것들은 사람들이 자기 정체성, 삶의 방향, 인생의 보람, 이런 것들을 전부 정치에서들 찾으려는 것에도 관계됩니다. 플라톤의 공화국은 나라 전체를 새로 만드는 이야기이기는 하지만, 인생의 참다운 보람이 다른 데에 많은데, 그것을 버리고 정치 지도자가 되게 하는 것이 매우 어려운 문제라는 이야기도 나옵니다. 너무 많은 것이 정치에 집중되는 것이 우리 사회인 것 같습니다. 그리고 정치의 열매를 추상적 계획과 국민 동원으로 연결시키지요.

최장집 한 가지 덧붙이자면, 김우창 선생님께서 '추상화'에 대한 문제를 많이 말씀하셨는데, 어쨌거나 4·19로부터 1987년에 이르기까지의 민주화라고 하는 것이, 한국사회를 주도했던 중요한 이념이자 가치이고 운동이고 그렇잖아요. 역설적으로 그 결과라고 하는 것은, 민주화된 정부에서 보통 사람들이 삶의 여건을 개선하는 데 기여한 것은 미미하다고 여겨집니다. 거대 건설 프로젝트라든가 이런 것을 통해서 내용적으로 굉장히 독재적인 내용을 갖게 되었습니다. 역설적이지요. 민주주의라는 게 이상적으로 작동을 하기 위해선 그 사회를 구성하는 구성원들의 삶의 조건들이 개선되어야 하는데, 권력은 이 사람들을 정신 못 차리게 몰아가니까 결과적으로는 독재적인 내용을 갖는 결과가 되어버렸습니다.

김우창 오늘 최장집 선생님이 최근에 쓴 글 한 편을 읽었습니다. 거기에 '사람이 민주주의를 위해서 있는 게 아니라, 사람을 위해서 민주주의가 있다.' 샤츠 슈나이더라는 정치학자의 말을 인용한 것이 있습니다. 민주주의만이 아니라 어떤 정치 프로그램도 사람을 위해서 있고, 사람이 그것을 위해서 존재하는 것은 아닙니다. 인문학에서 많이 강조하는 반성적 사유 또한 추상에 빠지지 말고 구체적으로 해야 할 것 같습니다.

레이몽 라디게의 『육체의 악마』라는 책이 있습니다. 전쟁 때 그 후방에서 연애를 하는 얘기인데, 주로 연애의 즐거움에 대한 이야기지요. 나는 6·25 때 피난 가서 부산에 있었는데, 한 방에서 일가족 일고여덟 명이 사는데도 그런대로 살 만했지요. 나는 중학교 3학년이었는데, 어른들이야 괴로웠겠지만. 길에서 밥도 얻어먹고 했지만, 그것이 괴로운 일인지 몰랐지요. 시내 돌아다니고, 헌책방 돌아다니면서 헌책방에서 처음으로 톨스토이의 『전쟁과 평화』를 구해 보기도 했고. 사람이 저지르는 일 가운데, 전쟁만큼 참혹한 일이 없다고 하겠지요. 내 주변에서도 참혹한 일이 많이 있었습니다. 사람 죽는 것도 보았고. 그러나 전쟁과 같은 거대한 사건 가운데에도 열려 있는 구멍이 있지요. 4·19나 다른 역사적 사건도 너무 거창하게만 생각할 필요는 없을 것입니다. 이것은 역사에 대한 또 하나의 면을 말하자는 것입니다.

4·19 50주년에 즈음해서 그 교훈을 말하여본다면, 우선 그것을 기념하고, 거기에 희생되고 가담하고 한 사람들을 기리고 하는 것이 있어야 하겠지요. 그다음, 오늘과 내일의 정치에 관해서는 우리가 모두 보다 겸손해졌으면 좋겠다는 생각이 듭니다. 개인적인 태도에 대한 이야기이기도 하지만, 역사와 사회에 대해서도 그렇습니다. 너무 큰 것에 매달리면 곤란하다는 말입니다. 고르바초프가 자기 생애와 관련하여 러시아의 역사를 말하면서, 소련은 국가의 위기에는 강한 나라였지만, 평상적인 일을 처리함에 있어서는 열등한 나라였다고 말한 것이 있습니다. 역사와 정치를 거창하게 생각하는 것도 필요하지만, 작은 일을 잘하는 정치도 필요하지요.

오랫동안 글도 하고 말도 하고 살다 보니까, 추상적인 언어는 나 살아가는 일을 크게 헤아려보려는 데에서 나오는 언어이지요. 그러면서 다른 사람이 그 판단에 승복하기를 바라는 언어이기도 합니다. 또는 이 면이 더 강한 언어라고 하는 것이 맞을는지 모릅니다. 나는 글에서 "이래야 한다"라는 표현은 별로 쓰지 않기로 하고 있습니다. 그것은 명령하는 언어이지요. 물론 보편적 판단과 보편적 의무를 말하면서, 나오는 명령입니다. 젊을 때부터 이러한 말은 피하기로 작정했지요. "이것이 내가 보는 현실이다." 이 정도의 이야기에 그치는데, 이것은 "당신이 어떻게 받아들이는가는 당신의 몫이다"라는 것을 전제하고 말하는 것입니다. 그러나 '우리 현실이 이렇다' 하면, 반대편에서 '내가 보기엔 아닌데'라고 했을 때 '왜 넌 그것도 아니라고 하는가' 이렇게 나올 확률이 많지요. 그러니까 '무엇을 해야 된다'라고 발언하지 않아도 추상적이고 일반화된 언어에는 다른 사람한테 그것에 복종할 것을 요구하는 면이 있다고 할 수 있습니다. 이것은 우리가 피할 수 없는 언어의 특성이지요. 무엇 때문에 말을 합니까. 혼자 있으면 말할 필요가 없다고 할 수 있지만, 독백만 시작해도 사실 그것은 다른 사람에게 말하는 것이니까, 사회성은 언어의 피할 수 없는 성격이라 해야 하겠지요. 그러나 조심하는 것은 가능할 것입니다. 명령을 함축하는 말을 삼가는 자세가 틀린 것은 아니겠지요. 특히 일반적인 명제를 말할 때에는.

최장집 저도 늘 그러한 노력을 하긴 하는데 쉽진 않더군요. (웃음) 김선생님이 철학적인 이야기를 하셨으니 전 다른 이야기를 한번 해보겠습니다. 한국사회에서 살다 보면 누군가에 의해서 동원되는 느낌을 갖게 되는데, 너무나 변화가 빠르고 하니 느리게 가는 사회를 만들었으면 좋겠다는 생각을 해봅니다. 그러려면 여러 가지 인간적인 가치도 강조되어야 할 것이고 다원적 가치들도 더 많아져야 되고요. 사회는 다원적인 요건을 많이 갖추었다고 볼 수 있는데, 정치적 영역이나 가치나 이념의 수준에서 전혀 다원적인 사회라고 볼 수 없어요. 거의 전일적 체제가 주도하지요. 그러기 때문에 사람들이 흥분하고, 전부 한 방에 모든 것을 빨리 해결하려는 조급함이 큰 것 같습니다. 보수 진보 가릴 것 없이 이러한 경향이 있고, 통치의 방식도 그렇고 말이지요. 사람을 좀 풀어줬으면 좋겠고, 그래야 무슨 시민성도 나오고 자유도 나오고 평등도 나오고 그럴 수 있겠지요. 좀 느리게 가는 사회가 되었으면 좋겠어요.

김우창 동원이 필요한 일들은 극히 섬세한 동의에 의해서 동원이 되어야겠지요. 4·19 50주년에 맞추어 한 대담이지만, 꼭 4·19 문제뿐만 아니라 다른 문제들도 복합적인 변인들을 다원적으로 헤아리면서 구체적으로 성찰할 때 문제의 중심에 다가설 수 있다는 점, 섬세하고 사려 깊게 갈 길을 모색할 때 우리가 소망하는 삶의 구체적인 지평에 가까이 갈 수 있다는 점을 상기하면서 오늘의 대담을 마치기로 하겠습니다.

4·19와 국민국가의 계기

홍태영

1. '기억'의 대상으로서 4·19

어느 때부터인가 우리는 더 이상 4·19를 말하지 않기 시작했다. 4·19는 이제 우리의 기억으로부터 멀어졌고, 단지 역사책에 나오는 하나의 사건이 되었다. 그것은 아마도 4·19가 제기한 문제들이 어느 정도 해결되었다는 이유에서일 것이다. 특히 1987년 민주화의 성취에 따른 민주주의로의 이행이 어느 정도 순조롭게 진행된 후 20여 년의 시간이 흐른 지금의 시점에서는 더욱 그러하다. 4·19에 대한 이러한 망각은 역사의 흐름 속에서 불가피한 부분일 것이다. 이제 우리에게는 새로운 문제들이 제기되고 있고, 그러한 과제에 매달려 새로운 기억들이 만들어지고 있다. 대부분의 4·19에 대한 분석과 이해는 현재적 시점에서 이루어져왔다. 1987년 민주화 이전까지 4·19는 미완의 혁명으로 간주되면서, 당시 제기된 민주주의의 과제의 완결이 한국 민주주의의 성취라는 당면 과제와 연결지어져 이해되었다. 따라서

1987년 민주화 이후 4·19는 더 이상 '기억'의 대상이 아니라 단지 '기념'의 대상이 되고 있을 뿐이다.

　4·19가 일어난 후 20여 년이 흐른 1980년대 초반, 당시 정치학자들에 의한 4·19 평가들을 들여다보면 4·19를 두 가지 측면, 즉 민주주의와 민족주의의 측면에서 다루고 있다. 이승만의 자유당 정권의 독재에 대항하여 민주주의를 요구하였다는 점, 그리고 이후 4·19 세력이 금기시되어왔던 민족 통일의 문제를 제기하였다는 점을 부각하고 있다. 그리고 민주주의와 민족주의의 결합의 필요성을 제기하였다〔김학준(1983); 진덕규(1983)〕.[1] 4·19는 20주년을 맞이했던 1980년에 '미완의 혁명'으로 호명되면서 '현재성'이 강조되었다〔백낙청(1983)〕. 특히 민주주의와 민족 통일운동의 결합이라는 것을 강조하였던 점은 1980년대 초반의 4·19에 대한 기억의 특징이라고 할 수 있다. 또한 논자들에 따라서는 통일 문제를 한반도에서 근대적 정치 공동체로서 단일한 민족국가의 형성이라는 시각에서 다루고 있는 것도 볼 수 있다〔백낙청(1983)〕.

　하지만 1987년 이후 4·19에 대한 태도의 변화가 확연해진다. 1987년 민주화 이후 4·19에 대한 평가는 기본적으로 민주화라는 틀에서 이루어진다〔배영철 편(1996)〕. 특히 많은 부분 대의제 민주주의의 형성이라는 시각에서 대표성의 문제, 정당 및 의회정치, 시민사회와의 관계 등이 주요한 쟁점으로 제시된다. 민족 통일과 관련한 문제 역시 대의제라는 틀, 즉 진보 진영의 세력화를 위한 장치로서 이해된다. 4·19에 대한 인식의 틀은 남한에서 국민국가의 형성과 민주주의라는 시각을 통해 이루어진다.

---

[1] 참고문헌은 이 글의 말미에 적어두고, 본문에서는 해당 책의 필자와 출간 연도만 밝힌다.

또 다른 한편으로 4·19가 제기한 통일 담론에 대한 평가는 더욱 복잡하다. 민족주의가 갖는 배타성이 서서히 제기되기 시작했다는 점이 통일 담론을 무력화하는 이유이기도 하다. 또한 통일 문제의 경우 냉전의 종식과 남한의 경제적 그리고 정치·사회적 측면에서 절대적 우위의 확보 등은 과거와 같은 낭만적 통일론을 누그러뜨렸다. 독일 통일의 예가 보여주듯이 통일은 지극히 현실적인 문제였다. 사실 50년이 지난 현재의 시점에서 회고적으로 4·19를 되돌아본다면 역사에 대한 목적론적 해석의 가능성이 없지 않다.

이 글은 1987년의 민주화라는 시점에서 4·19를 보는 것이 아니라 한국 근현대사에서 국민국가nation-state 형성이라는 시각을 통해 4·19를 볼 필요성을 제기하고자 한다. 시간의 잣대를 좀더 늘어뜨려 한반도에서 근대성 및 근대 정치의 형성이라는 시각을 통해 4·19를 들여다보는 작업이다. 현재 우리가 살아가는 국민국가라는 공동체의 틀은 우리의 정체성을 부여하고 삶을 규정하고 있다는 점에서 결정적인 것이다. 물론 1948년 남과 북에 각각의 독자적인 근대적 국민국가가 성립했다는 것이 지금의 현실이다.[2] 하지만 그러할 경우, 개항 이후 한반도에서 근대성 형성 그리고 정치·사회적 주체로서 민족 형성의 경험을 어떻게 볼 것인지에 대한 문제가 남는다. 근대적 정치 공동체로서 국민국가라는 시공간이 형성되어온 장기적인 흐름을 파악할 것이 요구된다. 이러한 전망 속에서 현재의 우리가 기억해야 할 4·19는 무엇인가에 대한 질문을 새롭게 제기해보고자 한다.

---

2) 두 개의 국민국가의 형성 과정에 들어섰다는 말의 의미는 지나치게 과장될 필요는 없다〔최장집(1996); 박명림(1996a)〕. 두 개의 국민국가가 형성되었다는 것은 사후적인 해석이다. 즉 현재의 시점에서 상이한 정치 체제와 사회경제 체제를 통해 두 개의 국민국가—사회구성체—가 형성되었음을 의미한다. 상당 기간 동안 양측은 회복해야 할 반쪽의 국가로 존재해왔다.

2. 근대 국민국가 형성의 좌절과 굴곡

조선에서 새로운 정치질서의 체계로서 근대적 국가를 형성하려는 시도는 개항과 함께 시작되었다. 개항과 함께 조선은 중화주의적 질서에서 나와 만국공법의 질서 속에 편입되면서 근대화라는 과제를 진행하였다. 이 과정은 일본을 비롯한 서구와의 대면 과정이었고, 그것들을 계기로 내부적인 개혁의 시도들이 시작되었다. 갑신정변, 갑오개혁, 광무개혁, 갑오농민혁명 등은 그 주체들의 상이함에도 불구하고 한반도에서 근대적 국민국가를 형성하고자 했던 시도들이었다. 하지만 근대국가로의 전화를 시도하던 고종이나 개화파에게 '민(民)'은 항상 통치나 계몽의 대상으로 존재하였고, 민의 주체적인 역량 발휘의 길은 차단되었다. 국민국가 건설의 최초의 체계적인 시도였던 갑오개혁에서 개혁 관료들이 구상하였던 체제는 고종의 정치적 역할을 제한하는 '군민공치'의 국가 체제였고, 그것은 '개인의 독립' 등 인민의 자율성에 대한 진지한 토론 없이 '부국강병'의 필요에 따른 것이었으며, '민'의 정치적 참여는 시기상조라고 판단되었다〔왕현종(2003); 정용화(2004)〕. 비록 신분제 폐지 등을 통해 근대국가의 국민으로 재편성하려는 조치들이 취해지지만, 아직까지 '민'은 '신민(臣民)'이었지, '시민적 주체'로서 고려되지 않았다. 비록 반봉건적 성향의 농민반란을 통해 주체 형성의 계기들이 만들어지지만, 그 역시 외세의 압도적인 힘에 의해 붕괴되면서 근대화의 내부적 동학은 사라졌다.

근대국가로의 전화를 위한 시도들이 실패로 끝나고 조선은 일본의 식민지 지배에 들어갔다. 독립을 위한 조선인들의 투쟁은 곧 정치·사회적 주체로서 하나의 근대적인 민족nation을 형성하는 과정이었고,

주체적인 민족에 의한 독립된 국가의 형성을 위한 노력이었다. 하지만 근대적 국가의 건설을 통해 진행되어야 할 국민 형성의 과정이 식민지화를 통해 단절되면서, 그 작업이 두 개의 주체에 의해 이루어진다. 하나는 국가의 역할을 대신하게 될 식민지 총독부였고, 다른 하나는 저항 주체로서 민족을 호명하였던 민족주의 운동이었다. 일제의 작업은 식민지 통치에 적합한 인간을 만들어내려는 것이었다. 일제에 의한 식민지화 이후 국가권력의 역할을 하는 것은 식민지 총독부였고, 그들에 의한 자본주의 발전과 그에 적합한 식민지인들을 만드는 작업이 진행되었다. 식민지 조선인에게 문명화 과정은 일제에 의해서도 또한 다수의 민족주의 세력에 의해서도 요구된 것이다. 민족주의자들에게 서구적 근대화는 독립을 위한 '실력 양성'의 차원에서 요구된 것이었고, 일제에 의해서는 그들의 착취 대상으로서 자본주의적 인간형을 요구한 것이라고 할 수 있다[윤건차(1987)]. 그렇지만 결과적으로 식민지 근대인은 형성되어간 것이다. 다만 서구의 근대화가 정치적 민주주의의 형성과 결합하면서 진행되었다면, 식민지 조선에서 근대화의 과정은 일상 속에서만 한정되었고, 자주적이고 민주주의적인 근대국가의 형성과는 무관하게 진행되었다는 점에서 그 자체로 왜곡될 수밖에 없었다. 정치적으로 민족주의 운동과 저항운동 세력들에 의해 끊임없이 '민족'으로 호명되었지만, 다른 한편에서는 일제에 의해 진행되는 자본주의적 발전과 일상에서의 서구적 근대화 과정은 일상의 근대적 개인을 형성해갔다[권보드래(2003); 김경일(2003); 김진균·정근식 편저(1997)]. 이것이 "국가 없는 민족"의 식민지 근대의 진행 과정이었다.

해방과 함께 국민에 의한 민주주의의 형성과 국가 건설의 길이 열렸다. 제국주의에 대항하는 저항적 주체와 일상의 근대적 개인이라는 분리된 과정이 민주주의적 국가 건설의 과정 속에서 결합할 가능성이 존재하였다. 1945년에서 제1공화국이 선언되는 1948년까지 3년 동안의 시간은 한국인들에게는 더할 나위 없는 정치의 시간이었다. 억압받는 저항의 주체에서 민주주의적 주체로의 전화 과정이 실험되었다. 전국에 걸쳐 형성된 인민위원회와 농민위원회의 활동은 정치적 자유, 무엇보다도 근대인 스스로가 정치적 주체로서 자신의 역할을 수행함을 의미하는 것이었고, 스스로 공동체의 주인이고자 했던 경험이었다. 하지만 아래로부터의 정치적 실험은 다시 한 번 외세의 압력에 의해 제압되었다. 이 시기 역시 19세기 말~20세기 초와 같이 한반도에서의 외세 규정력은 압도적이다. 비록 일제 식민지로부터 해방되었지만, 냉전질서의 과도한 무게는 한반도 내에서 반제국주의 운동의 주체였던 민족으로 하여금 스스로 국가의 건설 과정을 주도할 수 없게 만들었다.

해방 이후 한국전쟁을 거치는 시기의 역사는 우선은 남한과 북한이 두 개로 분단된 국민국가의 형성 과정이라는 길을 걷기 시작하는 출발점을 형성한다. 개항 이후 근대화의 길에 접어들면서 형성된 민족이 스스로 하나의 국가를 형성하지 못하고 외부 세력——냉전 시대의 개막을 통해 형성된 거대한 국제질서이 힘——에 의해 두 개의 분단국가를 형성하였다. 물론 세계사적으로 하나의 민족이 하나의 국가를 형성해야 한다는 정언명령은 존재하지 않지만, 한반도에서 두 개의 국가가 성립되는 과정에 결정적인 역할을 한 것은 그간 하나의 주체로 형성된 민족의 결정에 의한 것이 아니라 외부의 힘이었다.

냉전질서의 압도적인 규정력은 남한에서 그에 복무하는 이승만 정권과 식민지 역사가 제대로 청산되지 못한 가운데서 그것의 복원이라는 과정을 거치면서, 국가권력이 내부 국민으로부터는 어떠한 정당성도 부여받지 못한 데서 기인한다. 하지만 그러한 국가는 지속적으로 국민을 동원함으로써 권력의 정당성을 확보하기 위한 노력을 진행하였다. 한국에 비록 국민국가가 형식상 성립되었다 하더라도 그것은 국민에 의한 국가라기보다는 국가에 의해 동원, 통치되는 국민이었다는 의미에서 국가가 국민을 독점하였다. 제1공화국의 성립은 하나의 악순환 구조가 성립하였음을 의미하였다. 민주주의적 정당성을 확보하지 못한 국가권력은 정당성을 확보하기 위한 노력을 국민에게서 찾은 것이 아니라 외부에서 찾음으로써, 국민과 국가 간의 관계가 민주주의적 관계를 통해 성립하지 못하고 서로가 서로를 배척하게 된 것이다. 또한 당시의 국가권력을 외부의 냉전질서를 통해 보장받음으로써 끊임없이 국민을 억압하는 관계를 성립시키게 된다.

국민을 구성하는 시민 혹은 개인은 일차적으로 국가권력에 의해 배치된 국민 구도 속에 재배치된다. 따라서 국민에 대한 국가권력의 우선성과 함께 개인에 대한 국민의 우선성이 발생하는 것이다. 그것은 바로 민주주의를 매개로 한 국민의 국가권력 형성, 즉 국민국가의 완성을 가져올 수 있었다. 하지만 해방 이후 과정에서 국가 형성에도 불구하고 그것의 주체로서 국민의 부재, 곧 민주주의의 부재를 가져왔다. 따라서 그것은 주체적인 "국민 없는 국가"의 형성이었다. 19세기 말~20세기 초의 자주적 국민국가 건설의 시도가 일본제국주의에 의해 좌절되었고, 1945년 직후 역시 외세에 의한 냉전질서의 무게는 한반도에서 자주적 국민국가 건설의 두번째 기회를 좌절시켰다. 다시 외부적 계기에 의한 국가권력의 확립과 그에 의한 국민의 독점 현상—일제 시기를 본다면, 외부에 의한 식민지 권력의 확립과 그들에 의한 억압 현상—이 일어난 것이다. 개인에 대한 국민의 우위가 근대 초기 이래 일차적인 현상이었다면, 이차적으로 국가와의 관계 설정에서 국가권력에 의한 국민의 독점이 발생하였다. 이것은 개인의 권리에 대한 국가권력의 비정상적인 우위로 나타난다.[3] 4·19는 이러한 비정상성을 붕괴시킬 수 있는 민주주의적 계기를 형성하였다.

3. 4·19의 계기들

서구에서 근대적 국민국가의 형성은 국가 건설state-building과 국민 건설nation-building이라는 두 가지 과정의 불균등한 발전과 결합을 거치면서 이루어졌다. 이 불균등한 두 가지 과정이 결합하는 과정에서 매개항으로서 결정적인 역할을 한 것은 민주주의였다.[4] 이 과정은 다양한 계기들이 결합된 복합적 과정이다. 우선 국민국가의 민주주의적 주체로서 시민 그리고 집단적 주체로서 국민의 형성 과정이다. 둘째는 이렇게 형성된 주체의 민주주의적 실천을 위한 장치로서 현대의 대의제 민주주의의 형성이다. 그것은 민주주의적 제도의 형성 과정이라고 할 수 있다. 셋째는 앞의 두 과정의 결과로서 국민에 의한 국가권력의 민주주의적 영유, 즉 국민주권의 실현과 그 효과로서 민주주의적 사회의 형성이다. 4·19는 첫번째와 두번째 것에 대한 시도와 좌

---

3) 근대에 승리한 것은 개인이 아니라 가족이라는 아리에스P. Ariés의 말은 한국사회에 더욱 절실하게 드러난다. 네이션이 가족 이데올로기의 확대로서 자리 잡은 측면이 강하고, 가족 내에서 개인은 다시 한 번 희생이 요구된다〔김동춘(2000)〕. 다른 한편으로 한국의 근대에서 자유주의의 미발달은 이러한 개인의 권리에 대한 부차화와 관련될 수 있을 것이다〔문지영(2005)〕. 그러한 의미에서 문지영이 강조한 사회적 자유주의 전통이 강하게 존재할 수 있었던 것은 오히려 자유주의가 강했기 때문이 아니라 서구의 개인적 자유주의의 약세 속에서 전통적 가족주의 이데올로기가 강세를 보임으로써 나타난 현상일 수도 있다.
4) 프랑스의 민주주의 철학과 역사를 이러한 시각에서 살펴보고자 했던 저술이 졸저인『국민국가의 정치학』이다.

절을 경험하였고, 세번째는 먼 미래의 일로 남겨두었다. 반면 한반도에는 서구의 경험들과는 다른 특수한 계기로서 분단의 문제가 존재하였으며, 나아가 그것은 한반도의 민주주의 형성 과정에 내재화된 계기로서 작동하였다. 4·19는 그것이 드러난 계기라고 할 수 있다.

1) 민주주의의 계기

이미 개항 이후 시작된 서구적인 근대화 그리고 국민국가 건설을 위한 다양한 방식의 시도와 좌절을 겪으면서 민주주의는 중요한 규범적 이념이자 제도, 그리고 현실의 운동으로서 존재해왔다. 나아가 민주주의는 정치적 제도나 선거권으로 환원될 수 없는 현실적인 거대한 흐름으로 작동해왔다. 이러한 과정에서 4·19는 한국 민주주의 형성에 있어서 특정한 계기를 형성하였다. 전쟁의 상흔이 채 가시지도 않은 상황에서 시민들이 보여준 봉기의 정치는 이후 한국 민주주의 발전에 커다란 역할을 하였다.

우선 4·19는 민주주의적 주체로서 시민의 등장 계기였으며, 그것은 곧 '국민'의 형성이었다. 4·19는 한반도의 반쪽인 남한에서 독자적인 국민국가 형성이 시작된 후 그 주체가 형성되는 주요한 계기였다. 4·19는 3·15부정선거로부터 촉발되었다. 선거권, 즉 정치적 권리 중 가장 기본이 되는 권리가 부정되었고 그로 인해 권력에 대한 저항이 발생하였다. 봉기의 정치가 시작된 것이다. 봉기를 통해 시민의 권리, 즉 국민의 권리를 부정하고자 하였던 국가권력을 전복하였다. 그것은 곧 권력의 주체로서 국민의 확정이었으며, 권력의 기원이자 권력을 구성하는 주체, 즉 '제헌 권력 pouvoir constituant'으로서 국민의 선언이었다.

제1공화국의 경험은 한국 민주주의의 실험실과 같은 것이었다. 이승만의 자의적 통치와 정치의 사사화(私事化)에도 불구하고 남한의 신민(臣民)들은 서서히 시민으로서의 정체성을 확립해갔다. 수차례의 선거 경험과 도시화, 교육 등 근대화의 과정은 국민들의 삶 깊숙한 곳까지 침투하였다. 보통선거권의 도입과 그에 따른 국회의원 선거 이후 개헌을 통한 대통령 직선제 등 이른바 서구 민주주의의 제도적 실험은 제1공화국에서 지속되었다. 서구에서 보통선거권이 성립되기까지 1세기 이상의 시간을 필요로 했던 점을 감안한다면, 비록 1948년에 도입된 보통선거권은 그만큼의 의미를 주지는 못하였다고 할지라도, 혁명적이었다고 할 수 있다. 즉 민주주의적 주체로서의 경험을 획득하고 그것을 자신의 실질적인 힘으로 전환할 수 있는 계기로서의 의미를 지닐 수 있었다.

물론 4·19를 주도했던 세력은 학생들과 지식인 집단이었다. 그들은 사실상 사회 내의 민중 세력 혹은 노동자 세력과의 어떠한 연대도 이루어내지 못한 것이 사실이다. 물론 4·19와 함께 노동조합들의 조직이 시작되었고, 노동조합의 설립과 쟁의가 증가하였고, 기존 노동조합을 민주적으로 재편하려는 시도가 활발히 진행되었다〔박명림(1996b)〕. 교원노조를 결성하기 위한 시도나 관제 노동 단체인 대한노총의 해산을 요구하면서 전국노동조합협의회를 결성하려는 움직임도 있었다. 이러한 다양한 운동과 운동 주체 세력의 형성은 4·19라는 특정한 시간에 일시적으로 폭발한 것이라기보다는 이미 오래전부터 다양한 경험들을 통해, 즉 근대의 초입부터 있어왔고, 일제에 저항하면서 형성되어왔으며, 해방 공간에서 폭발하기도 하였던 잠재된 역량의 표현이었다. 이러한 역량이 이제는 남한이라는 새로운 국민국가적 공동체의 실현 속에서 민주주의 주체로서 새롭게 자리매김하는 계기로 4·19에서 표출되었다. 4·19를 촉발하고 추동했던 세력은 민주주의의 주체로서 시민이었다. 앞선 서구의 경험을 볼 때, 노동자로서의 정체성과 국민으로서의 정체성은 경합적이지만 동시에 양면적인 동일 과정이다. 노동자로서의 정체성은 국민국가의 틀 내의 민족주의 속에서 형성되어왔다. 그러한 의미에서 4·19 시기 다양한 방식의 주체 형성 과정은 곧 주권자로서 국민의 형성 과정이었다.

4·19가 갖는 두번째 계기는 남한에서 대의제 민주주의의 실험 그리고 그 한계를 보여준 것이었다. 4·19를 통해 탄생한 제2공화국과 그 속에서 실험된 의원내각제는 대의제가 갖는 한계를 분명히 보여준 역할을 하였다. 4·19에 의해 자유당 정권이 몰락하고 자유당이 사라진 상황에서 민주당은 유일한 대체 정당이었다. 사회대중당 등 몇 개의 진보 정당이 후보자를 내고 의회 진출을 모색했지만, 진보 정당들이 획득한 의석수는 5석에 불과하였다. 당시 한국 자본주의의 취약성에도 불구하고 4·19 직후부터 노동조합이 폭발적으로 증가하였다. 따라서 그들을 대표할 수 있는 노동자 정당 혹은 진보 정당의 필요성은 인식되었지만, 의회에 진입하지 못하였다. 최대 진보 정당이었던 사회대중당은 6.1퍼센트의 득표율을 기록했지만, 의석은 1.7퍼센트에 해당하는 4석만을 차지하였고, 한국사회당은 1석만을 차지했을 뿐이다. 이 경우 사실상 단순다수대표제와 소선거구제라는 선거제도가 갖는 효과가 컸던 것도 사실이다. 민주당의 경우 42퍼센트의 득표율로 전체 의석 233석 중 175석을 차지하였던 것이 그것을 말한다.

민주당의 과대 대표성으로 인해 의회에서 사회에 다양하게 존재하는 상이한 의견을 수렴하고 토론하여 합의를 도출하는 실질적인 정치적 결정 과정이 결핍되었다. 즉 의회의 이념적 단일성으로 인해 사회에 존재하는 이질성과 이견은 의회에 투영되고 반영될 채널을 갖고 있지 못했다〔백영철 편(1996)〕. 이미 제1공화국의 반공주의는 조봉

암을 사형시키고 진보당을 억압, 해산하였다. 이 과정을 통해 남한 내의 진보 세력은 크게 위축되어 있었고, 제도권 정치로부터 배제되어왔다. 비록 4·19와 함께 진보적인 다양한 사회 세력이 제1공화국의 반공주의를 넘어 세력화하기 시작하였지만, 제도권의 보수 정치 세력이 만들어놓은 문턱을 넘기는 쉽지 않았다.

4·19 직후 허정의 과도정부를 통한 새로운 헌법의 작성과 정치제도의 구상 과정에서 4·19를 주도하였던 주체 세력들은 실질적으로 참여하지 못하였다. 물론 이러한 역사는 자주 반복되곤 하였다. 서구에서도 자주 보여왔고, 한국의 1987년 6월 민주항쟁과 이후 개헌 논의 속에서도 그것은 반복되었다. 그것은 '봉기'의 정치와 '제도'의 정치가 갖는 불가피한 마찰음일 것이다.[5] 그것은 다른 한편으로 대의제 민주주의의 정착 과정에서 발생하는 '대의제'와 '민주주의' 사이의 갈등이기도 하다. 대의제 자체는 민주주의적 사회를 제도적 틀 내에서 표상하기 위해 '허구적' 통일성과 그에 근거한 동일성을 전제할 수밖에 없다. 이로부터 불가피하게 민주주의 자체에 대한 제약이 존재한다. 하물며 제2공화국은 그러한 대의제적 틀마저도 더욱더 한정함으로써 제2공화국의 대의제 민주주의는 이중적으로 협소할 수밖에 없었다.

4·19라는 봉기의 정치를 통해 형성된 민주주의적 주체로서 시민들은 4·19의 성과를 제도화하는 과정에서 실질적으로 배제당하면서 이후 자신들의 봉기의 정치를 민주주의적 제도의 정치로 전환하는 데 실패하였다. 이것은 결국 국민국가 형성에서 핵심적 요소인 국민에 의한 국가의 영유라는 국민주권의 실질적 실현의 실패를 의미한다. 이것은 또한 민주주의의 구체적인 내용으로서 민주주의적 주체인 시

---

5) 그것은 또한 비상 시기의 제헌권력이 일상적인 권력인 입법 권력pouvoir législatif, pouvoir constitué으로 전환되는 과정에서 발생하는 긴장이자 난점이기도 하다.

민 권리의 확대라는 결과로 실현되지 못함을 의미한다. 국민국가에서 국민 권리의 확대 과정은 국가권력의 동시적 확장이라는 양면적 과정을 갖는다. 서구의 역사를 살펴본다면 시민 권리의 확대 과정은 민권civil right, 정치적 권리political right, 사회적 권리social right의 형성이었다. 그것들이 순차적이거나 평화로운 과정이지 않았다는 것은 물론이지만, 결과적으로 서구 유럽에서 그 과정은 20세기 케인스주의적 복지국가의 발전을 가져온 것이 사실이다.

결국 앞서 언급한 국민국가 형성의 세 가지 축의 관점에서 볼 때, 4·19가 갖는 의의와 한계는 분명해진다. 4·19는 시민이 민주주의적 주체로 형성되는 계기로서 의미를 갖지만, 그것이 민주주의적 주체들에 의한 민주주의의 제도화 과정과 국민주권의 실현에 있어서 뚜렷한 한계를 보였던 경험이었다. 그럼에도 불구하고 4·19의 경험이 국민국가 형성에 있어서 주요한 계기로서 작동할 수 있는 것은 개항 이후 근대성 형성의 연속성 속에서 한국 민주주의 발전의 계기들을 마련했기 때문이다. 해방과 이후 남북한 두 개의 국민국가 형성, 그리고 한국전쟁의 비극이 가져온 분단의 고착화 등을 4·19는 전복하려 했기 때문이다. 그러한 의미에서 4·19가 가져온 효과 및 그 결과물들에 비추어, 우리는 한국 민주주의 역사 및 국민국가 형성의 역사라는 장기적인 관점에서 4·19가 갖는 의미를 파악할 수 있다.

물론 4·19를 통해 이루어낸 민주주의의 성과가 뒤이어 발생한 5·16쿠데타에 의해 사라진 게 사실이다. 하지만 오랫동안 4·19는 한국의 민주주의 세력에게 이정표의 역할을 하였다. 이후 약 사반세기에 걸친 군사정권은 시민들의 지속적인 민주주의 요구와 함께 결국 1987년 6월 시민들에 의한 새로운 봉기로 이어졌다. 그리고 그것은 남한에서 민주주의로의 이행이라는 결과를 가져왔다. 그렇게 본다면

1987년 이후 남한에서 민주주의로의 이행과 공고화 과정은 남한이 국민국가 건설의 길로 들어선 1948년 이후의 과정이 일단락되었음을 의미한다. 하지만 한반도에서 국민국가 건설의 과제 혹은 한반도의 정치 공동체 구성이라는 과제의 측면에서 볼 때, 근대 개항 이후 한반도에서 근대적 정치 공동체로서 국민국가 형성이라는 문제를 새롭게 볼 필요가 있다. 그것은 장기적 흐름에 대한 이해의 문제이다. 개항 이후 근대사에서 형성된 국민국가의 주체로서 민족, 그것은 한편으로 민주주의의 주체였으며, 식민지 역사 속에서는 저항의 주체였다. 그리고 분단의 현실 앞에서 통일의 주체로 호명되었다. 그러한 의미에서 4·19가 제기한 통일 주체로서 민족의 설정이라는 문제를 새롭게 보아야 한다.

2) 분단 문제와 통일의 계기

4·19는 통일의 주체로서 민족에 대한 확고한 설정의 계기였다. 통일에 대한 논의가 본격화되기 시작한 것은 9월 24일과 25일 고려대 학생회가 주최한 '민족 통일 문제에 관한 전국 대학생 시국 토론회'에서 민주주의와 통일을 동일한 선상에 놓으면서부터였다. 물론 4·19 직후 통일운동이 양태가 지나치게 감상적이고, 민족주의적인 경향을 지녔다고 평가되는 것이 사실이다. 하지만 이후 남한에서는 통일운동과 민주주의의 결합이라는 방식을 취하면서 통일의 과제가 한반도에서 민주주의의 실현과 결합되어 있음을 말해주는 계기를 형성하였다.

1950년 한국전쟁과 이승만 정권을 거치면서 통일의 문제는 반공주의에 억눌려 부차화되거나 북진 통일이라는 틀에서 이해되었다. 또한 통일에 대한 담론은 정권에 의해 독점되어 있었다. 그러한 의미에서 4·19에 의한 통일 주체로서 민족의 설정은 해방 이후 무산된 통일의 과제, 나아가 장기적으로 한반도에서 근대성의 형성과 함께 시작한 국민국가 형성의 주체로서 민족에 대한 확인의 계기였다. 개항 이후 민족이라는 이름으로 호명되면서 형성되어온 실체로서 민족이 실질적인 정치적 주체로서 자신의 역할을 수행하지 못한 역사가 한반도 민족의 역사였다. 억압의 대상이었고, 저항의 주체였지만, 실질적인 정치적 주체로서 계기들은 지속적으로 억압되거나 제거되었다. 그러한 의미에서 다시금 통일의 주체로서 민족을 호명한 것은 한반도에서 민주주의의 주체로서 다시 호명한 것과 같은 효과를 가지는 것이었다. 즉 한반도에서 통일된 국민국가 형성의 주체로서 호명된 것이다.

한반도 통일의 문제는 1민족 1국가라는 진부한 논리의 연장선상에서 요구되는 것은 아니다. 그것은 한반도의 근대성 형성이라는 역사적 과정 그리고 일제 식민지 경험과 그것의 극복 과정, 따라서 민족주의의 과제 및 나아가 민족주의 자체의 극복 과제 그리고 동시에 탈식민주의의 과제를 포괄하는 것이기도 하다.

분단이라는 문제는 단순히 하나의 민족이 두 개로 나뉘고 그에 따라 두 개의 국가가 성립되었다는 것 이상의 문제를 발생시킨다. 분단의 발생과 이후 그것이 고착화되는 과정, 그리고 분단에 따라 두 개의 국민국가가 독자적으로 발전해나가는 과정에서 결합되어 존재하는 다양한 문제들은 분단이 한반도의 삶 자체에 내재화되었음을 의미한다. 해방과 함께 서서히 등장하기 시작한 분단의 문제는 이전의 식민지 경험으로부터 벗어나는 탈식민의 과제를 더욱 난해하게 만들면서 그 해결을 방해하였고, 그에 덧붙여 새로운 문제들을 부과할 뿐이었다. 그리고 새롭게 형성되기 시작한 냉전과 제국주의 질서 속에서 한반도의 문제들이 더욱 얽혀갔고, 분단의 문제는 한반도의 모든 문제들에 교직되어 내재화된 것이다.

박정희 정권 이후 비민주적 정권들의 사례가 보여주듯이 반공주의를 강화하고 자신의 억압적 권력을 공고히 하는 데 분단 상황을 이용하였다는 사실은 통일 문제가 현실적으로 민주주의와 결합되어 있음을 보여주는 것이다. 그리고 비민주적·권위주의적 정권하에서 분단이라는 상황은 더욱더 남한 내 계급운동과 민주주의 운동의 발전을 저해하였다. 또한 분단이라는 상황은 남북한에 한정되는 것이 아니라 한반도를 둘러싼 국제관계의 상황을 규정하는 역할까지 한다는 것은 물론이다.

따라서 분단의 극복이라는 과제는 한반도에 존재하는 다양한 문제들을 풀어내는 과제이다. 물론 분단 문제가 해결되면서 다른 문제들이 '거의' 자동적으로 해결된다는 의미가 아니라 분단 문제를 해결하지 않고서는 '거의' 모든 다른 문제들이 완전하게 해결될 수 없다는 의미이다.[6] 분단 극복의 과제는 한반도에서 근대성 형성의 역사에 대한 이해 속에서 해결되어야 할 문제이다. 따라서 분단 극복의 문제는 탈근대, 나아가 민족주의의 극복의 과제와 맞물려 존재할 수밖에 없다. 문제 해결의 열쇠를 찾는 방안 역시 그러한 연쇄적 고리를 풀어가는 방식이어야 한다.

분단과 한국전쟁 그리고 이후 그것들이 만들어낸 역사의 상처를 치유하기 위한 분단의 극복 그리고 개항 이후 형성된 민족의 자기 결정권의 실현이라는 측면에서 분단 극복의 과제가 주어지는 것이다. 그러한 분단 극복의 일환으로서 통일의 실현은 한반도에서 주체적인 민

---

6) 그러한 의미에서 백낙청의 '분단체제론'은 사회과학적 엄밀성이 다소간 부족하다 하더라도 의미 있는 개념화 제안이다[백낙청(1994; 1998)]. 결국 '분단'의 문제는 '민족' 문제이며, 민족 형성의 역사를 들여다보거나 그것의 뒤틀림들을 본다면 한반도의 근대성과 결합된 문제이기 때문이다.

주주의를 통한 국민국가 건설의 완성일 것이다.

4. 민주주의적 공동체를 위하여

한반도의 근대적 국민국가 형성 과정을 살펴보는 것은 한반도의 근대성 형성 과정을 동시에 이해하는 작업이어야 한다. 근대화를 위한 내부의 다양한 노력과 좌절, 일제에 의한 식민지적 근대의 형성 과정, 그리고 해방과 더불어 진행된 다양한 노력과 좌절을 동시에 읽어내면서 한반도에서 그리고 남한에서 국민국가 형성의 과정을 이해해야 한다. 그리고 민주주의에 대한 이해는 비록 그 개념이 서구적일지라도 한반도에서 민(民)의 주체화 과정 그리고 민주주의의 실현을 위한 제도적 장치의 구체화 과정들로서 이해해야 한다. 또한 그러한 연장선상에서 민주주의는 정치적 개념이자 동시에 윤리적 개념으로 이해되어야 한다. 그러할 때 한반도에서 민족, 국민 개념이 갖는 특수성들을 이해할 수 있으며, 그것이 가져오는 민주주의의 효과의 측면 역시 포착할 수 있다.

4·19 이후 국민국가 형성과 민주주의의 역사를 통하여 우리에게 주어진 과제는 무엇인가? 현재 우리의 민주주의 과제는 새롭게 드러나고 있는 주체들의 형성과 인정으로 설정될 수 있다. 그러한 의미에서 '정체성의 정치' 및 '표현의 정치'라는 과제가 설정될 수 있을 것이다. 현재 정치적인 것을 규정하고 또한 정치적인 것을 통해 해결해야 할 다양한 사회적 쟁점들이 부상하고 있다. 민주화 이전에는 국가권력이 설정한 중심 의제에 의해 국민이 동원되었다면, 이제 국민은 다양한 주체들의 집합체로서 자신의 의사와 이해관계를 표현하고 그것들의

관계 속에서 정치가 이루어지는 체계를 만들어낼 때 민주주의의 의미가 살아날 수 있다. 정치는 단일하지 않은 다양한 주체들의 표현 속에서 상생의 정치와 윤리를 모색할 수 있는 공간으로서 자신의 위치를 설정해야 한다.

또한 분단 극복의 과제이다. 한반도의 근대성 형성은 주체적 방식이 차단되면서 서구의 모방을 통한 급진화된 방식이었다. 이 과정에서 한반도는 근대의 공동체로서 국민국가를 건설하려는 수차례의 시도에도 불구하고 지속적으로 외부의 세력들에 의해 차단되었다. 그러한 의미에서 한반도의 분단 극복은 탈식민주의의 과제를 수행하는 것과 연관된다. 이것은 단지 근대의 출발 시기에 제기되었던 한반도에서 국민국가의 건설을 완성한다는 의미에서가 아니라 현재의 시점에서 남북한 인민의 자기 결정권의 행사라는 민주주의의 본질적인 문제이다. 19세기 말 그리고 1945년 이후 두 개의 시점에서 외세에 의해 한반도 인민의 자기 결정권이 억압되었던 역사를 기억한다면, 이제 우리 인민의 자기 결정권을 회복하는 것이 그 억압의 역사로부터 해방되는 길일 것이다. 19세기 말부터 민족은 한반도 내에 거주하는 한민족이라는 의미로 형성되었고 다양한 해방운동의 작업들을 통해 민족 개념이 확립되었다. 따라서 해방 이후 두 개의 국민국가 건설의 길은 자발적 선택의 결과가 아니라 외부적 결정에 의한 것이었으므로, 19세기 말 시작되었던 국민국가 건설의 과제는 결국 달성되지 못한 것이다. 따라서 분단의 극복은 19세기 말 이후 한반도에 지속적으로 결정적인 변수로 작동하였던 제국주의 변수에 대한 극복의 의미를 지닌다. 그것은 탈식민주의의 최대 강령으로서 존재한다.

이러한 한국 민주주의의 과제는 탈근대와 지구화가 쟁점이 되고 있는 현재의 시점에서 새롭게 사고될 필요도 있다. 분단의 극복을 통한 국민국가 완성의 과제가 근대적 국민국가의 건설이라는 과제의 종결은 아니며, 또한 근대의 배타적 민족주의의 부활을 의미하는 것도 아니다. 근대 국민국가의 주체가 '국민'이라는 단일 주체를 상정했다면, 이제 다양하고 획일화되지 않은 다중적인 주체가 형성되고 있고, 그들에 근거한 민주주의를 사고해야 한다. 또한 새롭게 제기되는 '타자'에 대한 포용을 통한 열린 공동체의 모색이라는 차원에서 민주주의의 문제가 사고되어야 하는 이유가 여기에 있다.

참고문헌

권보드래, 『연애의 시대』, 현실문화연구, 2003.
김경일, 『한국의 근대와 근대성』, 백산서당, 2003.
김동춘, 『근대의 그늘』, 당대, 2000.
김진균·정근식 편저, 『근대주체와 식민지규율권력』, 문화과학사, 1997.
김학준, 「4·19혁명, 오늘의 의미」, 한완상 외 편, 『4·19혁명론 I』, 일월서각, 1983.
문지영, 「한국의 근대국가 형성과 자유주의」, 『한국정치학회보』 39집 1호, 2005.
박명림, 「제2공화국 정치균열의 구조와 변화」, 백영철 편, 『제2공화국과 한국민주주의』, 나남출판, 1996a.
―――, 「제2공화국 정치균열의 구조와 변화」, 백영철 편, 『제2공화국과 한국민주주의』, 나남출판, 1996b.
백낙청, 「4·19의 역사적 의의와 현재성」, 한완상 외 편, 『4·19혁명론 I』, 일월서각, 1983.
―――, 『분단체제 변혁의 공부길』, 창작과비평사, 1994.
―――, 『흔들리는 분단체제』, 창작과비평사, 1998.
백영철 편, 『제2공화국과 한국민주주의』, 나남출판, 1996.
왕현종, 『한국 근대국가의 형성과 갑오개혁』, 역사비평사, 2003.
윤건차, 『한국근대교육의 사상과 운동』, 심성보 옮김, 청사, 1987.
정용화, 『문명의 정치사상: 유길준과 근대 한국』, 문학과지성사, 2004.

진덕규, 「4·19혁명의 갈등구조」, 한완상 외 편, 『4·19혁명론 I』, 일월서각, 1983.
최장집, 『한국민주주의의 조건과 전망』, 나남출판, 1996.
홍태영, 『국민국가의 정치학』, 후마니타스, 2008.

4·19혁명과 인권
—— 인권 개념에 대한 인식과 제도의 변화

이정은

1. 들어가며

  日帝의 壓迫, 李政權의 壓迫 밑에 살아온 善良한 우리 民族은 눌리면 눌리는 대로 참아왔고 눌려 사는 것이 어떤 宿命인 양 諦念해버리는 속에 살아왔다. 이번 革命을 계기로 어느 누구라도 敢히 侵犯할 수 없는 嚴然한 個人의 尊嚴性과 自由를 뒷받침하는 人間의 基本權利를 爭取한 것이다.[1]

  이 글은 4·19혁명 이후, 혁명의 역사적 의의에 대해 쓴 한 지식인의 글 가운데 일부분이다. 4·19혁명은 부패정권의 억압으로부터 벗어난 것일 뿐 아니라, 그동안 숙명으로 받아들였던 폭력과 억압을 물리친 경험으로, 개인 스스로가 인간의 존엄성과 자유를 회복하고 만

---

1) 유홍열(1961), pp.49~90.

끽할 수 있었던 것이 가장 큰 획득이었다고 평가하고 있다.

그러나 이런 당대의 평가에 비해 오늘날에는 4·19를 초라한 '미완의 혁명'으로 기억하는 이들이 많다. 혁명이라고 한다면 가장 먼저 떠오르는 것이 권력에 저항하는 성난 군중, 단두대에서 처형되는 국왕, 그리고 자유, 평등, 인권 등을 천명(闡明)하는 서구 시민혁명의 모델이지만, 4·19 때는 그런 '거사'도 일어나지 않았고 혁명이라고 하기에는 미약한 정권 교체만 있었다는 것이다.

그러나 역사의 발전은 동일한 양태와 방식으로 이뤄지는 것이 아니라는 것을 우리는 잘 알고 있다. 혁명의 의미는 봉건제를 무너뜨리고 국민국가를 건설하면서 내세운 자유, 평등의 가치에 있지만, 그 상징적 의미를 혁명 이후에 어떻게 이어가고자 했는가의 노력들로 혁명의 성격을 평가할 수 있을 것이다. 더군다나 서구의 시민혁명과는 전혀 다른 경험을 해온 한국사회에서 4·19혁명은 5·16군사쿠데타에 의해 실패한 것이 아니라, 이승만 정권 붕괴 이후 어떤 다양한 활동들이 혁명을 실현·발전시키려 했는가를 보아야 할 것이다.

지금까지 4·19혁명에 대해서는 4·19혁명의 의의에 대한 혁명 직후의 평가와 정치사적 의미에 관한 연구, 제2공화국 성립 의의와 통치 기구, 운동사적 의의 등 다양한 연구가 축적되어 있다.[2] 최근에는 4·19혁명을 민주화 운동의 연속선상에서 평가하며 그동안 다루지 않아온 혁신 세력 등에 대해서도 연구가 이루어지고 있다.[3] 그러나 많

---

[2] 4·19 직후 혁명의 의의에 관한 논의로는 김성식(1960), 유진오(1960), 최문환(1960), 유홍열(1961)의 연구가 있고 4·19혁명에 대한 종합적인 평가와 정치사적 의미에 대해서는 김성태(1983), 이우재·한완상 편(1983), 김영일(1989)의 연구가 있다. 제2공화국 성립 의의와 통치 기구에 관해서는 오문환(2006), 문병주(2005), 김도협(2005)의 연구가, 운동 사적 의의에 대해서는 강성협(1989), 김동춘(1988), 박태순·김동춘(1991)의 연구가 있다.
[3] 이에 관해서는 민주화운동기념사업회연구소 편, 『한국민주운동사 1』, 2008; 오승용, 「제

은 연구들이 지식인, 정당 중심의 정치적인 변화 과정에 초점을 두고 있어서 혁명을 주도했던 이들이 가졌던 사회에 대한 구상이나 억압적인 분위기에서 벗어난 일반 시민들의 해방감은 사소한 에피소드로 남겨두는 경향이 있다.

따라서 이 글은 4·19혁명을 통해 개인의 자유와 정치적 자유가 확장되었다면, 당대의 인민들은 그런 변화의 과정에 어떻게 대응하였는지를 살펴보고자 한다. 정부와 언론은 인권 개념을 어떻게 설명하였고 당대 인민들은 혁명의 공간에서 개인의 권리를 어떻게 인식하며 표현하였는가?

그러나 역사의 중심에 서지 못했던 이들에 대한 기록은 체계적으로 남아 있지 않기 때문에, 이와 관련된 자료를 확보하는 것이 가장 큰 어려움이었다. 먼저, 인권 관련 제도 변화 과정에 대해서는 국가기록원의 행정문서자료와 개정된 헌법, 관련 특별법 등을 검토하였고 민간의 인식 변화를 살펴보기 위해서는 주로 잡지와 일간지를 참고하였다.[4) 당대 지식인들의 잡지인 『사상계』와 1950년대 최초의 여성 대중지인 『여원』, 일간지 조선일보(1945~1970), 동아일보(1945~1970), 경향신문(1950~1959)의 인권 관련 기사를 검토하였고 사회운동 부문은 기존 연구에 의존하였다.

이 글은 4·19혁명 이전과 이후 인권 개념에 대한 인식의 변화를 중심으로 하며, 특히 정부의 부정부패에 대한 저항의 경험이 어떤 인식의 전환을 끌어냈는지를 살펴볼 것이다. 1960년 4월 19일부터 1961년

2공화국 민주주의와 혁신세력: 전남지역의 조직결성과 활동을 중심으로」, 『민주주의와 인권』 8(1), 2008 참조.
4) 국가기록원 자료로는 「총무처 국무회의 안건철(1회부터 48회까지)」「대검찰청 지시·예규철(1952~1970)」「법무부지시·예규철(1952~1970)」「법무부 법무실 인권단체 관계철(1952~1970)」 등을 검토하였다.

5월 16일 군사쿠데타가 일어나기 전까지 채 400일도 되지 못했던 짧은 시간, 이 짧은 기간에 국민들이 진정으로 원했던 것이 무엇이었는지를 살펴봄으로써, 역으로 해방과 정부 수립, 한국전쟁을 겪으며 인간 권리의 어떤 내용들이 억눌려 있었고 5·16군사쿠데타 이후 어떻게 왜곡되어왔는지를 파악해볼 수 있을 것이다. 4·19혁명 이후 인권과 관련된 제도와 인식의 변화, 그리고 현실적인 요구들을 살펴봄으로써 한국 인권의 역사에서 4·19혁명을 어떻게 자리매김해야 될 것인가에 대해서도 생각해보고자 한다.

2. 이승만 정권의 '반공'으로서의 인권과 4·19혁명

국민의 기본권과 인권은 '제도적'으로는 이미 1948년 정부 수립 단계에서부터 보장되어 있었다. 대한민국 제헌헌법에 인민의 기본권을 최초로 명문화하면서 정치적 자유는 물론, 경제사회적 평등까지 인민의 기본권으로 포괄하고 있었다. 그러나 이런 헌법 규정상의 기본권은 근대국가라면 갖추어야 할 기본적인 요소로 현실에서의 실현 여부와는 무관한 것이었다. 더군다나 한국전쟁으로 인민의 삶이 극도로 피폐한 가운데 '인권'이라는 언어는 사회적으로 통용되지도, 이해되지도 않았다. 다만, 반공을 통치 이념으로 삼은 이승만 정권만이 '인권'을 독점하고 있었다.

대한민국은 정부 수립 즈음에 선포된 세계인권선언 작성 과정에 참여할 수 없었지만, 언론에서는 인권선언의 내용과 유엔의 활동을 미국과 연관시켜 상세히 소개하였다.[5] 또한 정부는 유엔이 정한 세계인권선언기념일을 한국전쟁의 참상 속에서 기념하기 시작하였다. 전쟁과 인권의 가치는 정면으로 배치되는 것이었지만, 전쟁의 책임이 전적으로 북한에 있음을 분명히 하고 자유주의의 우월성을 확인하며, 남한은 '유엔이 인정하는 한반도 유일의 합법 정부이자 미국의 동맹국'임을 알리기 위해서는 전쟁 기간에 인권선언일을 기념하는 것만큼 효과적인 방법은 없었을 것이다. 정부는 자유와 평등을 이념으로 내세우는 우방(友邦)의 가치를 따름으로써 그들과 동등한 인권 보호 국가가 될 수 있는 것이었으므로, "인권 유린의 생지옥을 구현하면서 세계 적화의 야욕을 품고 있는 공산 진영의 침략을 물리치고 싸우는 것"을 곧 인권 보장의 길로 홍보하였다[이정은(2008), pp.59~60].

이런 목적으로 1950년 이후부터 한 해도 거르지 않고 인권선언을 기념했던 이승만 정부였기에, 현실에서 민주주의를 구현하는 문제와 인민들의 삶에서 인권을 보장하는 것에는 전혀 관심이 없었다. 이승만 정권의 독재 체제를 정당화하기 위한 반공 논리가 사회 전체를 구속하고 있었고, 적대적이고 공격적인 반공주의 속에서 누구나 정권에 부담이 되면 빨갱이로 몰아 처형하는 형국이었다. 그래서 인민들은 이데올로기를 기피하며 전쟁의 참화에 강한 공포감을 가지고, 반공 논리에 수동적이며 소극적으로 적응해가는 태도를 가질 수밖에 없었다[김영일(1989), pp.158~63].

비록 4·19혁명은 학생들의 저항으로 시작되었지만 사회구조적인 문제 속에서 정권에 대한 강한 저항감은 점차 사회적인 저항을 끌어낼 수 있었다. 당시 학생들이 외친 주장은 단순히 부정선거를 비판한

---

5) 인권이 무엇인지 무지할 수밖에 없었던 인민들에게 인권선언을 홍보하는 것은 좋은 일이었지만, 세계인권선언문을 "미 헌법의 권리조항을 모방한 것"으로 설명하며 미국의 선전 행사를 부각시켜 소개한 것은 특이하다. 「국연인권보장위회 개회」, 조선일보 1947년 12월 3일자;「인류 사상의 최초의 法案. 만민평등의 세계 헌장. 국제연합 인권보장위원서 채택」, 조선일보 1947년 12월 19일자 등 참조.

것이 아니라 사회 전체의 억압에 저항하는 것이었다. 1960년 당시의 신문 보도 내용을 분석한 김성태의 글을 보면, 3·15부정선거 이전에는 학원의 자유, 부정선거 배격, 부패와 독재 배격, 국민의 궐기 호소 등의 내용이 주를 이루다가, 3·15부정선거 이후에는 경찰의 진압과 무력 충돌이 잦아지면서 경찰의 포학 행위를 규탄하거나 시위의 권리를 주장하는 내용들이 나타나고 있는 것을 알 수 있다.

〈표1〉 3·15 이전과 이후 주장의 유형 변화

주장의 유형	3·15 이전	3·15 이후	계
학원의 자유	**19(39.6)**	11(12.5)	30(22.1)
부정선거 배격	6(12.5)	**17(19.3)**	23(16.9)
부패와 독재 배격	**12(25.0)**	9(10.2)	21(15.4)
국민과 학생 궐기 호소	7(14.6)	8(9.1)	15(11.0)
경찰의 포학 규탄	0(0.0)	**12(13.6)**	12(8.8)
시위 권리 주장	0(0.0)	**11(12.5)**	11(8.1)
정권 사퇴 요구	0(0.0)	**7(8.0)**	7(5.1)
구속 학생 석방 요구	1(2.1)	3(3.4)	4(2.9)
폭력배 규탄	0(0.0)	4(4.5)	4(2.9)
사법부 규탄	0(0.0)	3(3.4)	3(2.2)
민주당 지지	2(4.2)	0(0.0)	2(1.5)
공정 보도 요구	0(0.0)	1(1.1)	1(0.7)
신문 강제구독 반대	1(2.1)	0(0.0)	1(0.7)
기 타	0(0.0)	2(2.3)	2(1.5)
계	48(100.0)	88(100.0)	136(100.0)

* 자료: 김성태(1983, pp.97~124), 강조는 인용자.

또한 4·19혁명의 희생자 가운데 유일하게 남아 있는 진영숙의 유서에는 부정선거 배격이나 부패와 독재 배격만이 아니라, "국가와 민족을 위하는 길" "온 겨레의 앞날과 민족의 해방을 위한다"는 등 민주주의에 대한 절박함이 드러나 있다.

시간이 없는 관계로 어머님 뵙지 못하고 떠납니다. 끝까지 부정선거 데모로 싸우겠습니다. 지금 저의 모든 친구들 그리고 대한민국 모든 학생들은 우리나라 민주주의를 위하여 피를 흘립니다. 어머니, 데모에 나간 저를 책하지 마시옵소서. 우리들이 아니면 누가 데모를 하겠습니까. 저는 아직 철없는 줄 압니다. 그러나 국가와 민족을 위하는 길이 어떻다는 것을 알고 있습니다. 저의 모든 학우들은 죽음을 각오하고 나간 것입니다. 저는 생명을 바쳐 싸우려고 합니다. 데모하다 죽어도 원이 없습니다. 어머님, 저를 사랑하시는 마음으로 무척 비통하게 생각하시겠지만, 온 겨레의 앞날과 민족의 해방을 위하여 기뻐해 주세요. 이미 저의 마음은 거리로 나가 있습니다. 너무도 조급하여 손이 잘 놀려지지 않는군요. 부디 몸 건강히 계세요. 거듭 말씀드리지만 저의 목숨은 이미 바치려고 결심하였읍니다. 시간이 없는 관계상 이만 그치겠습니다.[6]

당시 중학교 2학년이던 어린 학생이 이런 글을 쓴다는 것이 한편으로는 놀랍고 그런 시대적 환경에 고개가 숙여지면서도, 그만큼 4·19혁명은 어린 학생들도 목숨을 바쳐가며 싸울 수밖에 없었던 저항의 기회였고 혁명적인 사건이었다는 것을 생각해볼 수 있다.

4·19혁명 직후에는 이승만이 자유당 총재직에서 사퇴하고 이기붕도 공직에서 사퇴하는 선에서 문제를 해결하고자 하였지만, 결국 고등학생들이 시작한 자유당 정권에 대한 저항은 교수사회와 언론 등 사회적인 저항을 이끌어내며 "민권이 승리했다"는 자신감을 갖도록

---

[6] 「"고맙습니다 진영숙 언니" 민주주의 씨앗이 된 한성여중 2년생. 어머니에게 남긴 유서 "생명을 바쳐 싸우렵니다"」, 조선일보 1960년 5월 1일자.

하였다.[7] 학원은 이승만 정권의 억압 정치 가운데에서 그나마 자유로운 공간이었기에 학생들이 주축이 되어 혁명이 시작되었지만, 결정적으로 혁명에 성공할 수 있었던 것은 시민들과 언론의 광범위한 지지가 있었기 때문이었다.[8]

4·19혁명 이후에는 시대를 선도해야 할 정치권력의 총수가 대통령직에서 물러난 이승만에 의해 임명됨으로써 혁명의 출발 자체가 불안하였으나 그보다는 4·19혁명이 한국사회에 미친 영향, 독재정권을 무너뜨린 데 대한 일반 국민의 자신감 등에서 혁명적 성격을 찾을 수 있을 것이다. 이 기간은 한국 역사상 가장 특별한 시간의 하나로, 대한민국 수립 이후 모든 것이 시험대에 오른 시기이기도 했으므로 그 시험대에서 진행된 노력들, 특히 인권과 관련된 변화 내용을 중심으로 살펴보도록 하겠다.

3. 4·19혁명 이후 법제도의 변화

1) 유보 없는 기본권 보장

4·19혁명 이후, 법제도의 변화로 가장 먼저 들 수 있는 것이 두 번

---

7) 학생운동이 4·19혁명을 끌어낸 동력이 되면서 지식인은 유례없이 사회적으로 주목을 받았고 지식인의 사회적 역할과 기능이 크게 강조되었다. 당시 대부분의 지식인들은 4·19를 '근대 시민혁명' 차원에서 인식했다. 이에 대해서는 정용욱(2004), p.167 참조.
8) 혁명의 성공 원인을 차기벽은 두 가지로 설명한다. ① 자유선거제도가 파괴되어 국민의 불만을 표시할 길이 제도적으로 막혀 있었다는 상황, ② 한국과 일본을 중재하려고 했으나 반일노선을 취하는 이승만과 갈등을 빚었던 미국이 혁명 세력을 지지했다는 것이다[차기벽(1975)]. 유진오는 혁명에서 주체적 역할을 한 세력은 학생들이지만 4·19혁명은 우리나라에서 처음으로 시민적 자유를 피로써 쟁취한 시민혁명이라고 보았다[유진오(1960), pp.59~60].

의 개헌으로 인한 기본권 조항의 변화이다.[9] 4·19혁명 이후 첫번째 개헌인 과도정부의 헌법 제4호(1960. 6. 15)에서는 기본권 보장의 유보조항을 폐지하였고 윤보선 대통령이 당선된 제2공화국의 헌법 제5호(1960. 11. 29)에서는 반민주행위특별법을 제정하고자 하였다.

헌법 제4호는 혁명의 성과를 반영한 전면 개정으로 내각책임제 개헌 과정에서 개인의 자유를 최대한 보장하자는 의미에서 이뤄진 것이었다.[10] 거기에서 헌법의 유보조항 삭제를 보면, 제헌헌법에서부터 국민의 권리의무 조항에는 "법률에 의하지 아니하고는" 혹은 "법률이 정하는 바에 의하여" 등의 유보조항이 있었다.[11] 이승만 정권에서 이 유보조항은, 법률에 의하면 헌법상의 기본권도 얼마든지 제한할 수 있다는 식으로 확대 해석되어 악용되었기 때문에 삭제되었다. 그래서 헌법 제10조와 제11조는 각각 "모든 국민은 (법률에 의하지 아니하고는: 삭제된 내용) 거주와 이전의 자유를 제한받지 아니하며 주거의 침입 또는 수색을 받지 아니한다." "모든 국민은 (법률에 의하지 아니하

---

9) 이미 국민의 기본권은 제헌헌법에 보장되어 있는 상태에서 1952년 1차 개헌과 1954년 2차 개헌이 있었지만, 그것은 이승만의 장기 집권을 위한 개헌이었을 뿐이었다.
10) 4·19혁명 직후의 개헌이 내각책임제로 방향을 잡게 된 것은, 이승만이 대통령직에 대한 집착으로 비상계엄 상태에서 개헌을 강행했던 과거의 경험 때문이었다. 한국전쟁으로 정부가 부산에 피난해 있던 1952년 1월, 이승만은 재집권을 위해 대통령 직선제 개헌안을 국회에 제출했다가 부결되자, 부산 일원에 비상계엄을 선포하고 국회의원 통근버스를 헌병대로 연행하는 등 공포 분위기를 조성하여 대통령 직선제를 골자로 하는 '발췌 개헌안'을 통과시켰다. '부산정치파동'이라고 불리는 이 사태를 겪으면서 많은 정치인들은 민주주의 파탄의 원인을 대통령 중심제에서 찾았고, 이승만 체제가 무너지자 내각책임제로 개헌한 것은 극히 당연한 귀추(歸趨)였다. 이에 대해서는 차기벽(1975), pp.104~105 참조.
11) 헌법 개정 이유에 대해서는 "국민의 기본적 권리의 보장을 강화한 것으로, 자유권에 대한 유보조항을 삭제하여 이를 제28조에 통일적으로 규정하는 동시에, 국민의 자유와 권리를 제한하는 법률도 자유와 권리의 본질적인 내용을 훼손하지 않도록 하고, 언론·출판·집회·결사의 사전 허가 또는 검열제를 금지함"이라고 밝히고 있다〔법제처 종합법령정보센터 (http://klaw.go.kr) 참조〕.

고는: 삭제된 내용) 통신의 비밀을 침해받지 아니한다"라고 규정되었다. 제13조의 "모든 국민은 (법률에 의하지 아니하고는: 삭제된 내용) 언론, 출판, 집회, 결사의 자유를 제한받지 아니한다"라는 규정 뒤에는 정당 활동의 보호에 대한 내용이 덧붙여졌다.[12] 사회질서와 공공복지를 위해 법률로 국민의 기본권을 제한할 수 있음을 규정한 제28조에도 언론·출판·집회·결사의 자유에 대한 허가와 검열을 금지한 단서조항을 두어 권력 남용을 방지하고자 했다.[13] 따라서 적어도 헌법 조문으로만 보자면, 헌법 제4호는 4·19혁명 이전 헌법에 비해 기본권의 확대가 이루어졌다고 할 수 있을 것이다.

그러나 유보조항이 삭제된 기본권에도 근본적인 한계는 있었다. 민주당 정권은 이승만 정권 말기 진보당 사건(1958)과 경향신문 폐간(1959) 등에 악용되었던 국가보안법 개정에 착수했지만, 그것을 근본적으로 폐지하려 하지 않았다. 오히려 1960년 6월 10일에 발포된 제4차 개정 국가보안법에는 '불고지죄'라는 독소조항이 새롭게 포함되어 있었고, 국가보안법 외에 반공법의 제정도 시도하였다〔박원순(1989), pp.172~79〕. 물론 당시에는 크고 작은 간첩 사건이 발생하면서 북한과의 군사적인 긴장이 팽팽한 시기였지만, 국가보안법 등이

---

12) 덧붙여진 내용은 다음과 같다. "정당은 법률의 정하는 바에 의하여 국가의 보호를 받는다. 단, 정당의 목적이나 활동이 헌법의 민주적 기본 질서에 위배될 때에는 정부가 대통령의 승인을 얻어 소추하고 헌법재판소가 판결로써 그 정당의 해산을 명한다"〔법제처 종합법령정보센터(http://klaw.go.kr) 참조〕.
13) 그 내용은 "국민의 모든 자유와 권리는 헌법에 열거되지 아니한 이유로써 경시되어서는 아니 된다. 국민의 자유와 권리를 제한하는 법률의 제정은 질서 유지와 공공복리를 위하여 필요한 경우에 한한다"로 헌법 제1호 뒤에, "단, 그 제한은 자유와 권리의 본질적인 내용을 훼손하여서는 아니 되며, 언론, 출판에 대한 허가나 검열과 집회, 결사에 대한 허가를 규정할 수 없다"는 단서조항을 추가하였다〔법제처 종합법령정보센터(http://klaw.go.kr) 참조〕. 특히 당시 언론의 자유가 주목되었던 것은 1959년의 경향신문 폐간의 경험과도 관련이 있었다.

국가의 안보보다 정권의 안보, 민주화 운동의 탄압에 악용된 적이 더 많았다는 것을 생각해볼 때, 「국가보안법」에 대한 민주당 정권의 태도는 4차 개헌의 취지를 위협하는 것이었다.

2) 반민주행위자처벌 특별법과 소급입법의 문제

내각책임제를 골자로 했던 4차 개헌에 비해서 5차 개헌은 이승만 정권기의 부정행위와 반민주행위자들, 특히 3·15부정선거 관련자와 4·19혁명 당시 시위군중에 대한 폭력 진압을 주도한 자들을 처벌하기 위한 것이었다. 5차 개헌은 상당한 정치적 긴장 속에서 서둘러 이루어진 것으로 4·19혁명 직후, 3·15부정선거와 4·19혁명 때 발포 명령을 비롯한 이승만 정권하의 '6대 범죄'에 대한 기소가 이루어졌다. 그러나 그것은 현행법에 따를 때는 범죄 요건이 성립하지 않거나 공소시효 만료, 증거 불충분에 해당하는 것이었다. 결국 1960년 10월 8일 서울지방법원에서는 상당수 혐의에 대해 무죄·면소를, 그리고 유죄로 인정된다 하더라도 국민의 감정에 비해서는 너무 가벼운 형을 선고하는 데 그쳤다. 이에 분노한 학생 시위대가 국회의사당을 점거하여 범죄의 처벌을 위한 헌법 개정을 요구했다. 1960년 10월 13일 국회는 「민주반역자에 대한 형사사건 임시처리법」을 급히 공포하였고 10월 17일 헌법개정안을 제출하게 되었다〔한인섭(2004), pp. 109~19〕.

이승만 정권하의 '반민주행위자'를 처벌하기 위한 제5호 헌법은 법 앞의 평등, 모든 국민의 기본권 보장, 죄형법정주의, 형벌불소급의 원칙 등에 대해 예외조항을 만들고자 했다. 그것은 식민지 시기 '반민족행위자'를 처단하기 위해 1948년에 만들어졌던 「반민족행위처벌법」 (1948. 9. 22 법률 제3호)을 연상시키는 방식이었다. 그러나 헌법의 기본권 조항 자체를 바꾸거나 본문에 특별법과 관련된 규정을 둘 수는 없었으므로 5차 개헌에서는 '부칙'에 특별법 제정을 규정하고 "특별법은 제정한 후 다시 개정하지 못한다"는 단서조항을 두었다.

또한 특정 지위를 이용한 반민주행위자의 공민권을 제한하는 「반민주행위자 공민권제한법(법률 제587호)」과 부정한 방법으로 재산을 축적한 자에게 형사상 특별조치를 취한 「부정축재특별처리법(법률 제602호)」 등의 특별법을 제정하였다. 그러나 이것은 혁명을 위해 불가피한 조치이기는 했지만, 다른 한편으로는 인권 문제를 야기하는 미묘한 사안이기도 했다. 이승만 정권하에서 인권 옹호에 앞장섰고 3·15 부정선거 당시 대한변협 회장으로서 '마산사건 진상조사단'을 구성·파견했던 정구영 변호사 등은 이 개헌안에 대해서 1960년 11월 4일, 특별입법 및 소급입법을 위한 헌법 개정에 반대한다는 '호헌선언'을 발표했다. 입법이 만능이 아니며, 헌법상의 권리를 부칙에 의해 제한한다는 것도 문제이고 천부의 권리를 억제하는 법률을 제정해서는 안 된다는 것이 그 이유였다. 이 사안은 실정법과 정의의 관계, 혁명적 요구와 법적 안정성의 관계 등 어려운 이론적 문제를 제기하는 것이었으나, 지금까지도 이론적으로 충분히 검토되지 않고 있는 듯하다.

결국 제2공화국은 1960년 말부터 1961년 봄에 걸쳐 몇 가지 특별법들을 제정하며 과거 정권의 심판을 시도했지만, 집권 민주당 역시 이승만 정권의 부정부패와 비리에서 자유로울 수 없었고 곧바로 5·16 군사쿠데타가 일어나면서 과거 정권에 대한 심판은 군부 세력에게 넘어가게 되었다. 쿠데타 세력은 제2공화국의 공직자·공무원을 포함하여 1953년 7월 1일부터 1961년 5월 15일에 이르는 시기에 국가재산을 횡령한 자를 처벌하는 「부정축재처리 기본요강」을 국가재건최고회의령(제20호)으로 발표하고 「부정축재처리법(법률 제623호)」을 제정하

〈표2〉 4·19혁명 후 제정된 특별법

법률명 및 제정·공포일자	목적 및 주 내용
특별재판소 및 특별검찰부 조직법 (1960. 12. 30 법률567)	부정선거관련자 처벌법에 해당하는 자를 수사·심판하기 위한 특별재판소와 특별검찰부의 조직과 절차를 규정
부정선거관련자 처벌법 (1960. 12. 31 법률586)	1960년 3월 15일에 실시된 대통령 부통령 선거에 관련하여 부정행위를 한 자와 그 부정행위에 항의하는 국민에 대하여 살상 기타의 부정행위를 한 자를 처벌
반민주행위자 공민권제한법 (1960. 12. 31 법률587)	1960년 4월 26일 이전에 특정 지위에 있음을 이용하여 현저한 반민주행위를 한 자의 공민권을 제한
부정축재특별처리법 (1961. 4. 15 법률602)	▶ 지위 또는 권력을 이용하여 부정한 방법으로 재산을 축재한 자에 대한 행정상 또는 형사상의 특별한 조치 ▶ 부정축재: 1960년 3월 15일 실시된 대통령 부통령 선거를 위하여 집권당에 자진 3천만 환 이상을 제공하거나 조달한 자 또는 공무원 및 정당인으로서 부정선거에 관련한 사실이 현저한 자
부정축재처리 기본요강 (1961. 5. 28 국가재건최고회의령20)	▶ 국가공무원, 정당인 및 국가 요직에 있는 자가 지위와 권력을 남용하여 국가재산을 橫取했거나 기업인들과 결탁하여 부정한 방법으로 축재한 자들을 행정상 및 형사상의 특별조치로서 처리 ▶ 부정공무원: 1953년 7월 1일(수복)부터 1961년 5월 15일 사이에 국가 요직에 있는 자로서 그 지위와 권력을 이용하여 국가재산을 횡취하여 5천만 환 이상의 재산을 축적한 자
부정축재처리법 (1961. 6. 14 법률623)	국가 공직 또는 정당의 지위나 권력을 이용하거나 詐僞 기타 부정한 방법으로 재산을 축적한 부정축재자에 대한 행정상, 형사상의 특별처리를 규정. 기본축재처리 기본요강을 법률화

* 자료: 이우재·한완상 편(1983, pp.11~60)에서 재구성.

였으며 이듬해 3월에는 「정치활동정화법」을 발표하여 구시대 정치인들의 자격을 박탈하였다.

그러나 이런 특별법들이 모두 시행된 것은 아니었다. 민주당 정부가 제정한 「부정축재처리법」은 대자본가의 집결체인 한국경제협의회의 반발에 부딪혀 법안이 대폭 완화되었고 6월에 공포된 「부정축재처리법」은 민주당 정권 때보다 더 완화되었다. 국가재건최고회의는 1961년 10월 「부정축재처리법(법률 제752호)」을 개정하면서, 공장을 건설하여 그 주식으로 벌과금을 부과할 수 있게 했다. 그것은 '정의'

보다는 경제성장과 정치자금 확보에 초점을 둔 조치로, 이후 박정희 정권과 정경유착의 방향을 보여주는 것이기도 했다.[14]

4. 급진적 사회운동의 출현과 인권의식의 변화

1) 급진적 사회운동의 출현: 민간인 학살 진상규명 요구

4·19혁명 이후, 민간에서 일어난 가장 큰 변화 중의 하나는 반공 이데올로기의 억압 속에서 침묵하고 있던 인민들이 자신의 억울함을 집단적으로 표출하기 시작한 것이다. 한국전쟁기에 빨갱이로 몰려 억울하게 희생된 민간인의 유가족들은 4·19혁명 직후, 합동으로 위령제도 지내고 조직도 결성하여 자신의 경험을 털어놓으며 정부의 진상조사를 요구하였다.[15] 1951년 봄, 경남 거창과 산청·함양 지역의 민간인 학살 사건, 제주 4·3항쟁 유가족들도 진상조사를 요구하였고 1960년 5월, 제주대 학생들은 '4·3사건 진상규명동지회'를 조직하여

---

14) "부정축재처리법 중 제18조 2를 다음과 같이 신설한다. 제18조의 2(특수 부정 이득자에 대한 특례) ① 부정 이득자로서 국가 재건에 필요한 공장을 건설하여 정부에 그 주식을 납부코자 하는 자는 각의에 심사를 거쳐 내각수반이 승인하는 기한 기타 조건에 의하여 단기 4297년 12월 31일 이내에 공장을 건설하여 그 주식 중 부정축재 통고액에 물가지수 상승률을 乘한 금액을 가산한 액에 해당하는 부분을 정부에 납부함으로써 부정축재 통고액 납부에 代할 수 있다. ② 전항에 관한 신청과 승인 및 주식 평가의 절차는 각령으로써 정한다." 이로써 이병철의 벌과금은 103억 환에서 80억 환으로 삭감되었다[이우재·한완상 편 (1983), p.48 참조].

15) 김동춘은 '양민 학살'과 '민간인 학살'이라는 용어가 함께 사용되고 있으나, '양민 학살'이라는 말은 양민에 대한 학살은 부당하고, 양민이 아닌 사람(불량민, 비국민)에 대한 학살은 정당하다는 결론으로 유도될 수 있으므로 국제적으로 통용되는 '민간인civilians'이라는 말을 사용해야 한다고 주장한다[김동춘(2000), p.48 참조]. 이 글에서는 '민간인 학살'을 사용하도록 한다.

다. 이런 요구들로 4·3항쟁의 공식 인식은 '폭동'과 '반란'에서 '민간인 학살 사건'으로 변화되면서 새로운 국면을 맞이할 수 있었다.[16]

국회에서는 유족들의 요구로 1960년 5월 23일 제19차 본회의 결의에서 '양민 학살 진상조사 특별위원회'를 구성하여 산청·함양 등지의 양민 학살 사건을 조사하게 되었다. 그러나 이 위원회는 경남 지역 조사반장을 맡은 최천이 4·3항쟁 당시 제주경찰서 감찰반장을 역임했던 '토벌'의 주역이었기에 태생적 한계를 지니고 있었다. 1960년 6월과 8월에는 '경북지구 피학살자유족연합회'와 '경남지구 피학살자유족연합회'가 결성되었고, 10월 20일에는 '전국유족회'가 창립되었다.[17] 1960년 6월 21일 재경제주학우회는 '제주도민 학살 사건 진상규명 대책위원회'를 조직하여 본격적인 진상조사 작업에 착수하려고 하였으나, 5·16군사쿠데타가 발발하면서 중단되고 말았다〔강창일(2001); 김기진(2002)〕.

박정희 군사정권이 집권하면서「특수범죄처벌에 관한 특별법(1961. 6. 22 법률 제633호)」을 제정·공포하며, 법률을 공포한 날로부터 3년 6개월 이전으로 소급 적용해 '특수반국가행위'를 했다는 명목으로 피학살자 유족을 재판에 회부했다. 재판에 회부된 유족들 간부들은 이적 행위를 했다는 이유로 최고 사형까지 언도받았다. 유족들을 검거하면서 유골 발굴일지와 피학살자 조사명부, 유족회원 가입명단 등 진상규명에 결정적인 단서가 될 기록물들을 군사정부 포고령 제18호로 폐기해버렸고 유족들이 세운 위령비들을 파괴했다〔한국전쟁 전후

---

16) 한국전쟁 전후 민간인 학살 진상규명 범국민위원회 편(2005), pp.565~66, 694~95 참조.
17) 유족회는 "학살 책임자는 공적인 정치무대에서 물러날 것, 유족에 대한 정치경찰 감시 해제, 유족 중 고아와 노쇠자에 대한 정부 구원" 등을 정부에 요구하였다(같은 책, pp.694~97 참조).

민간인 학살 진상규명 범국민위원회 편(2005), pp.567~69].

이로부터 4·3 논의는 다시 금기시되었다. 사실관계에 대한 확인은 물론, 반공법, 국가보안법과 연좌제의 억압기제는 4·3항쟁에 대한 발설조차 못 하게 하였다. 도민의 입을 통한 4·3항쟁의 증언은 기대할 수 없었고 4·3항쟁에 대한 인식과 담론은 국가권력이 다시 독점하였다.[18]

민간인 학살 진상규명 요구는 비록 당시에는 '인권운동'으로 규정되지 않았지만, 그동안 국가 폭력에 의해 침묵하고 있던 이들이 4·19혁명이라는 저항의 과정을 통해서 자신들의 억울함을 집단적으로 제기하였다는 점에서 의의를 찾을 수 있을 것이다. 4·19혁명 직후에 유가족들의 보복 학살이 있을 정도로 그들의 분노는 축적되어 있었지만 어디에서도 억울함을 호소하지 못했던 이들에게, 그런 분노를 낳았던 시대와는 다른 '4·19혁명'이라는 공간에서야 비로소 국가 폭력에 의한 개인의 희생을 문제시할 수 있었던 것이다.[19]

2) 인권의식의 변화: 현실적 문제 해결 도구로서의 인권

정부와 언론의 인식: 인권주간의 태도 변화

정부가 1950년부터 기념한 세계인권선언기념일은 전쟁이 끝난 1953년부터 '인권주간'으로 확대되었다. '인권주간'을 담당한 법무부

---

18) 4·3항쟁에 대한 공적 인식의 변화 과정에 대해서는 박찬식(2007) 참조.
19) 1960년 5월 11일, 한국전쟁기에 700여 명의 양민이 희생된 거창 민간인 학살 사건에 대한 합동위령제를 지내던 유족들은, 무고한 주민들을 빨갱이로 몰아 죽게 한 경남 거창군 신원면장 박영보를 살해하는 사건이 발생했다. 유족들은 분노를 참지 못하고 박 면장을 폭행하고 불태워 살해하였고, 당시 경찰이나 군인들도 유족들의 기세를 저지하지 못하였다. 유족들이 그처럼 분노한 것은 학살 사건 뒤 현장조사를 나왔던 국회조사단에 '부역자'가 죽은 것이라고 말했기 때문이었다[김기진(2002), p.245 참조].

는 억울한 일을 당한 사람들이 상담할 수 있는 '인권상담소'를 법무부, 노동청, 인권단체 등에 처음으로 설치하였다. 당시의 인권상담소는 피해자를 구제하는 특별한 조치를 취했다기보다 법률 안내 정도를 담당했던 곳으로, 인권주간에 대표적인 홍보 행사가 되는 형식적인 것이었다.

그러던 것이 4·19혁명 이후의 인권주간에 정부는 두 가지 특색 있는 발표를 했다. 하나는 1960년 12월 인권옹호주간 전날, 당시 조재천 법무부 장관은 "불의와 독재와 싸워서 이긴 4·19혁명정신도 바로 인권공동선언에 연유하는 것"이라는 담화를 발표하면서 "국민 서로가 인권을 존중하여 건전한 민주사회를 이룩하자"고 강조하였다.[20] 이런 내용은 1950년대 인권주간에는 으레 "공산서열의 인권 유린으로부터 인류를 구하기 위하여 공동의 적 괴뢰군 격멸에 총궐기하자!"는 내용이 주를 이뤄온 데 비춰본다면 매우 획기적인 변화였다.[21]

둘째로 법무부는 인권 침해를 당한 사람뿐 아니라 억울하게 피해를 입은 사실을 "알고 있는 사람"도 법무부 검찰국이나 각급 검찰청 인권상담소에 신고하도록 홍보하였다.[22] 이런 홍보는 피해자 중심의 신고에서 신고 범위를 확대하여 인권 침해를 좀더 적극적으로 해결하고자 하는 의지를 반영한 것이라고 볼 수 있다. 그 첫 신고·해결 사례로, 보름간 병무소집에 다녀온 동안 해고되어버린 청소부를 복직시킨 조치가 소개되었다.[23] 그런 내용은 인권주간을 맞아 홍보용으로, 다분히 의도적으로 문제를 선정하여 언론에 홍보한 것도 있겠지만, 반대

---

20) 「인권 존중토록 조 법무 담화」, 조선일보 1960년 12월 7일자.
21) 1950년대 이승만 정권의 인권주간 활용에 대해서는 Lee, Jeong-eun(2008) 참조.
22) 「억울한 일 뭐든지 가두 인권상담소 등장」, 「7일부터 인권옹호주간, 억울한 일은 호소. 각급검찰에 상담소 설치」 등, 조선일보 1960년 12월 7일자.
23) 「인권주간 첫 선물. 소집으로 해고된 청소부 복직」, 조선일보 1960년 12월 10일자.

로 그처럼 억울한 문제가 곧 인권 침해라는 것을 교육하며 정부도 문제를 해결해줄 수 있다는 의지를 공표한 것이기도 하였다.

이 시기에는 자연스럽게 언론에서도 기존에 정부가 행해왔던 인권 주간 행사를 비판하며 현실에서의 인권 문제에 관심을 보이기 시작했다. 1960년 12월 10일자 조선일보에서는 「세계인권선언과 무시된 우리의 인권」이라는 사설에서 기존의 인권 행사는 "형식에 치우쳐 인권 선언의 진정한 의의가 어디에 있는가를 일반에 인식시키지 못하고 끝난 적이 많다"며 구속영장 남발 문제, 생존권 문제, 국민 상호간의 인권 침해를 중요한 인권 문제로 지적하였다.[24] 사설에서 국민 상호간의 인권 침해 문제를 새롭게 파악해볼 필요가 있다고 지적한 점이 눈에 띈다. 사설에서는 "4·19혁명 이후 언론에 대한 규제가 없어진 후, 타인의 명예를 훼손하는 일이 빈번하다"고 지적하는데, 국가에 의한 자유권의 침해만이 아니라, 개인과 개인 간의 인권 침해, 특히 개인의 명예훼손이 인권 문제라는 지적은 인권에 대한 인식의 폭이 확대된 것을 보여준다. 즉, 그동안 정부 중심의 인권 개념을 개인적인 관점으로 끌어들인 해석이라고 할 수 있다.

인권에 대한 사회적 관심은 선거 과정의 인권 관련 공약에서도 나타난다. 1960년 8월호『여원』에는 「여성을 위한 세미나 선거공약」이라는 제목으로 민주당, 사회대중당, 통일당의 선거공약에서 인권 보장책에 대한 질의 내용을 싣고 있다.[25]

---

24) 「세계인권선언과 무시된 우리의 인권」, 조선일보 1960년 12월 10일자.
25) 「여성을 위한 세미나. 선거공약」, 『여원』 1960년 8월호, pp.98~103. '편집자주'에서 편집 의도를 다음과 같이 설명하고 있다. "보다 더 잘살 수 있을까, 좀더 사회가 좋아질 수 없을까 하는 희망을 걸고 우리는 투표합니다. 입후보하는 사람들도 공약을 합니다. 그러나 그 공약이 알쏭달쏭한 말로 기와집을 지어주고 금덩이를 준다는 수작이나 아닌지 우선 우리는 듣고 비판해봐야 하겠습니다."

질문: 인권이 유린되고 비인도적인 처우를 받던 우리들이었습니다. 앞으로 인권을 침해당하지 않을 강력한 보장책을 어떤 시책으로 나타낼 것입니까?

민주당: 구헌법이나 기타 제반 법률에 불비한 점이 있어서 민권이 유린되고 국민의 기본 자유가 박탈되었던 것은 아니겠읍니다만 이를 더욱 보장하기 위해서는 신헌법에서 최대 보장책을 명문화했고 특히 사법권의 완전 독립·경찰 중립화·국가보안법 등 인권을 유린할 우려가 있는 제악조문을 개정·폐지함으로써 만전을 기하고자 합니다. 또한 그 운용 면에 있어서 4월혁명의 의의와 입법정신을 살려서 민권 침해가 없도록 해야 할 것이고 국민 또한 법질서를 지켜서 법 운용자에 협조가 있어야만 소기의 목적이 달성될 것입니다. 사법권을 말하더라도 구정권하에서는 사법부에 대한 인사·재정 등 대통령 지배하, 즉 행정부 지배하에 있었다고 해도 과언이 아니었습니다. 그러므로 해서 공정한 재판이 이루어질 수 없었고 민권이 유린되었습니다. 이런 점에 대하여 사법권을 완전 독립시킴으로써 민권 침해가 방지되고 국민의 기본권이 보장될 것입니다.

사회대중당: 자유와 인권의 존귀성을 인식함은 진정한 행복과 번영을 추구하는 기본입니다. 진실로 4월 민주혁명의 의의와 정신을 적극적으로 실천 구현할 열의가 있다면 자유와 인권은 근본적으로 옹호될 것입니다.

통일당: 인권 보장 문제는 오로지 준법 실천에 매여 있습니다.

이 내용을 보면, 잡지 편집자의 질문 자체가 추상적이고 막연하기도 하지만, 각 정당의 답변 역시 국민의 인권 침해나 인권 문제에 대한 깊은 관심에서 나온 것 같지는 않다. 민주당은 사법권의 완전 독립을 인권 보장을 위한 정부의 시책이라고 설명하고 있고, 통일당은 오로지 인권 보장은 국민들의 준법 실천에 달려 있는 것으로 사고한다는 점에서 고루(固陋)하다. 사회대중당의 "진실로 4월 민주혁명의 의의와 정신을 실천 구현할 열의가 있다면" 인권 보장이 가능하다는 대답 또한 막연할 뿐이다. 어느 편도, 국민의 인권 보장을 위해서는 어떤 제도를 고치겠다든가, 어떤 문제는 꼭 해결하겠다는 구체적인 답은 없다. 국가의 정치인들이 인권 문제를 법제도상의 문제에 국한하여 사고하고 있다는 것은 그만큼 인권 보장에 대한 구체적인 상이 없다는 것을 말하기도 한다.

그러나 비록 막연한 수준이지만 인권 문제에 관심을 갖고, 인권 '공약'으로 각 당을 비교할 수 있는 코너를 마련하였다는 것은 간과할 수 없는 중요한 사실이다. 4·19혁명 이후로 정치에 대한 관심이 일반 시민들로 확대되면서 진정한 민주주의를 위해 여성은 무엇을 해야 할 것인지를 계몽하고 교육하는 역할은 여성지나 일간지의 여성 코너가 담당하였다. 주권 행사는 남녀가 동등하므로, 독재를 막는 것은 여성의 의무이고 권리라는 것에서부터 정치란 남자들의 독점물이 아니므로 여성도 정치에 대한 관심을 가져서 민주국가에 손색없는 여성이 되어야 한다는 주장 등 다양하였다.[26]

이렇듯 4·19혁명 이후 정부는 이승만 정권 때와는 다른 4·19혁명

---

26) 『여원』에서는 1960년 7월호 특집으로 '제2공화국의 여성: 혁명 이후 당신은 무엇을 반성했으며 자각했는가?'라는 제목으로 '개헌과 내각책임제' '국가 육성과 여성의 힘' '정치에 대한 여성의 관심' 등의 내용을 다루고 있다(pp.72~97 참조).

정신으로 세계인권선언을 설명하였고 언론에서도 1950년대 인권주간의 형식성을 비판하며 현실에서 문제를 해결할 수 있는 도구, 독재를 물리치고 민주주의를 이룩할 수 있는 가치로 인권 존중, 민주사회라는 가치를 사용하였다.

인민의 인권의식: 인권 상담에의 적극성과 생존권 요구

그렇다면 정부와 언론이 인권주간을 다르게 인식하고 받아들일 때, 일반 인민들은 어떠했을까? 정부의 홍보대로 인권 침해를 받은 피해자뿐만 아니라 제3자도 인권 침해에 적극적이었을까? 결론부터 말하자면, 4·19혁명의 독재를 물리친 경험, 정치적 자유와 해방 공간에서 개인의 자유가 신장된 만큼 개개인은 자신의 권리에 민감해질 수 있었다. 그 근거로 들 수 있는 것이, 첫째 인권 상담에 임하는 사람들의 수가 1950년대에 비해 급격히 늘어난 것과, 둘째 정치적인 문제는 물론, 현실적인 문제들, 즉 노임 문제, 생존 문제, 금전 문제들을 인권 문제로 인식하여 적극적으로 해결하고자 한 것이다.

먼저, 인권 상담 수의 증가를 살펴보기 위해서는 인권 상담을 담당했던 기관들을 검토해볼 필요가 있다. 1953년 처음 인권주간을 지정한 후부터 일상화되었던 인권 상담은 법무부 정보과와 전국 각 지방검찰청과 지청 내 인권상담소에서 맡았다. 여성법률상담소와 관변단체의 성격이 강했던 국제인권옹호한국연맹(이하 인권연맹)도 인권 상담을 했다. 그러나 당시의 정치적 상황을 고려해보았을 때, 오늘날의 인권상담소와는 성격이 다른 대민 상담 정도였을 것이다.[27]

〈표3〉에 의하면, 인권주간에 상담을 담당한 곳은 1950년대에는 검

---

27) 「인권상담소 항구적으로 실시」, 조선일보 1953년 12월 11일자; 「색연필」, 조선일보 1955년 9월 8일자.

〈표3〉 인권 상담 기관의 증가

연도	상담기관
1953	검찰청 인권상담소
1955	검찰청 인권상담소, 국제인권옹호한국연맹
1956	검찰청 인권상담소, 국제인권옹호한국연맹, 여성법률상담소
1960	검찰청 인권상담소, 국제인권옹호한국연맹, 여성법률상담소,
	법무부, 서울시 부녀과 부녀상담소, 대한변호사협회
1962	검찰청 인권상담소, 국제인권옹호한국연맹, 여성법률상담소,
	법무부, 서울시 부녀과 부녀상담소, 대한변호사협회,
	서울변호사협회 인권상담소, 제일변호사회 인권상담소, 인권옹호협회

* 자료: 「법무부지시·예규철(1952~1962)」, 「법무부 법무실 인권단체관계철(1952~1965)」, 대한법률구조공단 편(1994)을 근거로 작성.

찰청 인권상담소, 국제인권옹호한국연맹, 여성법률상담소 등이었고 1960년에는 여기에 법무부, 서울시 부녀과 부녀상담소, 대한변호사협회 등으로 늘어났다. 서울변호사협회가 1962년에 인권상담소를 열었고 제일변호사회가 서울변호사협회로부터 분리되어 각각 인권상담소를 설치하여 1962년에는 그 수가 확연히 늘었다.[28] 인권연맹에서 활동하던 박한상 변호사가 1962년에 한국인권옹호협회를 만들면서 인권 상담을 담당하는 수는 1960년대 초반 들어 확연히 늘었다. 4·19혁명 이후 인권 상담을 담당한 곳은 서울시 부녀과 부녀상담소, 대한변호사협회 등이 추가되었고, 1961년에는 한국인권옹호협회두 인권상담에 참여하기 시작하였다.

---

28) '서울제일변호사회'는 1960년 9월, 4·19혁명 후의 혁신의 분위기 속에서 서울변호사회의 회원 60명가량이 탈퇴하여 만들었다. 이들은 발기문에서 "서울변호사회는 회원이 300명에 이르러 회무의 신속 처리와 운영의 합리화가 어렵고 자칫하면 집단행동으로 정치 활동에 관여할 우려가 있으며, 회원 전원이 회의와 사업에 직접 참가함으로써 단결과 친목을 도모하려 한다"고 주장했다. 10월 29일 「서울제일변호사회 규약」이 인가된 후 서울에는 서울변호사회와 서울제일변호사회가 병립하다가, 1980년 7월 두 단체는 재통합되었다[대한법률구조공단 편(1994), pp.95~98 참조].

〈표4〉 4·19혁명 이후 인권 상담 수의 증가

기간	1953~57		1956~61	1960		1961		
인권상담소	서울지방검찰청		인권연맹	법무부	인권연맹	법무부	인권협회	부녀상담소
상담 건수	인권 상담	법률 상담	259	191	153	124	243	30
	14	600						
계	614		259	344		397		

* 자료: 조선일보(1957. 2. 6; 1960. 12. 15; 1961. 10. 30; 1961. 12. 15)를 근거로 작성.
** 인권연맹은 국제인권옹호한국연맹을, 인권협회는 한국인권옹호협회를 가리킴.

인권 상담 수는 정확한 통계자료가 남아 있지 않아 신문 기사를 재구성해보면 〈표4〉와 같다. 서울지방검찰청에서 처음 인권 상담을 시작한 1953년부터 1957년까지 5년간의 자료에 의하면, 인권 상담은 14건에 불과하며 법률 상담이 600건이다.[29] 그리고 인권연맹이 1956년 11월부터 1961년 9월 말까지 약 5년간의 상담 수가 259건이었음을 감안해본다면, 1960년과 1961년 각각 한 해에 344건, 397건의 상담 수는 상당한 것이다.[30]

그런데 재미있는 것은 1950년대에는 인권상담소에 상의해오는 내용을 '인권 상담'과 '법률 상담'으로 구분하는 당시의 해석 방식이다. 인권 상담은 "형법에도 저촉되지 않고 더욱 경찰에서도 인지할 수 없

---

29) 「법의 보호를 요청. 인권상담소에 5년간 600여 건」, 조선일보 1957년 2월 6일자.
30) 「인권상담소를 통해 본 작금의 사회상. '권력 금력의 폭행'이 으뜸」, 조선일보 1961년 10월 30일자; 「인권주간에 억울한 사연 397건 호소」, 조선일보 1960년 12월 15일자; 「인권옹호주간에 호소 접수, 억울하오… 153건」, 조선일보 1960년 12월 14일자; 「인권주간 억울한 호소 모두 397건, 으뜸은 노임 청구」, 조선일보 1961년 12월 15일자 등. 우연인지 실수인지 1960년과 1961년 모두 인권 상담 수가 397건으로 동일하다. 그러나 1960년 인권침해 집계의 세부 내용 수치가 맞지 않고, 같은 해 12월 14일자 조선일보에 인권옹호연맹의 상담 건수가 총 153건으로 소개되어 있는 것을 보면, 1960년 인권 상담 건수는 잘못된 것으로 보인다.

는 순수한 '인권'만의 침해"를 취급한다고 하는데, 그 기준으로 보자면 인권 상담은 불과 14건이고 법의 보호를 요청해오는 법률 상담은 600여 건인 것이다.[31]

그렇다면 정부의 홍보에 비해서 1950년대 인권 상담 수는 왜 이렇게 적었던 것일까? 그것은 이승만 독재와 지도층의 부패로 정부는 극도의 불신을 받고 있었고 극심한 반공 이데올로기 속에서 정부에 대한 비판이나 노동운동 등은 모두 '빨갱이'로 몰리는 분위기였기 때문이다. 즉, 정부가 제도적으로 마련한 '인권'은 생소하고 추상적인 정도를 넘어 정부만큼이나 신뢰할 수 없는 것이었고, 또한 상당히 좁은 범위의 법적 절차상의 문제로 축소하여 이해될 수밖에 없는 것이었다. 당시 법무부에서 실무를 담당한 사무관도 "인권상담소의 여러 문제점"에 대해 다음과 같이 지적하고 있다.

1954년에는 의의 깊은 '인권주간'은 다채로운 기념 행사로서 끝마치게 되었는데 일반이 인권 침해 등 억울한 일에 대한 상담에 응하고저 서울지검 내에 설치되어 있던 '인권상담소'에는 인권 상담 문제가 이 기간 동안 1건도 제기되지 않았다고 한다. 당국자들은 이런 것은 인권 침해 사건이 없다는 것보다도 일반이 자기의 인권에 대한 자각이 없고 또한 당국에 호소하는 것을 무력하거나 체념해버리는 결과라고 보고 있는데 이 인권주간이 종료된 이후에도 항시 국민 각자들이 권력기관에 종사하는 공무원들이 남의 인권을 존중하는 한편 자기 자신이 자기의 인권의 신성불가침한 존엄성을 인식하고 자각하여 나아가야 할 것이 절실히 요청되고 있다.[32]

---

31) 「법의 보호를 요청. 인권상담소에 5년간 600여 건」, 조선일보 1957년 2월 6일자.

〈표4〉에서 1960년 인권주간의 상담소별 상담 수를 보면, 1953년부터 관변단체로 활동해온 인권연맹보다 법무부 정보과의 상담 수가 더 많은 것도 특이하다. 그만큼 4·19혁명 이후 새롭게 들어선 민주당 정부에 대한 기대가 컸다는 것에 대한 방증(傍證)이 아니었을까? 반대로 1961년에는 1961년에 새로 조직되어 정부로부터 독립되어 있었던 인권협회에 상담이 많았던 것은 그만큼 민주당 정권에 대한 기대가 줄어든 것을 반영한 것이라고 볼 수 있을 것이다.

두번째로 인권 상담의 내용 변화도 혁명의 분위기가 반영된 것이었다. 처음 인권 상담을 발표한 1953년에 정부는 상담 내용 중 정치적인 문제는 예외로 두었다. 당시 민복기 검사장은 "인권상담소를 항구적인 기관으로 존속시키되, 다만 국가보안법 위반 관계자에 한해서는 악용할 것을 우려하여 상의에 응하지 않기로 했다"고 발표하였다.[33] 한국전쟁 직후 혼란과 아픔을 겪고 있던 일반 국민들에게 인권 상담이라는 것이 실질적인 도움이 되었다거나 국민 스스로도 적극적으로 대처했다고 보기 힘들지만, 국민을 위한다고 만든 인권 상담에 국가보안법 위반자는 아예 상담 대상에서 배제해버린 것이다. 그만큼 이념적 갈등을 겪고 있던 '빨갱이,' 부역자, 월북자 및 그 가족의 인권은 아예 고려 대상이 아니었던 것이다. 한국전쟁 당시의 민간인 학살의 피해자들 역시 마찬가지였다.

그러나 4·19혁명 후 분위기는 반전되어 민간인 학살 피해자들은 조직적으로 진상규명을 요구하기 시작하였고 인권상담소에는 법률 상담

---

32) 「상담 문제 제기 전무. 인권주간 종료. 인권상담소에 빛인 시민의 관심」, 동아일보 1954년 12월 17일자.
33) 「인권상담소 항구적으로 실시」 조선일보 1953년 12월 11일자.

과 인권 상담의 구분이 아닌, 자신의 피해를 구제받기 위한 사람들이 찾아들었다. 일례로 4·19혁명 당시 우연히 서울역을 지나가다가 다리에 총탄을 맞아 중앙의료원으로 옮겨진 행인이 자리가 없어 입원을 거절당한 일이 있었다. 그때 피해자의 인척이 서울변호사회 인권상담소에 사정을 호소했고 상담소는 병원을 주선하여 피해자가 치료를 받을 수 있도록 해주었다. 이런 내용이 무슨 '인권 상담'이냐고 반문할 수도 있지만, 이 문제가 '인권 문제'에 해당되는가 그렇지 않은가의 구별보다 중요한 것은, 어려운 사정에 처한 사람들이 구제받을 수 있는 곳으로 인권상담소를 찾았다는 것과 상담소가 문제 해결에 실질적인 역할을 했다는 것이다.[34]

또한 1960년 12월 10일, 한 신문은 세계인권선언일을 맞아서 생존권 문제를 인권 문제로 제기하였는데 1950년대에도 전쟁고아들의 의식주 문제 등을 인권 문제로 지적한 적은 있었지만 가난한 사람들이 생존의 위기에 몰린 상황을 인권 문제로 지적한 것은 1950년부터 인권의 날 행사를 시작한 이래 처음 있는 일이었다.

100만이 넘는 실업자는 일터를 못 얻고 거리를 방황하고 있으며 빈곤에 지친 세궁민(細窮民)들은 자살로써 그 생을 청산하는 등의 비극적 사태가 속출하고 있고 돈 없고 능력 없는 질병자는 병원의 문전에도 가보지 못한 채 죽어가는 비참한 현실에 있다. 그뿐 아니라 수십만의 전쟁고아가 엄동설한에 의식의 공급을 받지 못하고 고리에 방치되어 있는가 하면 국민의 22퍼센트 이상이 문맹자로서 현대 문명생활에서 배

---

34) 「인권상담소서 딱한 부상자들 구제」, 조선일보 1960년 4월 23일자. 인권상담소의 조처로 이런 사건들이 최종적으로 어떻게 처리되었는지는, 1962년 법무부 검찰국에 인권옹호과가 생기고 각 인권단체들로부터 보고를 받아 집계하기 전까지는 알려지지 않고 있다.

제되어 있다. 단적으로 지적하여 이처럼 냉혹한 사태는 인권의 침해로 보지 않을 수 없으며 이것이 계속되고 있는 것이 사실이고 보면 정부당국은 누구에게 누구의 인권을 옹호하라고 촉구하는 것인지 도무지 알 수가 없는 것이다. 물론 **생존권의 보장 문제는 하루아침에 이루어질 수 없는 난제 중의 난제이지만 이것이 보장되지 못하면 기타의 자유권도 완전히 보장될 수 없음은 너무나 분명한 일이다.**[35)]

이 시기의 인권 상담은 국민들의 인권에 대한 의식이 급격하게 성장하거나 획기적으로 변화된 것을 보여주는 것은 아니다. 그렇지만 1950년대에 인민들은 정부에 대한 불신만큼 정부가 실시하는 인권 상담에 소극적이면서 '인권'은 정부만의 홍보물로 생각했던 것에서, 차츰 인권상담소를 억울한 일을 상의할 수 있는 곳, 하소연이라도 하고 무언가 도움을 받을 수 있는 곳으로 인식해가기 시작했다는 점에서 의미를 찾을 수 있을 것이다. 정부나 민간이 담당하는 인권상담소라는 곳은 정부만큼이나 두렵고 신뢰하지 못하는 곳이었다가 가난하고 무지한 사람들에게는 억울함을 풀어줄 가능성의 장소가 되었고 '인권'이라는 것도 그런 개념으로 다가갔던 것이다. 비록 그 말들의 정확한 내용을 채우지 못했을지라도 4·19혁명을 통해 '인권'과 함께 '민주주의'는 차츰 정부의 전유물이 아닌 친숙한 용어로, 많은 것들이 거기에 견주어 평가되는 시금석이 되어갔던 것이다.

---

35) 「(사설)세계인권선언일과 무시된 우리의 인권」, 조선일보 1960년 12월 10일자(강조는 인용자).

5. 맺으며

지금까지 4·19혁명 직후, 혁명의 공간에서 일어났던 인권과 관련된 제도적인 변화, 민간의 요구, 인권 논의의 확장 등을 살펴보았다. 제도적으로는 국민의 기본권 제한을 완화하기 위한 두 차례의 개헌이 있었고, 특별법을 제정하여 반민주행위자에 대한 처벌의 의지를 보였다. 정부의 반공 논리 속에 갇혀 있었던 '인권주간'은 자유와 민주주의, 생존을 요구하는 기간으로 변화되었고, 억울한 일을 해결하는 하나의 방법으로 인민들은 인권상담소를 활용하기도 하였다. 그리고 무엇보다도 민간에서는 1950년대의 강고했던 정부의 반공 논리에 균열을 가하는 민간인 학살에 대한 진상규명을 요구하는 목소리가 터져 나왔다. 정부가 인권을 독점했던 시기에는 상상조차 하지 못했던 민간인 학살에 대한 문제 제기는 4·19혁명의 공간이었기에 국가 폭력의 문제로 정면으로 제기할 수 있었던 것이다.

그러면서도 당시에 민간인 학살 진상규명 요구가 '인권운동'으로 불리지 않은 것처럼 인권 개념은 모호하고 추상적이었다. 4·19혁명을 기점으로 한 이 시기의 인권은, 지식인도, 정치인도 일반 인민들도 명확하게 이해할 수는 없었지만, 먹고사는 문제를 해결해주고 억울한 일을 풀어주며 뭔가 정의(正義)에 대해 이야기할 수 있는 것으로 인민들과 가깝게 되었다. 당시 인권과 민주주의는 구호이자 추상적인 개념으로 새로운 집권 세력도, 지식인들도 비록 그 내용을 완벽하게 채우지는 못했지만, 4·19혁명을 통해 한국사회에서 점차 낯설지 않은 용어가 되어가고 있었다. 그런 의미에서 4·19혁명은 이승만 정부가 독점했던 인권 개념이 새롭게 전환되어, 인민들이 개인의 권리, 저항의 내용으로 채우기 시작한 최초의 계기라고 평가할 수 있을 것이다.

이렇듯 4·19혁명 이후부터 박정희 군부정권이 집권하기 전까지의 짧은 기간 동안 터져 나온 제도적인 개혁과 국가 폭력에 대한 문제 제기, 억울함에 대한 인민들의 호소는 그만큼 국민들은 사회적인 억압으로부터 정치적이고 개인적인 자유를 원했던 것을 알 수 있다. 그래서 부정부패한 이승만 정권을 무너뜨리고 민주주의 국가를 이루고자 했던 인민들의 바람을 부정할 수 있는 사람은 아무도 없었고, 박정희 쿠데타 세력도 4·19혁명과 그 정신의 이름으로만 자신들을 정당화할 수 있었던 것이다. 박정희 정권은 인권 보장을 경제성장과 반공으로 왜곡·변형시켜버렸지만, 4·19혁명에의 기억과 경험은 국민들의 의식을 한층 성숙시키는 계기가 되었다. 4·19혁명의 경험이 1960~1970년대 한국의 현대사에서 정치·경제적인 개혁과 변화의 기틀이 되는 과정은 또 다른 연구 과제로 남겨두어야 할 것이다.

참고문헌

강성협, 「민족민주운동으로서의 4·19와 미국」, 『역사연구』, 1989.
강신준, 「4·19혁명 시기 노동운동과 노동쟁의의 성격」, 『산업노동연구』 8(2), 2002.
강창일, 「'제주 4·3' 진상규명운동과 한국 민주주의」, 『민주주의와 인권』 1(1), 2001.
구병삭, 「제3공화국헌법사」, 한태연 외, 『한국헌법사(하)』, 한국정신문화연구원, 1991.
김기진, 『끝나지 않는 전쟁, 국민보도연맹』, 역사비평사, 2002.
김도협, 「제2공화국 헌법상의 통치기구에 관한 소고: 대통령, 국무원 및 의회를 중심으로」, 『헌법학연구』 11(3), 2005.
김동춘, 「민족민주운동으로서의 4·19시기와 학생운동」, 『역사연구』, 1988.

─── ,「민간인 학살 문제 왜, 어떻게 해결되어야 하나」,『민간인 학살 문제 해결을 위한 경남지역 모임 발족세미나』자료집, 2000.
김성식,「학생운동과 자유민권운동」,『사상계』1960년 6월호, 1960.
김성태,「4·19 학생봉기의 動因」,『4·19혁명론』, 일월서각, 1983.
김성환,「4·19혁명의 구조와 종합적 평가」,『1960년대』, 거름, 1984.
김영일,「4·19혁명의 정치사적 의미」,『사회과학』, 성균관대학교사회과학연구소, 1989.
김지형,「4·19 직후 민족자주통일협회 조직화과정」,『역사와현실』2, 1996.
대한법률구조공단 편,『한국법률구조사』, 1994.
문병주,「제2공화국 시기에 '좌절된' 민주주의와 현재적 함의」,『민주주의와 인권』5(2), 2005.
민주화운동기념사업회연구소 편,『한국민주화운동사 1』, 돌베개, 2008.
박원순,『국가보안법연구』, 역사비평사, 1989.
박찬식,「4·3의 공적 인식 및 서술의 변천」,『한국근현대사연구』41, 2007.
박태순·김동춘,『1960년대의 사회운동』, 까치, 1991.
오문환,「공화국의 시각에서 본 제2공화국의 붕괴」,『동양정치사상사』6(2), 2006.
오승용,「제2공화국 민주주의와 혁신세력: 전남지역의 조직결성과 활동을 중심으로」,『민주주의와 인권』8(1), 2008.
유진오,「폭풍을 뚫은 학생제군에게」,『사상계』1960년 6월호, 1960.
유홍열,「4·19의 역사적 의의」,『지방행정』10(90), 1961.
이우재·한완상 편,『4·19 혁녕돈 II (사료편)』, 일월서각, 1983.
이원보,『한국노동운동사 100년의 기록』, 한국노동사회연구소, 2005.
이정은,「제도로서의 인권과 인권의 내면화: 1960년대 인권의 정치학」,『사회와 역사』79, 2008.
전갑생,「한국전쟁시기 경남지역 민간인 학살 문제: 경남지역 민간인 학살 연구의 현황과 과제」,『역사와경계』, 부산경남사학회, 2005.
정용욱,「5·16쿠데타 이후 지식인의 분화와 재편」,『1960년대 한국의 근대화와 지식인』, 선인, 2004.
차기벽,「4·19, 과도정부 및 장면 정권의 의의(1960~1961)」,『사회과학』13(1),

1975.

천정환·김건우··이정숙, 『혁명과 웃음』, 앨피, 2005.

최문환, 「4·19혁명의 사회사적 성격」, 『사상계』 1960년 7월호, 1960.

한국전쟁 전후 민간인 학살 진상규명 범국민위원회 편, 『한국전쟁전후민간인학살실태보고서』, 2005.

한인섭, 『정의의 법 양심의 법 인권의 법』, 박영사, 2004.

長谷川正安·渡辺洋三·藤田勇 編, 『市民革命と日本法』, 日本評論社, 1994.

Lee, Jeong-eun, "International Human rights Regime and Domestic Politics in South Korea: An Analysis of the Agenda and Commemorative Practice of Human Rights between 1948~1960," *The Review of Korean Studies*, vol. 11, no. 3, 2008.

경향신문(1950~1959)

조선일보(1945~1990)

동아일보(1945~1975)

국가기록원(http://archives.go.kr)

국사편찬위원회 한국사데이터베이스(http://history.go.kr)

법제처 종합법령정보센터(http://klaw.go.kr)

'대학생' 담론을 보라
— 4·19정신의 소유권에 관한 일고찰

소영현

1. 위대한 무질서의 형식, 4·19

1968년 『월간중앙』 8월호에 실린 박태순의 소설 「무너진 극장(劇場)」은 "1960년대에 접어들자마자 일어났던 4·19사태에 대하여 우리가 갖는 정직한 느낌은 과연 무엇이었을까?"라는 질문으로 시작된다. 역사적 사건으로서의 '1960·4·19'의 의미를 서사적 장면으로 보여주는 드문 사례라고 해야 할 「무너진 극장」은 '1960·4·19'를 일상적 시간의 흐름을 깨뜨리는 무질서로 포착한다. 어느덧 시간이 흐른 뒤에 돌아보니 "그 무질서의 위대한 형식"[1]이 역사성 속에 미아처럼 고립되었던 한순간일지도 모르겠다는 회한을 담고 있지만, 「무너진 극장」은 그럼에도 '1960·4·19'가 "원시적이고 본능적인 무질서에로의 해방 상태" "오류에 빠진 질서를 파괴하여, 인간을 속박시키던 것들을

---
1) 박태순, 「무너진 劇場」, 『월간중앙』 1968년 8월호, p.419.

풀어버리고, 구차한 사회생활의 규범과 말 못 할 슬픔과 부정부패에 대한 울분을 훌훌 떨구어버리고 나서, 하나의 당돌한 무질서 상태를 만드는 것"[2]이었음을 되새긴다. 그 전복의 시공간이 무너진 극장과 파괴된 과거의 시간과 결별하고 새로운 극장을 만들어낼 고귀한 가치와 그것을 틔워낼 밝은 빛을 품었던 예외적 시공간이었음을 재확인하고 있는 것이다.

무질서의 의미망을 비교적 균형감 있게 그려내고 있음에도, 그러나 '위대한 무질서의 형식'이었다는 인식이 그 시공간을 살았던 그들이 품었던 정직한 느낌의 전부로 보이지는 않는다. 파괴와 창조의 낭만적 역동을 포착하고 있는 「무너진 극장」의 전체적 정조가 그리 밝지도 활기차지도 않은 점은 「무너진 극장」이 '1960·4·19'의 퇴색해가는 의미를 봉인하려고 하는 역설적 의지로 보이기도 하는 것이다.

> 이윽고 밤이 되었다. 〔……〕 우리는 싸구려 막걸리집에 들어가서 술을 먹기 시작했다. 그런데 우리는 술이 취하지 않았다. 그래서 더욱 열심히, 속도를 빨리하여 마시기 시작했다. 우리는 술이 안 오르는 이유를 너무도 잘 알고 있었다. 우리는 늙은이와도 마찬가지의 침통한 어조로 민주주의와 자유와 행복과 후진과 부정선거와 부패와 타락과 슬픔과 아픔에 관해서 얘기했다.[3]

무질서를 향한 질주가 어쩌면 의식하지도 못한 사이에 거리를 메웠던 인파에 휩쓸린 것인지도 모른다는 느낌, 법과 질서가 억압했던 본능의 무의지적 발현이었을지도 모른다는 느낌, 무엇보다 그마저도 과

---

2) 같은 글, p.415.
3) 같은 글, p.411.

대평가된 기억의 조작일지도 모른다는 감각. 때문에 역사의 한복판에 있었음에도, 그들은 그저 스멀거리는 불길한 기운으로만 상기되는 그 사건, 희미해져가는 사건의 의미를 봉인하기 위해 침통한 어조로 민주주의와 자유, 부패와 타락에 대한 몇 갈래의 뒤엉킨 감정을 반추하고 그 의미를 주문(呪文)처럼 되풀이해서 중얼거렸던 것인지도 모른다.

사건으로서의 '1960·4·19'의 역사적 의미 복원이 꽤 긴 시간이 흐른 뒤에야 개시되었던 사정은 봉인을 위한 주문이 필요했던 정황의 일부를 해명해준다. '1961·5·16'에서 시작되어 긴급조치 9호의 시간까지 지나고 나서야 비로소 '1960·4·19'의 의미는 역사의 의미망 안에 들어올 수 있었다. 이런 사정은 이른바 '4·19정신'이 매번 기념되면서 신화화되었던 아니 될 수밖에 없었던 정황과도 닿아 있다. 문학사적인 맥락에서 '4·19세대'라는 의식이 1960년대 문학을 돌아보는 자리에서 채택된[4] 것에서도 알 수 있듯이, '1960·4·19'는 역설적으로 정치사회적 영역뿐 아니라 문학/문화 전반의 재구축사에서 재론의 여지없는 단절점으로 작용하게 되었던 것이다. 때문에 4·19정신이라는 것은 특정한 개인이나 세대, 한 시대로부터 무한히 자유로우며, 그렇기에 상상된 것이지만 거듭 창조되는 현존이 되었다. 그 의미는 봉인하거나 복원하려는 주체들에 의해 매번 재구축되거나 재창조되었던 것이다.

'4·19정신은 무엇인가' '4·19정신은 새로운가' '4·19정신은 과연 있는가.' 이 질문들은 결국 4·19정신의 의미를 묻는 것으로 치환 가능한 동어반복이다. 4·19정신은 누구의 것인가. 누구에 의해 어떻게 구축되었는가. 그러나 미리 밝히지만 이 질문이 시작점으로서의 '4·19'로

---

4) 김병익, 「60年代 文學의 位置」, 『사상계』 1969년 12월호.

향해 있는 것은 아니다. 4·19에 대한 많은 논의들이 이미 있어왔지만, 거기에는 이전에 없던 것들, 자유와 평등, 민주와 정의, 개인과 시민이 정녕 그때 등장했는지, 4·19 이후의 문학/문화가 4·19적이라 할 만한 것을 가지고 있었는지, 과연 '이전'과 달랐는지 등에 대해 쉽게 단정 짓기 어려운 지점들이 남아 있다. 그 복합적이고 불확정적인 느낌에 대한 질문이 필요하다고 할 수 있는데, 따라서 여기서는 4·19를 기점으로 등장하는 새로움의 내용 자체가 아니라 그것이 어떻게 형성되고 변형되었는가, 아니 구축되고 재창조되었는가에 주목하고자 한다. '4·19정신'에는 주기적으로 기념되면서 외연이 확장되는 기표 이상의 의미가 담겨 있는가. 지금 우리에게 4·19정신은 여전히 유효한가. 이러한 질문에 대한 답은 복합적 맥락들과 '이후'의 시간을 되밟아봄으로써 찾을 수 있을 것이다.

2. '대학생'이 미래의 주인공이다

해방 이후, 한국사회에서 청년세대 young generation 의 역량을 발견한 역사적 계기의 첫머리에 놓이는 것은 '1960·4·19'이다. 1919년의 '3·1운동'과 더불어 사건으로서의 4·19는 청년 주체가 '미래를 선취해야 할' 전위로 호명되었던 주요한 역사적 분기점이다. 지식층 그룹이 개별적 차원을 넘어서 사회적 역할을 수행하는 하나의 유의미한 그룹 혹은 계층으로 주목받으면서 그 기능과 역할이 강조되기 시작한 것이 바로 '1960·4·19' 전후인 것이다. '1945·8·15,' 미군정을 거치면서 남한에서 합법적인 운동 주체로 존재할 수 없었으며,[5] 한국전쟁을 전후로 문제소년, 비행소년, 범죄소년 등 이유 없는 반항자로 치부되었던 존재들, 특히 대학생에 대해서라면 1950년대 말까지도 그들이 누리는 특권적 지위에 대한 거센 비판에 직면해야 했던[6] 청년세대는 이 '사건'을 거치면서 상실한 인간성을 회복하기 위해 나선 찬미해 맞이해야 할 신세대로 부각되기 시작했다.[7]

4·19가 신지식으로 무장한 모더니티의 담지자이자 순수한 열정의 소유자인 학생들의 자발적 '행동action'에 의해 역사의 새로운 국면을 열어젖힐 수 있었음을, 역사적 분기점으로서의 4·19의 주인공이 학생-청년임을 새삼 강조할 필요는 없을 것이다.[8] 이제 '청년 학도' '신세대' '젊은 세대' '대학생'은 촉망받는 근대적 주체의 새로운 이름이 되었다.

해방 이후 지성계의 새로운 장을 마련했던 종합잡지 『사상계』의 발행정신을 보여주는 「사상계 헌장」은 "至重한 時機에 處하여 現在를 解決하고 未來를 開拓할 民族의 棟梁"이 "靑年이요 學生이요 새로운 世代임"을 확신한다고 밝힌 바 있다. 근대화가 지상 과제가 된 근대 이래로, 우리에게 '청년'은 역사적 결절의 국면마다 과거와 결별하고 미래를 선취해야 할 상징적 존재의 대표적 이름이 되고 있었다. 민족/국가의 근대화를 달성하기 위해 청년 주체를 호명하고 그들을 계몽하고 교육하는 것을 과제로 삼고자 하는 시도는 지향하는 미래의 함의를 달리한 채 그렇게 반복되고 있었던 것이다. 따라서 4·19의 정신을

---

5) 전상봉, 『한국 근현대 청년운동사』, 두리미디어, 2004, pp.153~56.
6) 국회에서 대학생의 군역 복무 연한이 1년으로 결정되자 인재 양성을 앞세운 과도한 특권 부여라는 비판이 거세게 일어난 바 있다(「大學生은 特權階級이냐?」, 『사상계』 1957년 10월호, p.247).
7) 김석진, 「新世代와 舊世代간의 軋轢」, 『사상계』 1961년 4월호, pp.104~106.
8) 김동춘, 『분단과 한국사회』, 역사비평사, 1997 참조. 그간의 연구는 4·19를 운동사의 차원에서 학생이 주동한 '혁명'으로 바라보는 관점이 우세하다. 이런 관점은 미국 혹은 파쇼 정부와 대립각을 세우는 저항 세력으로서의 지식인 학생의 대결 구도 자체를 강조하는 편이다.

수호하고 그 정신을 사회 전반에 확산시킬 주체로 학생-청년이 호명되었을 때 그것은 결코 그들이 어두운 역사의 장막을 찢어버린 혁명의 기린아였기 때문만은 아니다. 학생-청년은 정치적 독립에 걸맞은 경제적·문화적 독립을 지향하는 탈식민과 근대화라는 과제, 즉 '국가 만들기' 기획의 수행자이자 그 기획을 주도해야 할 전위로서 적극적으로 호명되고 있었던 것이다.

한국전쟁을 거치고 4·19를 경험하면서, 단절된 탈식민 기획을 수행하고 새로운 국가적 정체성을 형성하기 위해 호명된 주체는 엄밀하게 말하자면 청년 일반이라기보다 '대학생'이었다. '새 시대가 요구하는 새 모럴을 창조해야 할 전위적 사명이 부여된' 주체의 이름이 '대학생'이었던 것이다.[9] 우리나라 역사의 키를 쥐고 있는 것은 지식층이고 지도층이며, 따라서 고등교육을 받는 목적은 개인의 입신 영달을 넘어서 국가를 위한 일원이 되는 것에 있어야 한다는 논리가 팽배했으며,[10] 그 논리가 국가와 사회의 새로운 미래 모색을 가능하게 할 고등교육에 대한 강조로 이어졌고, 결과적으로 새로운 모럴 창조의 주체로서 '대학생'이 호명되기에 이른 것이다.

理想을 잃지 않는 限, 三·一精神과 四·一九의 精神은 영구히 학생의 소유물이 될 것이며, 自由大韓의 활소가 될 것이며, 民主繁榮의 源泉이 될 것이다. 더군다나 近代文明으로부터의 후진성과 경제적 빈곤과 國土兩斷의 民族的悲劇은 대학생들의 意慾的인 이성이 없이는 극복할 수 없는 것이다.[11]

---

9) 김태길, 「파이오니어로서의 姿勢—大學生과 모랄의 改造」, 『사상계』 1962년 4월호, p.93.
10) 유진오, 「우리나라大學의 回顧와 展望」, 『사상계』 1962년 4월호, pp.88~92.

나라의 지성을 대표하며 이성을 대변하는 정의의 상징이 '대학생'임을 강조하는 동시에, 당대의 대학생 자치 활동이 수행되는 과정에서 금전이 거래되고 술잔이 오고 가며 폭력이 행사된 예가 없지 않다는 사실을 들어 학생 자치 활동의 일신을 촉구한 현승종의 글 「강의·시험·써클」을 통해 확인할 수 있듯이, '와야 할' 근대적 주체의 대표적 이름으로 '대학생'이 호명될 때, 그 '대학생'은 '4·19의 피와 영혼'을 잊지 말아야 하며 국가와 민족의 앞날을 위해 '후진성'과 '경제적 빈곤'과 '국토 분단'이라는 문제를 해결할 존재가 되어야 했다. 고등교육을 받은 인텔리 실업자군이 250만 명을 넘어서고 있었지만, 바야흐로 '우주과학 시대'가 새롭게 펼쳐지고 있었다.[12] 신생-탈식민국가들이 보편적 세계 체제로 편입되어야 했고 '국가 만들기' 기획이 보다 강력하게 요청되고 있었다. 시대적 정황이 '와야 할' 대학생에 대한 논의를 지식인 사회 내에서 필요불가결한 것으로 만들고 있었다. '국가 만들기' 기획의 소유권을 둘러싼 논의이자 정당성 확보를 둘러싼 논의였다.

잊지 말아야 할 것은 이때 호명된 '대학생'이 개별자로서의 근대적 주체라기보다 사회적으로 유의미해져야 할 '집단군'의 명칭이었다는 점이다. 개별 주체로서의 '대학생'에게 이러한 논의들은 다른 의미로 받아들여질 수밖에 없었다. 교육기관의 설립이 전면적으로 확대된 것은 해방 이후이다. 취학률도 높아져 1960년에는 총인구의 5분의 1에 해당하는 학령기의 청(소)년들이 교육제도 안에 편입되었고, 고등교육 수혜자도 그 수효로 세계 9위에 랭크되었다.[13] 양적으로도 해방 직

---

11) 현승종, 「講義·試驗·써클」, 『사상계』 1962년 4월호, p.109.
12) 「宇宙時代 1970年의 世界」, 동아일보(조간) 1960년 1월 1일자 4면.
13) 동아일보 1960년 1월 4일자.

후 8천 명에 불과했던 대학생 수가 1960년대에 접어들면서 15만 명에 가까울 정도의 비약적 증가율을 보여주었다. 이른바 '신세대 대학생'은 해방 이후의 학제를 통해 성장한 세대를 가리킨다. 이들은 이전의 고등교육 수혜자들과 달리 계층적으로 다양했는데, 특히 자영 상공업층과 농가 출신 자제의 비율이 높은 편이었다. 이 시기에 이르러 상이한 계층 출신의 청년들이 학교(대학교)라는 공간을 통해 운집할 수 있었고, 또 단일한 그룹으로서의 특질을 형성할 수 있는 조건이 마련되었다. 이러한 조건의 형성은, 학교를 통해 계층과 지역, 성별의 차이를 뛰어넘는 새로운 공동체가 형성된 것을 뜻한다.

그러나 개별 주체의 관점에서 보자면 대학생의 전유물이었던 선민의식이나 자긍심이 비교할 수 없을 정도로 약화된 시기이기도 했다.[14] 대학 교육을 받는 동안에는 우골탑이 무색했던 학비 문제에 시달려야 했으며, 병역 문제와 취직 문제도 쉽게 해결되지 않는 난제들이었다. 정치적 현실이 점차 공공 영역의 축소 혹은 소실로 이어지는 경향을 보여주는 가운데 도시와 농촌에는 이른바 인텔리 룸펜이 범람했다.[15] 학벌을 이용한 계층 상승의 의지가 강했지만 만성적인 실업 상황으로 젊은 세대를 감싸고 있는 정서는 불안과 허무주의에 가까웠다. 그럼에도 '대학생'론은 꾸준히 반복되었고 청소년을 포함한 학생 일반이 대표적인 계몽과 훈육의 대상이었던 것과는 달리, 지식인 사회의 모집단으로서 '대학생'은 1960년대 내내 그리고 비교적 최근까지도 새 시대를 이끌어갈 청년 주체군의 동의어로 자리매김되고 있었다.

---

14) 김인수, 「불꺼진 大學街」, 『사상계』 1962년 4월호, p.134.
15) 김성식, 「때를 기다리는 法을 배워야 한다—學生과 國家의 將來」, 『사상계』 1963년 3월호, p.149.

3. 정치는 정치인에게, 학생은 학원으로

4·19 이후, 1960년대 전반에 걸쳐 꾸준히 지속되었던 '대학생'론에 주목해야 하는 것은 '대학생'을 4·19정신의 담지자로 호명하는 과정이 곧 4·19정신의 일련의 굴절 혹은 성화(聖化)를 보여주는 과정이기도 하기 때문이다. 4·19 직후, 『고대신문』 1면에는 당시 대학생 청년의 4·19에 대한 인식의 일면을 확인할 수 있는 사설이 실린다.[16] 이 사설은 먼저 해방과 함께 직수입된 사생아적 민주주의의 역사를 끝내고 한국적 민주주의의 새로운 에포크를 수립한 학생의 역사적 '행동'의 가치를 고평한다. 그러나 '행동'에 대한 평가가 논의의 중심에 놓

---

16) "成長하는 世代는 오늘의 旣成世代처럼 腐敗하거나 柔弱해서도 안 되거니와 到底히 이에 同化될 수 없는 것도 必然的인 젊음의 生理이다. 가까운 歷史를 펼쳐보더라도 露西亞革命을 비롯하여 中國의 五·四運動, 日本의 明治維新 등은 모두가 進取의 氣象을 잃지 않은 靑年學徒들의 새롭고 進步的인 歷史意識이 果敢한 行動으로 發展한 結果일 따름인 것이다. 그러나 이와 같은 社會改造運動에는 언제나 偉大한 先覺者의 思想的인 理念을 背景으로 하거나 더 密接히는 이들의 積極的인 指導下에서 成就되었던 것이다. 그러나 오늘의 韓國現實은 어떠한가. 一言하여 思想의 荒蕪地에서 精神의 指導者를 찾아보기란 매우 힘들었다. 우리들의 世代의 苦悶은 바로 여기에 있는 것이다. 그렇다고 하여 獨不將軍格으로 靑年學徒에게 思想의 單獨孕胎를 期待할 수는 더욱 없는 것이며 그 우에 우리들 自身도 靑年이 靑年을 이끌고 간다고 하는 것은 마치 盲人이 盲人을 引導하며 걷는 것처럼 不安할 뿐 아니라 더 一層 危險한 社會的 風潮를 助長할 可能性이 充分히 있을 수 있음을 너무도 잘 알고 있는 것이다. 우리는 이미 理由없는 反抗을 能事로 하는 이른바 「Beat-Generation」도 아니며 또한 無思想의 「앙가쥬망」을 구태여 바라는 바도 아니다. 單只 當爲論法으로 學問의 積極性과 思想의 外向化乃至 그 行動化를 특히 旣成層에게 提言하고 强調할 뿐이다. 如何튼 四月革命이 一切의 旣存秩序에 價値轉換을 가져올 것은 틀림없으나 그렇다고 우리들 新世代가 無條件 旣成을 排擊하는 무슨 大儒主義者는 아닌 것이다. 旣成의 自省을 促求하는 契機를 이들에게 提供했을 뿐이며 결코 스스로가 모든 것을 解決하려는 것도 아닌 同時에 또 할 수도 없는 것이다. 이제 우리는 自身의 自家批判을 통한 整理段階에로 들어가야 한다."(「이제는 身上의 血跡을 씻고 第二共和國의 動態를 注視하자」, 『고대신문』 1960년 5월 3일자).

여 있지는 않다. 이 글이 보다 강조하는 것은 정신적 지도자가 없는 사상적 황무지인 한국 현실이다. 말하자면 4·19가 기성 질서에 가져올 가치 전환적 측면보다 중요한 것이 '대학생'의 자기 성찰이라는 것이다. 그러니 학생이 스스로를 맹인으로 비유하는 이 논의의 귀결이 민족주의적 민주혁명의 달성을 위해서라도 '학생은 학원으로 돌아가야 한다'로 귀결된 것은 당연하다고도 할 수 있다.

'4·18' 시국선언과 함께 대학생이 사회변혁을 위한 투쟁의 전면에 나섰음을 고려할 때, 사설의 내용이 같은 날짜 신문에 실린 유진오의 정리 발언과 크게 다르지 않음은 흥미로운 지점이다. 당시 고려대학교 총장이었던 유진오는 학생이 주도한 4·19를 역사상 유례없는 민주혁명으로 고평하는 동시에 정당이나 정파에 의한 정치 활동과 무관한 행동이었던 점을 높이 산다. 그리고 유진오는 4·19의 의미를 정치적 맥락으로부터 분리해내는 방식으로, 학생들을 향해 '민족의 내일을 담당할 힘과 생기를 기르라'고, 그러기 위해 "政治는 政治人에게 맡기고 學生은 學園으로 돌아오라"[17]고 강변한다.

이는 사실 4·19 이후의 지식인/학생의 향배에 대해 그즈음의 엘리트 지식인들이 가졌던 일반적 입장이기도 했다.[18] 이른바 4·19의 후발 주체라고 해야 할 '대학생-지식인' 그룹의 지향은 기성의 모든 것을 파괴하는 '무질서'가 아니라 '각성의 촉구'였던 점과도 무관하지 않다. 학생이 요청하는 '부패 일소'의 내용은 기성세대 전체가 아니라 '기성의 정치인'을 향하고 있었던 것이다.[19]

---

17) 유진오, 「四·二六政變과 大學生의 進路」, 『고대신문』 1960년 5월 3일자.
18) 물론 '학원으로 돌아가자'는 구호는 학생들 자체의 판단에 의한 것이기도 하다. 양담배를 금지하자거나 사치품 사용을 금지하고 국산품을 애용하자는 운동 등으로 구체화되었던 국민계몽운동과 신생활운동은 스스로를 계몽의 주체로 규정하는 엘리트 의식을 전면적으로 보여주는 지점이다.

'대학생'을 정치로부터 떼어내어 '자유로운' 학문의 장과 결부하려는 이러한 논의는 사실상 4·19정신의 어떤 굴절을 드러내준다고 해야 한다. '대학생'이 4·19정신의 담지자로 부상하는 과정은 4·19의 의미가 '부패부정의 일소'로 제한되는 과정이기도 한데, 이러한 역동 속에서 결과적으로 '대학생'의 위상은 탈정치적 영역에 갇히게 된다. 정치와 학문을 분리하고, 그것을 현실과 미래의 시공간에 재배치하는 방식, 말하자면 '정치가 현실의 것이라면, 학생은 미래를 담당할 존재'라는 논리로부터 '민족의 희망'으로서의 '대학생' 담론이 부상하게 된다.[20]

일련의 과정을 통해 이상적인 '대학생'상에 정치로부터 훼손될 수 없는 '순수의 영역' 혹은 '성역'으로서의 학문장이라는 무균질의 공간 이미지가 결합된다. '대학생'은 현실로부터 분리된 어떤 순정한 공간에 놓인-놓여야 할 존재가 되는 것이다. 4·19 직후에 무능과 혼란으로 점철된 사회를 개조할 수 있는 방법으로 전개된 학생 주도의 국민계몽운동이나 신생활운동은 4·19정신의 굴절이 무엇을 의미하는가를 비교적 분명하게 보여주는 사례이다. 요컨대, 미래를 선취할 수 있는 주체로 '대학생'을 호명한 근간에는 정치와 거리를 둔 문화개조론, 즉 모더니티의 성취가 민족정신의 개조로부터 나온다는 논리, '국가 만들기'가 정신개조론으로부터 시작되어야 한다는 논리가 전제되어 있음을 확인하게 된다.[21]

4·19정신과 그 담지자인 '대학생'을 탈정치적인 영역에 한정하려는

---

19) 이범석, 「學生革命의 結實을 爲하여」, 『사상계』 1960년 6월호, p.142.
20) 유진오, 「暴風을 뚫은 學生諸君에게」, 『사상계』 1960년 6월호, pp.61~63.
21) 이러한 상황은 한국전쟁을 거치면서 진보 세력이 궤멸되고 우익 보수 세력만 남게 된 역사적 사정과 무관하지 않다.

경향은, 1970년대에 전개된 청년문화론을 통해서도 다시 한 번 확인할 수 있다. 미국 청년 문화와의 비교를 통해 우리나라 대학생의 하위문화적 성격을 고찰해보고자 한 한완상은 「學生·靑年文化의 東과 西」(『신동아』 1971년 4월호)에서 히피운동을 미국 중산층 사회의 속물성을 부정하는 청년세대의 자아회복 운동으로 규정하고 기본적인 욕망조차 충족되지 않은 신생국인 우리나라의 청년들에게서는 반문화적 청년 문화의 형성이 어렵다는 점을 지적한다.

사회적인 필요에 따라 교육기간이 자꾸만 연장된단 말이지요. 연장되니까 靑年(youth)이라는 게 어느 의미에서는 學生(Student)과 이콜 equal 관계가 성립되고 그래서 靑年文化가 생겨나는 바탕은 靑年期의 연장 extention of youth이며 靑年文化의 核心은 學生文化다. 물론 학생 아닌 사람도 있겠지만 대부분 학생을 중심으로 하고 있으며 靑年文化의 범위를 조금 넓히고 어느 의미로는 사실상 비슷하여서 中樞를 이루고 있는 건 캠퍼스를 중심으로 한 大學文化다. 이렇게 말할 수 있겠지요. (이어령)[22]

청년 문화가 곧 학생 문화, 그 가운데에서도 특히 대학생 문화라는 이러한 입장은 청년 문화를 논의했던 지식인층에서 주류적인 것이었다. 여기서 청년 문화는 세대 간의 '이행기'에 나타난 것이자 발전론적 시간 선분 위에 놓인 것이었다. 그러나 이런 입장은 1970년대에 유행하던 청년 문화의 실상과는 좀 다른 것이었다.

알다시피 1970년에 접어들면서 한국사회는 한국전쟁 때 미군에 의

---

22) 김종빈·남재희·이어령·이영호, 「좌담: 韓國의 靑年文化」, 『세대』 1971년 9월호, pp.119~20.

해 소개되었던 청바지가 패션 리더의 머스트 해브 아이템이 되고 통기타를 치지 못하면 간첩이라는 우스꽝스러운 말이 나도는 시절을 맞이한다. 국산 영화 관람에 '돈이 아깝다' 정도를 넘어서 부끄러움을 느끼던 젊은이들이 방화 「별들의 고향」을 보기 위해 수업을 빼먹고, 젊은이의 체온으로 불린 팝송과 고고클럽에 심취했다. 급기야 최인호에 의해 청년 문화는 엘리트 문화와 대중문화의 간극을 좁히는 가교 역할을 부여받기에 이른다.[23] 청년 문화 논쟁과 관련해서 흥미로운 것은 이 선언에 강하게 반발한 그룹이 오히려 대학생이며 그들이 청년 문화 추방론의 선두에 서는 아이러니한 장면을 연출했던 점이다.[24] 이때 대학생들에 의해 지향해야 할 청년 문화의 기원 혹은 정신으로 불려온 것이 4·19였다는 점 또한 시선이 가닿는 대목이 아닐 수 없다.

대학생 문화를 생맥주와 고고를 즐기는 대중문화와 공돌이·공순이의 근로자 문화와는 철저하게 구별하려는 논의 방식, 말하자면 청년 세대를 '대학생'으로 호명하는 것은 청년문화론이 단적으로 보여주는 것처럼 고립된 엘리트 문화의 외연을 견고하게 만드는 과정이었다. '대학생'의 위상과 문화를 둘러싼 논의들을 통해 확인할 수 있는바, 청년 문화의 주체를 '대학생'으로 상정하는 '대학생'론에는 정치 현실로부터의 분리와 함께 대중 혹은 (대중)문화로부터의 분리라는 이중의 고립 혹은 굴절의 의미망이 담겨 있는 것이다.[25]

---

23) 최인호, 「靑年文化 선언」, 한국일보 1974년 4월 24일자.
24) 김동현, 「르뽀 젊은 世代」, 『신동아』 1974년 7월호, pp.152~66.
25) 이는 중산층 육성 논의와 함께 1960년대 중후반부터 전문적 기능인상을 중시하는 지식인론이 세력을 얻어간 상황과 밀접하게 연관되어 있다(노영기 외, 『1960년대 한국의 근대화와 지식인』, 선인, 2004, pp.175~76).

4. 후진국이라는 자기 표상

근대화 담론을 내면화한다는 것은 민족적 정체성에 대한 논의의 지평이 세계사적 동시성 위에서 펼쳐진다는 것을 뜻한다. 이는 서구의 선진 문명과 문화에 대한 동경과 흡수의 의지를 드러내는 것이자 자기 인식으로서의 후진성에 강하게 사로잡히게 되는 것을 의미한다. 말하자면 1960년대의 엘리트층 육성을 목표로 하는 '대학생'론에 대한 다대한 관심은 후진국으로서의 자기 표상을 내면화함으로써 드러난 근대적 주체 구성 의지의 역설적 표현이다.

'4·19'와 '5·16'의 적대적 성격을 고려하면서도 두 '사건'이 동일한 사회 상황의 소산인 측면을 무시해서는 안 되는 이유가 여기에 있다. 시대적 맥락에 보다 밀착해서 들여다보자면, '못 살겠다, 갈아보자'는 구호가 웅변하는바, 원조 경제의 위기가 낳은 경기 침체가 경제성장만이 살길이라는 인식을 사회적으로 널리 확산시켰고, 이러한 인식이 4·19정신과 만나면서 '자립형' 경제에 대한 열망을 자극한 것이 사실이다.[26] 무엇보다 미국이 저발전국 원조를 이데올로기적으로 뒷받침하면서 저발전국에 적극적으로 개입하기 위한 포괄적 정책 대안으로 마련했던 근대화이론과 그에 근거한 발전 담론을 적극적으로 수용할 수 있었던 것은[27] '국가 만들기' 기획의 소유권자들에게 후진국으로서의 자기 표상이 내면화되어 있었기 때문이다.

---

26) 공제욱·조석곤 공편, 『1950~1960년대 한국형 발전모델의 원형과 그 변용과정』, 한울아카데미, 2005, p.25.
27) 노영기 외, 『1960년대 한국의 근대화와 지식인』, 총론, 1장 참조.

新生國 大學生들은 社會變革의 代行者로서의 역할을 맡는다고 믿는다. 〔……〕後進國의 대학생들은 엘리트층에 속한다. 近代化를 추진하는 사회에서는 대학교육을 통한 政治社會化는 학생들로 하여금 核心적 역할을 맡을 준비를 시킨다. 개발도상국의 정치지도자들은 학생들이 그 사회에서 차지하는 위치가 매우 중대하다고 인정한다.[28]

서구에서 발생한 '68학생운동'에 대한 관심과도 무관하지 않지만, '대학생'론은 후진 약소국의 대학생, 신생국의 청년 문화라는 위상 정립 과정 속에서 부상했다. 우리가 근대적인 선진국에 비해 후진국이라는 인식, 신생국이자 개발도상국이라는 인식의 객관화된 형태는 제3세계적 자기규정일 것인데, 이러한 인식에 기반해서 "후진국의 민중이 그 정치적·경제적 낙후성과 이로 인한 피압박자의 위치에서 선진적인 문화 창조의 터전을 찾아야 한"[29]다는 논의가 역설될 수 있었다.

선진적인 문화는 무엇이고, 어떻게 창조되어야 했는가. 선진 문화의 '실체'는 과연 무엇이었는가. 가령, 신구문화사 판 『일본전후문제작품집』(1960)이나 청운사 판 『일본문학선집』(1960) 등으로 대표되는 일본문학 번역물들은 마땅한 읽을거리가 없었던 고급 독자들에게 이른바 선진 문화로서의 영향을 적지 않게 끼쳤다.[30] 김승옥이 4·19 이후에 번역·출간된 일본문학에서 받은 정서적 충격을 밝힌 것은[31] 드물게 드러난 그 '실체'의 일면이라고 할 수 있다.

---

28) 차인석, 「오늘의 大學生이란 무엇인가」, 『신동아』 1970년 4월호, pp.69~70.
29) 백낙청, 「4·19의 歷史的 意義와 현재성」, 『창작과비평』 1990년 여름호, pp.13~14.
30) 윤상인 외, 『일본문학 번역 60년』, 소명출판, 2008 참조.
31) 최원식·임규찬 공편, 『4월혁명과 한국문학』, 창비, 2002, p.30.

대개 전통론이라는 우회로를 거쳤지만, 실상을 따지자면 선진적 문화 구축에 대한 열망은 지식인층을 중심으로 소박한 애국주의를 극복한 서구 문화 원용과 도입 혹은 그에 대한 후원으로 표출되었다. 당시 고려대학교 영문학 교수였던 한 필자는 외국문학이 국문학에 공헌하는 길은 일본을 경유해야 했던 외국문학 유입 통로를 청산하고 서구적 문화유산을 '직접' 흡수하는 것에 있음을 강조하기도 했다. 서구-보편과 직접 만나는 것이 정치·사회적이고 문화적인 후진성을 신속하게 청산할 수 있는 첩경으로 이해되고 있었던 것이다.[32]

5. 진보 담론에 대한 성찰

시야를 넓혀보면 1960년대는 국가를 통해 은밀하게 후원되던 대중문화가 이데올로기적으로 정향된 국민을 만들어내기 시작한 때이기도 하다. 4·19를 기점으로 1,400여 종의 잡지가 발행되는 등 다양한 표현 욕구가 맹렬하게 일어나기도 했지만, 제2의 영화혁명기를 맞이하면서 영화로 대표되는 대중문화가 급격하게 성장하고 있었음을 기억해야 한다. 가령, 1950년대 말부터 한국 영화의 제작·상연 편수가 급증하면서 연간 제작 편수가 200편에 육박했고, 극장가를 휩쓸었던 것은 외국 영화 가운데서도 단연 할리우드 영화였다. TV의 보급률이 증가했으며 70밀리미터 영화 스크린 시대가 열리고 있었다. 대중문화의 성장을 둘러싸고 유추해야 할 사실은, '국민'으로서의 정체성이 '대학생'으로 상징되는 지식인층의 선도가 아니라 다양하게 확장 중이던 대

---

32) 김진만, 「外國文學의 役割」, 『사상계』 1962년 1월호, pp.348~49.

중적 오락거리 내부로부터 형성되고 있었던 점이다.

'1960·4·19'는 이승만 시대가 억압했던 일본적인 것이 폭발적으로 재등장한 시점이기도 하다. '반공과 친일'을 정치적 모토로 내세웠던 정권의 몰락과 함께 다방과 바에서 일본 가요가 흘러나오고, 서점마다 일본문학 작품의 번역물이 붐을 이루기 시작했다. 금지된 것에 대한 호기심으로 일본적인 것에 대한 청소년층의 관심이 지대했는데,[33] 이러한 경향은 1960년대 전반에 걸쳐 지속되었다. 1967년 『신동아』 8월호에 실린 글인 「베스트셀러」에 의하면, 베스트셀러 리스트가 집계되기 시작한 1960년대 중반 이래, 리스트에 오른 40여 종의 서적 가운데 반 이상이 일본 서적의 번역본이었음을 확인할 수도 있다. 수입하는 외국 도서의 70퍼센트 이상을 일본 서적이 점유하고 있다는 집계도 있는데, 물론 대개의 도서는 날림 번역의 대중소설이었다.[34]

> 우리가 바라는 것은 저속한 대중가요나 퇴폐문학의 수입이 아니라 日本의 産業技術機械 도입이요, 그들의 정치적 경제적인 협조다.[35]

그러나 분명한 것은 엘리트 문화와 대중문화의 양극을 향한 질주를 가능하게 했던 추동력이 후진국으로서의 자기 인식이라는 동일한 지층이었다는 점이다. 타자로서의 '미국'과 '일본'에 대해서는 정치와 경제적인 측면에서만 논의되어야 한다는 논리, 거기에는 일본과 미국 문화가 뽕짝과 껌 씹는 소리로 요약되는 저속한 것이라는 기이한 열등감과 우월감이 뒤엉켜 있었다. 모더니티 원리가 불러온 것, 세계

---

33) 「全國에 몰아치는 日本風」, 『사상계』 1960년 11월호, pp.159~60.
34) 이중한, 「베스트셀러」, 『신동아』 1967년 8월호, p.123.
35) 「全國에 몰아치는 日本風」, 『사상계』 1960년 11월호, p.161.

보편 혹은 동시성의 원리를 가능하게 하는 사유의 틀은 그 틀 속에 우리를 포함시킬 때에만 상상될 수 있다. '저속하고 퇴폐적인' 문화라는 평가는 '불법적'이고 '음성적'이라는 보다 공적인 논리에 의해 제도적으로 정당화되고 있었는데, 일본과 미국 문화는 우리 문화를 실질적으로 틀 지우고 있으면서 부정/배제되어야 할 것으로 치부되었다. 그러나 사실 엘리트/대중문화의 구분을 막론하고 모럴과 문화 창조의 주체로 '대학생'을 호명하게 한 논리에는 '따라잡아야 할' '미국적인 것'과 '일본적인 것'이 크기에 압도될 수밖에 없는 일종의 숭고한 것으로 전제되어 있었다. 근대적 '국가' 혹은 '사회'와 '개인'을 등장하게 한 모더니티의 복합적 힘이란 사실 우리에게 후진국으로서의 자기 인식을 내면화하게 한 바로 그 힘이었다.

후진국 표상의 내면화와 관련해서, 보다 분명한 각성이 요청되는 지점은, 4·19정신과 '국가 만들기' 기획이 상관적으로 운용된 영역이다. 과연 4·19정신은 '국가 만들기' 기획으로부터 자유로웠던 적이 있었는가. 체제에 대한 비판이 종종 자유와 평등, 민주와 정의 수호의 이름으로 행해졌으나 민족과 국가의 경계에 반(反)했던 때가 있었는가. 혁명과 폭력에 대한 한나 아렌트의 사유가 시사해주는바, 일상적 시간 흐름을 깨뜨리는 '무질서'에 대한 반추는 보다 적극적으로 인류의 진보progress에 대한 깊이 있는 논의로 이어질 필요가 있다.[36] 4·19정신에 의해 '완성을 위한 영원한 운동성'을 강조하는 논리, 즉 진보 논리의 한계선까지 성찰되지 않는다면, 4·19정신은 우리에게 결코 단 한 번도 도래한 적이 없다고 해야 할지도 모른다. 그러니 4·19를 끝없이 지연된 미완의 혁명으로 불러야 한다면, 그건 여전히

---

36) 한나 아렌트, 『폭력의 세기』, 김정한 옮김, 이후, 1999, pp.52~58.

(개별자로서의) 우리의 일상이 네이션에 깊이 연루되어 있으며 타자라는 거울을 통해서만 자기를 구성할 수 있는 이항 대립의 세계에 갇혀 있기 때문이라고 해야 할 것이다.

죽음과의 입맞춤
──혁명과 간통, 사랑과 소유권

권명아

1. 죽음과 꿈, 혹은 혁명과 입맞춤

1) 김주열의 시신 사진(부산일보 1960년 4월 12일자). 1960년 4월 11일, 당시 부산일보 마산 주재 허종(2008년 85세로 별세) 기자가 찍은 사진이다. 이 사진은 12일자 부산일보에 게재되었다. 전국의 신문·통신사는 이 사진을 복사해 게재했고, AP통신을 통해 독재정권의 만행이 전 세계에 전파됐다(전성태, 『김주열』, 민주화운동기념사업회, 2003년 참조).

바다처럼 망망한 강. 빨리 건너야 한다. 그는 힘차게 헤엄쳐 나간다. 이른 봄 얼음 풀린 물처럼 차다. 한참 헤엄쳤는데도 댈 언덕은 아득하기만 하다. 그러자 민은 보는 것이다. 그의 왼팔이 어깻죽지에서 홀렁 빠져나가는 것을. 저런. 그 팔 끝에 달린 다섯 손가락. 고물고물 물살을 휘젓는 다섯 손가락. 〔……〕 쪼개진 조각들이 또 갈라지고 삽시간에 강은 수없이 많은 몸의 조각들로 덮여버렸다.[2]

1960년 4월 11일 오전 11시 30분, 마산 중앙 부두에서 낚시꾼에 의해 김주열 군(당시 마산상업고등학교 학생, 17세)의 시체가 발견되었다. 지금은 4·19혁명 하면 떠오르는 의례적인 인명 중 하나가 되었지만, 당시 바다에서 떠오른 김주열의 시신은 이승만 정권에 대한 대중들의 폭발 직전에 이른 분노를 더 이상 제어할 수 없는 혁명의 열기로 이끈 중요한 계기가 되었다.[3] 눈에서 목으로 탄환이 박힌 채 바다에 떠 있는 김주열의 시신 사진은 이승만 정권, 그 부패한 권력이 자행한 폭력이 인간의 삶 자체를 어떻게 무참하게 파괴해버렸는지를 보여주는 상징적인 이미지였다.[4] 당시 신문에는 앞에 제시된 사진 외에

---

2) 최인훈, 「구운몽」(1961) 『광장/구운몽』, 문학과지성사, 1997, p.219.
3) 박태순은 노동자 학생 김주열과 구두닦이 소년 오성원의 죽음이 4월혁명의 기폭제가 되었다는 점을 논하면서 "'4·11 마산 제2차 봉기'에 누구보다 열렬히 앞장섰던 사람들은 '직업 소년 학교'에 다니며 경찰관의 심부름을 해주는 등 물질적, 정신적으로 핍박을 받아왔던 구두닦이 소년들"이라고 해석한다(박태순, 「4월혁명의 기폭제가 된 김주열의 시신」, 『역사비평』 1992년 봄호, p.190).
4) 당시 이 사진이 준 파급 효과는 상당한 것이었다. 김승현은 4·19혁명에서 보도 사진의 역할에 대해 논의하면서 그중 중요한 계기가 된 사진이 "김주열의 시신이 눈에 최루탄이 박힌 채 바다에 버려진 사진과 인양 후에 태극기를 덮어놓은 부패한 시신의 사진 등"이라고 평가한다. 김승현에 따르면 이 보도 사진은 "이 사진은 눈에 박힌 최루탄을 보여줌으로써 한 개인의 몸에 침투된 공권력을 극명하게 보여주고 있다. 다시 말해 권력은 국가기관이 소유하고 있는 양도성의 것이 아니라 시민들의 일상생활 속에 침투해 있다는 것을 보여준다. 국가

도 김주열 군의 시신 상태에 대한 논의와 시신 사진이 게재되었다. 부두에 '건져 올려진' 시신 사진이나,[5] 시신의 상태에 대한 보도[6] 등 4월의 그날은 바로 바닷속을 헤엄치는 찢긴 한 소년의 시신과 함께 오고 있었다. 어떤 점에서는 4·19혁명은 그 발발에서나, 진행 과정에서나 죽은 자의 산산이 부서진 몸에 직면하는 일이었다고도 할 것이다. 김주열의 시신뿐 아니라, 사살당한 시위 참여자들의 사진과 유서 등 4·19 당시 혁명은 죽은 자의 몸과 목소리를 통해서 재현되었다.

봄빛이 한창이던 4월의 그날. 환히 눈에 불을 켠 젊은이들이, 캠퍼스에서 파도처럼 쏟아져 나와, 병원 앞을 지나 시내로 향했다. 현관에서 구경하던 어머니 앞에 녀석은 불쑥 나타났다. 어머니를 한옆으로 끌고 가서 "우린 지금 가는 길이야. 가. 바빠. 어머니 우린 가. 알아주지 않아도 좋아. 아무도 몰라줘도 좋아. 우리도 뭐가 뭔지 모르겠어. 그저 가는 거야. 가서 말야 하하하……" 갑자기 껄껄 웃으면서 그녀의 어깨를 두 손으로 잡고 되게 흔들어 놓고는, 쉴새없이 밀려가는 파도 속으로 달려갔다. 내 것아. 내 귀중한 망나니. 다시는 이 가슴에 돌아오지 않을 내 것아. 벌써 한 해. 곧 4월이 온다. 그 4월을 어떻게 참을까. 그 4월이 또 오느냐.[7]

권력의 편재성은 데모대를 저지하는 경찰들의 모습에서 나타나지만, 이러한 국가권력이 인간 자유의 최종 보루인 몸body에 뚜렷이 각인된 사실을 정확히 보여주는 보도 사진은 흔치 않다"(김승현, 「신문 사진에 나타난 인본주의적 가치 — 4·19혁명 보도 사진을 중심으로」, 『커뮤니케이션과학』 17호, 2000, p.43).
5) 「인양된 시체 신원 확인되자 흥분, 함성 속에 혼란된 마산」, 동아일보 1960년 4월 12일자.
6) 「눈에 박힌 최루탄 터질 우려 늦어지는 김군 시체 해부」, 동아일보 1960년 4월 13일자.
7) 최인훈, 「구운몽」, 『광장/구운몽』, pp.305~306.

시간이 없는 관계로 어머님 뵙지 못하고 떠납니다. 끝까지 데모로 싸우겠습니다.―어머님 저를 책하지 마시옵소서. 우리들이 아니면 누가 데모를 하겠습니까? 저는 아직 철없는 줄 압니다. 그러나 국가와 민족을 위하는 길은 알고 있습니다. 저 고함 소리 지금도 들립니다. 지금 저의 마음은 너무도 바쁩니다……[8]

혁명의 성공에 들떠 있던 짧은 시간에도, 혁명의 좌절을 곱씹어야 했던 긴 세월 동안에도 4·19혁명을 기억하는 것은 이 죽은 자들의 몸과 목소리에 직면하는 일이어야 했을 것이다. 이것은 단지 당시를 '살았던' 혹은 혁명 이후 '살아남은 자들'에게 국한된 일은 아니라 할 것이다. 민주화라는 '꿈같은' 10년을 훌쩍 지나버린 2010년, 4·19혁명에 관해 사유하는 것은 단지 50주년이라는 기념적인 시간성 때문일 수는 없을 것이다. 50년 전이 아닌 아주 가까운 과거 속에, 아니 지금 현재 진행형으로 우리는 여전히 국가 폭력에 의해, 혹은 개발과 성장이라는 미명하에 갈기갈기 찢긴 몸들과 목소리들을 대면하고 있기 때문이다.

4·19혁명에 관한 다양한 논의가 진행되어왔지만, 특히 문학 분야에서는 4·19혁명에 대한 직접적 형상화를 담은 작품은 그다지 많지 않다.[9] 최인훈의 「구운몽」의 경우도 작품의 환상적 성격으로 인해 당

---

[8] 진영숙(陳英淑)의 유서 중에서. 1960년 4월 19일 데모 도중 피살되었다. 숙명여자중학교 2년, 당시 15세(『여원』 1960년 7월호, 4월혁명 추도 특집 화보 중에서).
[9] 4월혁명과 4·19세대에 대한 좌담에서도 이러한 사실은 다시 환기된 바 있다. 김병익은 "3·1운동이나 4·19가 직접적으로 문학에 투영된 것은 별로 없는데 동학이라든가 6·25는 상당히 중요한 주제로 표현되고 있어요. 같은 민족사적이고 정치사적인 사건인데 왜 그런가 하는 생각을 가끔 해본 적이 있어요. 그것을 사후적으로 설명할 수 있는 것은 3·1운동이나 4·19는 어떻게 보면 지식인 운동이나 상류층 운동이고, 적어도 이념이나 정치사적인 운동이지만 동학이나 6·25는 민중사적인 체험이거든요. 그러니까 문학적 형상을 얻기에는 더욱

대 현실과의 관련성에 대한 해석보다는 소설의 환상적 형식에 대한 평가가 주류를 이뤄왔다. 그러나 앞서 잠시 대비하여 본 것처럼 「구운몽」은 4월혁명 전후 현실을 맴돌던 다양한 이미지, 담론들을 르포르타주 하여 이를 서사적 원재료로 삼고 있다. 「구운몽」에서 4월혁명을 전후한 이미지와 담론의 르포르타주는 죽음과 사랑이라는 키워드를 중심으로 재배치된다. 자신을 배신하고 떠나버린 여인, 숙에게서 온 편지가 약속 날짜가 지나 도착하게 되었다는 것을 알게 된 독고민은 그녀를 찾아야 한다는 열망 속에 꿈의 세계로 진입한다. 그 꿈의 세계의 입구는 앞에 제시된 첫번째 꿈-이미지이다. 이 첫번째 꿈-이미지 속에서 독고민은 바닷속을 헤엄치는 갈기갈기 찢긴 시체의 몸이 된다. 4월혁명, 그 세계로 들어가는 일은 '문학적 회고'나 살아남은 자의 '회고'의 형식으로는 불가능하다. 그 '실패한,' '미완의' 꿈으로 들어가기 위해서는, 죽은 자의 몸으로 들어가야 한다. 이 작업은 "목숨이 아니라 죽음을, 창조가 아니라 발굴(發掘)을, 예언이 아니라 독해(讀解)를 업으로 하는," "고고학"[10]이라 명명되고 있다.

「구운몽」이 4월혁명의 '문학적 유산'으로 적극적으로 평가되지 않는

적극적이지 않았던가. 지금 4·19를 소재로 한 작품은 의외로 적습니다. 〔……〕 그러니까 정치적인 사건은 문학적인 소재보다는 새로운 세대의 출현을 기약해주는 것이 아닌가 하는 생각이 들데요"라고 평가한다. 이에 대해 최원식은 "3·1운동세대가 3·1운동을 주제로 뛰어난 작품을 못 썼다는 것, 혹은 4월혁명을 주제로 뛰어난 작품을 못 썼다는 것이 혹시 3·1운동과 3·1운동세대 또는 4월혁명과 4월세대의 문학적 한계와도 연결되는 것이 아닌지요?"라고 반문한다(김병익·김승옥·염무웅·이성부·임헌영·최원식, 「좌담: 4월혁명과 60년대를 다시 생각한다」, 최원식·임규찬 엮음, 『4월혁명과 한국문학』, 창작과비평사, 2002, p.44). 4월혁명의 '문학적 유산'의 '부재'와 이를 둘러싼 세대론적인 계승과 한계에 대한 시각의 차이는 4월혁명의 '유산'을 둘러싼 문학과지성과 창작과비평 그룹의 오래된 시각 차이를 반영하는 것이다. 4월혁명에 대한 문학적 논의는 여전히 이러한 '유산의 상속' 문제를 둘러싸고 공방 중이다.

10) 최인훈, 「구운몽」, 『광장/구운몽』, pp.306~307.

것은 이 작품이 혁명의 문학적 계승에 주력하고 있지 않다는 점과도 관련이 깊다. 최인훈은 4월혁명의 문학적 계승이나 문학적 회고보다, 죽음을 사유하는 방법에 집중하고 있기 때문이다. 이 글 역시 4월혁명의 '문학적 유산'이나, 문학적 상속의 적자를 둘러싼 논의에는 관심을 두고 있지 않다. 오히려 이 글의 초점은 혁명과 죽음, 사랑의 서사들, 그 변주들에 놓여 있다. 「구운몽」에서 탐구되는 죽음의 고고학은 "사랑"을 죽은 자의 꿈을 추동하는 근원적 열정으로 자리매김한다. 죽은 자의 꿈에 대한 고고학적 탐색의 끝자리가 너무나 소박한 두 청춘 남녀의 입맞춤으로 귀결되는 점은 이 때문이다. 이 '소박한' 결론으로 인해 혁명에 대한 최인훈의 사유 방식은 한계를 지닌 것으로 평가되기도 한다. 그러나 이 '소박한' 입맞춤 속에 혁명의 진실에 이르는, 아직은 탐색되지 못한 길에 도달하는 열쇠가 담겨 있다. 그 열쇠를 얻기 위해 우리는 혁명과 입맞춤에 관한 여러 이야기들을 우회해야만 한다.

  4월혁명에 대한 담론은 유독 '사랑의 문법'을 차용하는 사례가 많다. 사랑의 서사가 사랑하는 사람의 수만큼이나 다양하듯이 혁명과 사랑을 연계하는 담론의 특성 역시 무수하다. 혁명과 죽음과 사랑에 관한 그 무수한 변주들이 혁명에 대한 꿈, 혹은 상상의 기저에 놓인 열망에 다름 아니라 할 것이다. 행복을 만드는 기술은 푸딩을 만드는 기술만큼이나 다양하다는 샤를 푸리에의 말처럼, 혁명의 서사 역시 사랑의 서사만큼이나 다양하다. 혁명과 죽음과 사랑의 변주들, 그 세계로 들어가 보자.

2. 사랑의 진실, 혁명의 추억—혁명과 소유권

모든 연배의 사람들에게 사랑의 매력을 보장하는 것은 중요하다. 그럼에도 오늘날 사랑의 매력은 단지 청년기에서만 발견할 수 있다. 이처럼 이상한 문제를 해결하기 위해서는 별도의 이성적 고찰이 필요하다.[11]

공상적 사회주의자로 불리는 샤를 푸리에는 혁명에 이르는 길을 열정적 인력(引力)에서 찾고자 했다. 푸리에에게 모든 소유권적 관계를 넘어서 서로를 공유할 수 있는 사랑의 열정은 지배 없는 사회를 구성하는 중요한 동력이다. 그럼에도 푸리에가 보기에 이러한 사랑의 매력이 주로 청년기에 국한된 것은 지배 없는 사회라는 혁명에 이르기 위해 해결해야 할 매우 시급한 문제였다. 우리가 논의하고 있는 4월 혁명은 어떤가?

혁명이 젊음의 열정과 유비적으로 연결되는 일은 역사적으로 자주 발견되는 일이다. 한국의 경우 혁명은 젊음의 열정과 유독 밀착된 유비관계를 맺어왔다. 4월혁명뿐 아니라 1987년 민주화 항쟁 역시 '386세대'와 같이 청년세대의 열정과 동의어로 기억된다. 이는 4월혁명과 87년 민주화 항쟁에 관한 회고적 서술이 주로 생애사적 서사의 형식을 취하는 점과도 관련이 깊다. 또한 87년 민주화 항쟁과 달리 쿠데타에 의해 좌절된 4월혁명은 짧지만 강렬한 인생의 한순간으로, 섬광과 같은 빛, 순수와 열정의 시대로 기억되는 경향이 더욱 강하다. 이

---

11) 샤를 푸리에, 「네 가지 운동과 일반적 운명에 대한 이론」, 『사랑이 넘치는 신세계』, 변기찬 옮김, 책세상, 2007, p.78.

러한 기억과 회고가 혁명에 대한 특정 세대의 소유권 주장과도 무관하지 않지만, 동시에 섬광과도 같은 순간의 열정으로 기억되는 혁명이 모두 이러한 세대론적인 인정 투쟁의 서사로 환원되는 것만은 아니다. 『혁명과 웃음』의 저자들이 지적하고 있듯이 "한번 각인된 혁명의 밝은 빛, 그것은 생을 바꾸어버린다."[12]

나는 거의 언제나 4·19세대로서 사유하고 분석하고 해석한다. 내 나이는 1960년 이후 한 살도 더 먹지 않았다.[13]

4·19세대의 경험의 형식을 논함에 있어서 자주 인용되는 김현의 진술은 4·19혁명의 '주체'이자 혁명의 상속자로 자임하는 세대의 생애사적 서사를 전형적으로 보여준다. 특히 문학에 있어서 4·19세대의 유산과 한계에 대한 평가는 주로 문학과지성으로 대변되는 '자유주의적' 지식인 그룹과 창작과비평으로 대변되는 '민족주의적' 지식인 그룹 사이의 논쟁으로 여전히 지속되고 있다. 이러한 논란 속에서 4·19혁명의 유산은 자유주의와 민중 지향적 지식인들 중 과연 누가 그 유산의 적자인가라는 논의 형식을 반복한다. 여기서 4월혁명에 내포되었던 혁명의 열정은 두 지식인 그룹의 현재적 정체성의 규정과 관련하여 반복적으로 전유된다. 실상 혁명의 유산을 둘러싼 이러한 전유의 방식은 4월혁명 그 자체에 내재된 것이라고도 할 수 있다. 즉 4월혁명은 혁명 직후부터 그 열정과 그 소유권이 자유주의의 이름으로든, 민중 지향적(민중이라는 주체 그 자신이 아닌) 지식인의 이름으로

---

12) 천정환·김건우·이정숙, 『혁명과 웃음』, 엘피, 2005, pp.103~104.
13) 김현, 『분석과 해석/보이는 심연과 안 보이는 역사 전망』(김현문학전집 7), 문학과지성사, 1992, p.13.

든, '청년 남성 지식인'의 것으로 전유되었던 것이다.

이런 점에서 민주혁명을 성취한 의거 학생들에 비해서 우리는 낡은 세대의 사람이다. 또 그 가운데서도 우리 여성들이 가장 그 균열이 심했던 것은 그만큼 우리가 반성해야 될 점이라고 생각한다. 우리 여성들은 자기들의 이야기를 남편들의 얼굴 가운데서 만들어냈고 자기들의 행동을 그들의 시선에서 찾으려 했던 것이다. [……]
어떤 여학교의 한 여학생이 의거 때 총을 맞고 쓰러졌다. 그녀도 숨을 거두기 전에 어머니를 붙들고 마지막 한마디를 남겼다. "어머니 용서하세요. 제가 어머니 표를 찾아드리려다가 이렇게 되었어요." 뼈아픈 이야기였다. 어머니의 표를 찾아주기 위해서, 그리고 아버지와 어머니의 권리를 찾아주기 위해서, 그리고 또 스스로의 표도 없으면서 쓰러져간 학생들. 의거 학생들은 모두 이러한 학생들이었다. [……]
"여자에게는 사랑이나 지꺼릴 것이지 다른 아무것도 맡길 수 없다." 이것은 어느 이탤리 작가의 단편소설의 일절이다. 그렇듯 여자들은 언제까지나 사랑을 농하는 대상으로서만 남아야 하고 또 그런 인상을 스스로 주고 있어야 하는가? 평등은 법률에 있는 것이 아니라 자각에 있고 정치는 위정자의 독단이 아니라 바로 우리들의 것이며 또 정치의 영향은 위정자의 출세와 몰락에 있는 것이 아니라 밥 한 그릇에 국 한 그릇 먹는 우리들의 하찮은 밥상에 있는 것이다.[14]

4월혁명을 순수한 청춘의 열정과 '국가와 민족'에 대한 사랑 혹은 자유를 향한 사랑으로 회고하는 남성 지식인들과 달리, 여성에게 사

---

14) 李兒榮,「政治에 대한 女性의 關心」, 특집「第二共和國의 女性」,『女苑』1960년 7월호, pp.88~90.

랑은 혁명과는 무관한 '사랑 타령'일 뿐이다. 4월혁명 직후에 발표된 앞의 글에서 볼 수 있듯이, 혁명은 이미 발생 단계에서부터 '여성의 것'은 아니었다. 또 여성은 사랑을 통해 정치적 주체화에 이르지 못하고, 오히려 사랑은 여성의 탈정치화의 표식으로 비판된다. 이러한 식의 혁명의 문법에서 여성의 사랑은 무엇인가 부적절한, 그래서 탈정치적인 것의 지표가 된다.

앞서 논한 바와 같이 4월혁명은 주로 젊음의 열정과 관련을 맺고 있고, 혁명의 실패와 좌절에 관한 담론은 즐겨 사랑의 서사를 차용한다. 문제는 이 사랑과 혁명이 결부되는 방식, 그리고 사랑을 통해서 혁명에 이를 수 있는 정치적 주체화에 대한 문법이다. 사랑의 완성은 무엇일까? 진정한 사랑이 곧 혁명에 이르는 일일까? 아마 알랭 바디우는 그렇다고 할 것이다. 사랑과 증오에 관한 발터 벤야민의 논의나 슬라보예 지젝 등 사랑과 혁명의 관계를 논하는 새로운 담론의 목록은 계속 업데이트 중이다. 그럼 이제 사랑과 혁명 사이의 관계를 해명하는 이론적 언어를 갖게 되었으니, 우리는 혁명과 사랑의 '변증법'에 도달할 수 있을까? 혹은 4월혁명과 같은 지난 혁명의 유산에서 혁명과 사랑의 열정을 다시 발굴하여 계승함으로써 그 유산을 상속받을 수 있을까? 물론 역사적 경험의 축적을 과소평가할 필요는 없겠지만, 혁명의 역사를 살펴보아도 "사랑할 수 있는 능력과 열정을 갖는 능력은 다음 세대에게 자동적으로 전달되지 않는다."[15]

---

15) 문강형준은 키르케고르의 '두려움과 떨림'에 대한 사유를 분석하면서 다음과 같은 흥미로운 해석을 제시한다. "철학적 개념을 읽고 공부하고 새로운 개념이 나오면 옛것을 버리고 또 앞으로 나가는 식의 태도는 사실 인간에게 아무것도 주지 못한다." 사랑과 혁명을 사유할 수 있는 이론적 언어를 새롭게 발견하고 창출하는 것의 중요함은 아무리 강조해도 지나치지 않지만, 혁명의 추동력이 되는 열정이 단지 이러한 이론의 언어를 통해서만 생성 가능한 것은 아니다. 문강형준은 이에 대해 사랑할 수 있는 능력과 열정을 갖는 능력은 "오

과연 혁명에 이르는 경로인 정치적인 것과 사랑 사이에 무슨 일이 있는 것일까? '가질 수 없는 너,' 혹은 '다다를 수 없는 너'에 대한 열망이라는 차원에서 혁명의 열정과 사랑의 열정은 공분모를 지닌다. 그렇다면 사랑과 혁명 사이에는 '가질 수 없는'이라는, 어떤 '소유'의 문제가 본질적으로 개입되어 있다. 사랑과 혁명은 둘 다 소유권을 둘러싼 어떤 생애사적 서사를 생산한다고 할 것이다. 그러나 인류 역사상 모든 혁명이 소유권의 완전한 폐지에 이르지 못했듯이, 역사상 모든 사랑 역시 아직은 소유권 분쟁에서 자유롭지 못하다.[16)]

4월혁명과 정치적 주체화에 관한 문법에서 혁명의 열정과 사랑은 성인 남성 주체의 몫으로 할당된다. 이태영의 글에서 흥미로운 점은 4월혁명이 투표권이 없는 소년, 소녀들이 부모의 투표권, 권리를 위해 희생한 사건으로 의미화되는 점이다. 앞서 논한 김주열의 경우도 사망 당시 10대 소년이었고 4월혁명 당시 희생자의 다수가 미성년이었지만 4월혁명이 10대 미성년의 정치적 주체화와 관련된 사건으로 기억되거나 10대의 정치적 조직화의 '원형적 기억'으로 회고되는 일은 거의 찾아보기 어렵다. (10대의 정치적 조직화의 원형적 기억은 아마도 2008년의 촛불집회가 그 '원년'으로 기록될 것이다.) 이른바 "구두닦이"

직 개별자individual가 자신의 삶을 통해 치열하게 싸워서만 얻어낼 수 있는 능력이다. 철학은 개인에게 이 능력을 주지 못한다"고 키르케고르의 사유 틀을 빌려 논하고 있다(문강형준, 「즐거운 혁명, 그 두려움과 떨림? '최후의 인간'을 넘어설 역설의 문화정치」, 『문화과학』 2009년 겨울호, p.263).

16) 나는 "역사상 모든 사랑 역시 아직은 소유권 분쟁에서 자유롭지 못하다"고 진술했지만, 단서를 달아야 할 것이다. 역사상 소유권 분쟁에서 자유롭고자 하는 사랑의 이야기에 대한 발굴 작업도 진행 중이기 때문이다. 김영민은 사랑보다는 우정(동무)을 혁명에 이르는 길로 보고 있다(김영민, 『동무와 연인』, 한겨레출판사, 2002). 또 고미숙은 소유권 분쟁에서 자유로운 사랑의 사례를 루쉰의 사랑법에서 찾고 있기도 하다(고미숙, 『사랑과 연애의 달인 호모 에로스』, 그린비, 2008 참조).

로 명명된 노동자 학생이 4월혁명의 주역이었다는 점은 이후 혁명에 대한 평가에서 자주 강조되기도 한다. 그러나 4월혁명 당시 이러한 비엘리트층의 열정은 '사회적 혼란'을 유발하는 부정적 정념으로 간주되었던 것도 사실이다.[17)]

그렇다면 이렇게 사랑과 열정을 통해 정치적 주체화에 이르는 경로가 엘리트 성인 남성의 몫으로 할당된 것은 4월혁명만의 한계일까? 4월혁명의 한계(자유주의적 한계)가 민중의 발견에 의해 극복된다는 민중 지향적인 지식인(창작과비평으로 대변되는)의 입장에서는 아마도 그런 답변이 제출될지 모른다.[18)] 그러나 실상 다양한 집단의 열정

---

17) 『혁명과 웃음』의 저자들은 4월혁명 당시 사회적 혼란을 야기하는 "깡패"로 간주된 집단에 대한 당대의 우려와 경계의 담론을 다음과 같이 비판적으로 재해석한다. "이들이 과연 '깡패'였을까? 자유당사와 경찰서를 공격한 그들은, 바로 혁명이 필수적으로 만들어내는 민중적 급진분자였을 것이다. 거리를 청소하면서 '육법전서에 근거한' 혁명을 생각한 '먹물'과 달리, 이들이야말로 좀더 혁명을 혁명답게 밀고 나갈 주체의 한 부분이 아니었을까?"(천정환·김건우·이정숙, 『혁명과 웃음』, pp.198~99). 즉 4월혁명의 주도 세력이었던 학생들이 '법의 테두리' 내에서의 혁명을 상상한 것과 달리 "병신육갑"으로 치부된 비엘리트층의 열정은 사회적 혼란을 야기하는 부정적 정념으로만 간주된 것이라 할 수 있다.

18) 4·19세대의 문학적 한계가 1970년대 '민중의 발견'(혹은 민족문학)에 의해 극복되었다는 견해와 이에 대한 반론은 앞서 논한 4·19혁명의 문학적 유산에 대한 논란에서 여전히 반복 중이다. 김윤식은 이에 대해 "4·19 때문에 우리는 70년대 문학을 예견한다는 허풍을 떨 것이 아니라 한국문학이 당면하여 깊이 알았고, 또 알아가야 될 문학 자체의 문제점을 드러내는 결과에 이르러야 할 것이다"라고 비판하기도 한다(김윤식, 「4·19와 한국문학—무엇이 말해지지 않았는가?」, 『사상계』 1970년 4월호; 한완상 외 편, 『4·19혁명론 I』, 일월서각, 1983, p.346에서 재인용).
4·19의 한계가 민중의 발견에 의해 극복된다는 민족문학 진영의 해석은 1960년대 사회운동의 한계가 1970년대 민중 지향성에 의해 극복되고 '87년 체제'에 이르러 결실을 맺는다는 '진보주의적인' 역사관의 산물이다. 1960년대에 비해 87년의 민주화 항쟁은 더욱 진보했다는 인식이 그 기저에 있다 할 것이다. 물론 87년 민주화 항쟁이 1960년대의 시대적 한계를 극복한 지점이 있다는 점은 부정할 수 없지만 두 시대 사이의 이러한 단선적 '발전'의 구도를 그리는 것은 역사의 단순화라 할 것이다.
일례로 1960년대와 1980년대의 진보 정당 운동에 대한 비교를 통해서 손호철은 1960년대와 1987년의 사회운동과 그 성과가 단순 비교되기 어렵다는 점을 지적하고 있다. 물론 1960년

이 어떻게 정치적 주체화의 동력으로 이어지고, 이를 통해 자기해방에 이르게 될 것인가에 대한 고민은 혁명과 사랑에 관한 사유에서 여전히 난제를 남겨놓고 있다. 오히려 사랑과 혁명에 관한 질문은 민중의 발견을 통해서도 해명되기는커녕 더욱 풀기 어려운 문제가 된 것인지도 모른다.

대와 1987년의 진보 정당 실험의 경우 1987년에 와서야 "성차별의 근절, 생태학적 발전 모형 등" 다양한 사회적 요구와 집단을 아우르려는 노력을 시도했다는 점에서 1960년대 혁명과 정치적 조직화에 대한 인식의 한계는 뚜렷하다(손호철,「한국 '진보 정당' 실험 비교연구─4·19혁명과 6월항쟁 이후 '민주화'기를 중심으로」,『한국 정치학회 춘계학술대회 자료집』, 1998, p.292).
그러나 손호철이 지적하고 있듯이, 1960년대와 1980년대의 차이를 정치적 인식의 발전이라는 차원으로 평가하는 것은 단선적이다. 손호철은 1960년대 초반 진보 정당의 실험을 실패로 보는 견해를 반박하면서 1960년대와 1980년대 말에 대한 비교를 통해서 민주화가 진척되었다고 간주되는 1980년대 이후 오히려 진보 정당에 대한 대중적 지지도가 더욱 하락하는 현상을 지적하고 있다.
즉, 1960년대 진보 정당에 대한 "일반적인 평가는 진보 정당의 난립에 의해 진보 세력이 1960년 7·29총선에서 "참패"했다는 것이다. 물론 6.8퍼센트의 득표와 10석 미만의 국회의원 확보는 서구의 진보 정당 지지율이나 1956년 진보당의 조봉암 후보가 획득한 득표율 등에 비추어볼 때 저조한 것이다. 그러나 분단의 조건 등 여러 상황적 요인을 고려할 때 이는 결코 참패라고 평가할 수 없는 중요한 성과이다. 특히 1퍼센트대의 득표율에 원내 진입조차도 이루지 못한 1980년대 말 이후의 실험과 비교할 경우 이는 '엄청난 성공'이라고 하지 않을 수 없다. 기이하게도 한국 현대 정치사를 바라보면 한국전쟁의 상흔이 채 가시지 않았던 1956년 선거에서 조봉암 후보는 무려 30퍼센트의 득표율을 기록한 반면 1960년 총선에서는 진보 정당이 6.8퍼센트, 1980년대 말 이후는 1퍼센트대의 득표율을 기록하는 등 진보 정당의 득표율이 시간이 흐르면서 하락하는 추세를 보이고 있다는 것을 발견하게 된다"(같은 글, pp.296~97).
이런 관점에서 볼 때 1960년대를 정치적 자유와 혁명적 변화나 이에 대한 대중적 지지가 현재에 비해 모든 점에서 '미숙한 시기'로 간주하는 견해 또한 한계가 있다고 할 것이다. 물론 진보 정당에 대한 지지를 정치적 자유와 혁명적 변화에 대한 대중적 갈망의 등가물로 간주할 수는 없지만 동시에 1960년대에서 1980년대까지 정치적 자유에 대한 사유나 욕망이 더욱 해방적으로 '진보'되었다고 간주하는 것도 순진한 '진보주의적' 발상일 수 있다는 점을 염두에 둘 필요가 있다.

삶에 대한 불안감과 외로움, 고독, 사랑 등 이런저런 감성과 느낌들, 욕망을 '사적인 것'으로 치부하며 그것을 하찮은 것, 사소한 것으로 짓누르고 '공적인 것'을 추구하고자 한다면, 그런 혁명을 감당할 수 있는 자들이 이 세상에 얼마나 존재하겠는가.[19]

이광일은 이른바 사회주의적인 혁명에 대한 문법("또 하나의 혁명")의 현실적 한계들을 지적하면서 "하나의 예로, 페미니스트들이 '사적인 것이 정치적인 것이다'라고 주장했을 때, 그것은 '또 하나의 혁명'에 대한 본질적인 비판의 성격을 지니는 것이었다. 즉 그것은 젠더gender 문제를 '사적인' 것에 가두어두는 한 모든 여성이 '잠재적 변절자'로 존재하게 된다는 것을 말해주는 것이라 해석할 수도 있다"[20]고 부언한다.

특정 주체의 열정은 정치적인 것의 입구로 간주되고, 여타의 주체들의 열정은 사적인 것, 하찮은 것, 혹은 탈정치적인 것으로 간주되는 서사는 이미 사랑 자체에 대해서도 분열적이지만, 혁명 자체에 대해서도 분열적이다. 이는 사랑과 열정과 정치적인 것에 대한 배타적 소유권을 주장하는 특정 주체의 내적 분열이기도 하지만, 실상 이러한 내적 분열에 투영된 것은 정치적 주체를 둘러싼 현실적인 헤게모니 투쟁과 대립이다. 그런 점에서 4월혁명에 관한 사랑의 서사가 젊은 청년의 열정의 몫으로 반복되는 것은 이 청년 주체들의 내적 분열과, 정치적 주체화를 둘러싼 현실적인 헤게모니 투쟁의 결과라 할 것이다. 그런 점에서 혁명의 소유권을 주장하는 청년 남성의 사랑의 서

---

19) 이광일, 「아직도 혁명을 꿈꾸는 자, 너 누구인가」, 『문화과학』 2009년 가을호, 문화과학사, p.172.
20) 같은 곳.

사가 반복적으로 자기 분열을 토로하는 것은 실은 우연은 아니다.

    다시 말해 우리들은 우리 앞 세대의 그 엄숙하고 진지한 선택 결정성과 그런 엄숙 진지성이 배제된 우리 다음 세대의 무선택적 적응성 두 요소를 다 아울러 지니게 된 것이지요. 〔……〕 동시에 두 가지 인자를 함께 지니게 되어버렸으니까요. 〔……〕 더욱이 그 선택에 대해서는 우유부단 언제까지 망설이고만 있는 꼴이구요. 왜냐면 우리가 겪어 지닌 그 4·19와 5·16은 앞뒤 시기의 사람들에게서와는 달리 가능성과 좌절을 따로따로 혹은 복합적으로 함께 의미하기 때문입니다. 〔……〕 그래서 늘 허둥대다 체념기가 앞서버리는 요령부득의 무기력한 세대가 된 것입니다. 한마디로 4·19의거와 5·16혁명은 그런 세대를 하나 만들어낸 것입니다.[21]

    『씌어지지 않은 자서전』에서 이청준은 4·19세대의 특징을 "자기 실망감" "자기 자신에 대한 내적 좌절"이라고 표현한다. 즉 "자긍심"과 꿈, "자기 실망감"과 "좌절"이 결합된 결과 이 세대는 "체념과" "무기력"을 내면화한 세대가 되어버렸다는 기술이다. 즉 4·19세대에게 4·19와 5·16은 분리 불가능하게 결부되어 있다는 자기 성찰이라 할 것이다. 4·19와 5·16이 "이인삼각(二人三脚)"이라는 김병익의 평가 또한 동일한 맥락을 지닌다.[22] 즉 4월혁명은 이들에게 잊지 못할 사랑

---

21) 이청준, 『씌어지지 않은 자서전』(1969), 열림원, 2001, pp.126~27. 작품에서도 밝히고 있지만, 이준은 '신문관'의 비위를 맞추기 위해 "4·19의거와 5·16혁명"이라는 표현을 쓰고 있다.
22) 김병익은 "민주주의라든가 자유라는 것의 물적 토대는 역시 어떤 경제적인 기반 위에서 가능한 것이지 그것 없이 실재하기 어려우니까요. 그래서 경제적인 근대화와 정신적인 근대화, 이것이 60년대를 이인삼각 형태로 끌고 간 것이 아닌가. 그리고 둘 사이가 제휴하거나

의 추억뿐 아니라, 좌절과 배신의 추억이기도 하다. 이는 4월혁명의 기억이 환멸과 무기력감의 체험과 밀접하게 관련되어 있다는 것을 의미한다. 앞서 4월혁명에 대한 사랑의 서사가 분열적인 것은 혁명의 서사 역시 분열되어 있다는 것을 의미한다고 논한 바 있다. 또한 그 분열은 혁명의 주체, 즉 정치적 주체화를 둘러싼 현실적인 대립과 갈등의 산물이라 할 수 있다. 그런데 이러한 사랑의 서사와 혁명의 서사의 분열은 혁명을 생애사적 '원체험'으로 기억하는 이들의 서사에서 내적 분열과 환멸의 형태로 드러난다. 즉 환멸과 분열, 이는 단지 혁명의 좌절에서 비롯되는 것만은 아니다. 오히려 혁명 안에, 그 환멸과 분열은 내재해 있었다고도 할 수 있다.

환멸과 분열, 이는 『씌어지지 않은 자서전』의 주인공이 계속 토로하듯이 4월혁명에 대한 서사를 '기술할 수 없음'이라는 무기력함과 무능력함, 혹은 강박관념과 결부되어 있다. 4월혁명의 문학적 유산이 미흡한 것 역시 이와 무관하지 않다. 김윤식은 "4·19문학의 불모성"을 진단하면서 4월혁명의 실패 요인에 대해 "심장의 혁명이나 혹은 머리의 혁명으로는 내부 공간이 지속되지 못하고 불연속의 단절 현상에 전락하는 것이 아닐까"[23)]라는 질문을 던진다. 즉 4월혁명에 대한 사랑의 서사는 내저으로 변절의 서사와 뗄 수 없이 결부되어 있다. 변절의 서사는 쿠데타라는 외적인 요소에서 비롯된 것이기도 하다. 그러나 이러한 변절이 내적 좌절이나 자기 분열로 경험되는 것은 혁명의 불충분함, 미숙함에 대한 성찰과도 관련이 있다. 그 불충분함은

협력한 것이 아니라 오히려 견제하고 길항한 것이었지만 거기에서 우리 현대사가 시작된 것이 아닌가 하는 생각이 듭니다"(김병익·김승옥·염무웅·이성부·임헌영·최원식, 「좌담: 4월혁명과 60년대를 다시 생각한다」, 최원식·임규찬 엮음, 『4월혁명과 한국문학』, p.39) 라고 분석하고 있다.

23) 김윤식, 「4·19와 한국문학—무엇이 말해지지 않았는가?」, 『사상계』 1970년 4월호, p.338.

쿠데타와 같은 외적 요인과는 또 다른 차원에서의 내적인 분열의 소산이기도 한 것이다. 즉 심장의 혁명, 머리의 혁명이 아닌, 다른 어떤 것, 삶의 "내부 공간"을 근원적으로 변화시킬 수 있는 그런 혁명에는 이르지 못한 것, 그것이 사랑의 서사가 변절의 서사를 동반하는 또 다른 원인이기도 하다. 그래서 사랑과 변절의 서사는 혁명과 간통, 정치적인 것과 문란한 것 사이를 위태롭게 오간다. 아니 '간통과 문란함'이라는 금기 앞에서 자기 분열을 거듭하고 있는 것, 그것이 4월혁명에 대한 사랑의 서사라 할 것이다. 그 문란함의 세계로 들어가 보자.

3. 간통하는 세계—정치적인 것과 문란함

1960년 4월 29일, 학생들은 시위를 수습하고 모두 학교로 돌아갔다. 학생들은 "공명심을 버리고 애국심으로 수습하라" "피로써 찾은 자유, 질서로써 지키자" "파괴와 방화는 국가의 손실이다" 등의 의제를 내걸고 수습반을 조직해서 서울 시내 곳곳을 청소했다.[24] 혁명과 혼란의 경계는 과연 무엇일까? 사회 각층의 여러 집단들에 의해 각자의 요구를 담은 시위가 끊이지 않으면서 진정한 민주주의적 요구와 '사회적 혼란을 틈탄 준동'을 구별해야 한다는 우려의 목소리도 높아졌다. 수습을 위한 학생들의 의례ritual가 청소와 추도 예배였다는 점은 흥미롭다. 4월혁명의 수습은 시위로 '문란'해진 공동체의 공간을 정상화하는 것뿐 아니라, 어떤 식으로든 죽은 자에 대한 산 자의 책임을 걸머져야 하는 일이었다. 그것이 청소와 추도라는 의례의 의미이

---

24) 『연세춘추』 1960년 5월 2일자. 신문에서는 4월 29일을 기해서 전교생이 등교하여 총장 주재하에 추도 예배를 드렸다고 보고하고 있다.

다. 공동체social body가 '문란'해졌다는 감각은 실상 죽은 자의 갈기갈기 찢긴 신체body에 직면한 경험과 무관하지 않다. 갈기갈기 찢긴 신체는, 국가권력의 폭력에 대한 실감과 동시에 공동체의 해체에 대한 위기감을 동반하는 것이다.[25]

물론 사회질서 문란에 대한 경계와 질서 회복은 이후 쿠데타 세력의 '명분'이 되었다. 그러나 쿠데타 세력의 이데올로기와는 또 다른 맥락에서 혼란과 혁명의 경계에 대한 두려움은 4월혁명 당시 담론 공간을 사로잡고 있는 것이기도 했다. 이 혼란에 대한 두려움은 혁명 때문에 발생한 것이기도 하지만, 실은 이미 혁명 이전에 내재해 있던 불안감의 투영이기도 하다. '구두닦이'로 표상된, 당시 시위에 적극 참여한 비엘리트층의 분출하는 열정을 무지한 대중의 부정적 정념으로 간주하는 태도 역시 혁명의 와중에 형성된 것이 아니라, 이미 형성된 비엘리트층에 대한 '사회적 불안'이 투영된 것이다. 그런 점에서 혁명은 잠재되어 있던 변화에 대한 열정을 폭발시키는 동시에, 서로 다른 집단 사이의 잠재된 불안과 대립 역시 폭발시키는 것이다. 이는 혁명적 열정이란 제어하기 힘든 정념의 모순적 공존, 즉 사랑과 증오라는 일견 양립 불가능한 정념의 결합체라는 점과도 무관하지 않을 것이다.[26]

지젝은 혁명적 열정에 있어 사랑과 증오의 복합적 결합에 대해 다음과 같이 논한다. "한 사람이 다른 사람에게 존재에 대한 욕망을 공

---

[25] 죽음과 공동체에 대한 이러한 감각, 그리고 그 죽음을 뒷수습하는 "청소"의 형식은 최근 한국사회에서도 다시 발견되는 현상이다. 1천만 관객을 동원한 영화 「해운대」의 주민들은 재난 이후, 재난에 쓸려간 죽음을 수습하는 형식으로 해운대를 청소한다. 이는 이른바 금융 위기 이후 한국사회에 팽배한 공동체 해체에 대한 위기의식과 이를 해소하는 방식을 상징적으로 보여준다. 이에 대해서는 권명아, 「죽음과 생존을 묻다—애도, 우정, 공동체」, 『아무도 기억하지 않는 자의 죽음』(당비의 생각 3), 산책자, 2008 참조.
[26] 폭력에 대한 발터 벤야민의 숙고 역시 바로 이 지점을 맴도는 것이다. 사랑과 증오, 신화적 폭력과 구별되는 신적 폭력에 대한 벤야민의 고민은 이와 관련된다.

개적으로 표현하는 것이 무척 '폭력적'이라는 것은 명백하지 않은가? 열정이란 정의상 대상에게 상처를 준다. 그리고 심지어는 수신인이 기꺼이 승인할지라도, 그 혹은 그녀는 항상 두려움을 갖거나 놀라면서 이를 경험할 수밖에 없다."[27] 그런 점에서 혁명적 주체로의 전환은 타자의 고통과의 직면, 혹은 그 직면에서 비롯된 주체의 붕괴에 대한 두려움을 넘어서지 않는 한 불가능한 것이다. "다른 사람들의 배제, 다른 사람들의 고통과 아픔에 대한 무지는 위험을 무릅쓰고 고통받는 다른 사람에게로 직접 다가가는 몸짓을 통해 비로소 깨져나간다."[28] 지젝에 따르면 이 몸짓은 정체성의 핵심을 산산이 부수기 때문에 극도의 폭력으로 경험된다.

어떤 점에서 4월혁명 당시 사회적 혼란에 대한 불안감은 현존하는 공동체와 주체성이 산산이 부서질 수도 있다는 두려움의 소산이라고 할 것이다. 그러나 이 두려움과 불안감을 넘어 스스로가 산산이 부서지는 경험(이는 죽은 자의 산산이 부서진 몸으로 들어가는 일이기도 하다)을 통해 혁명은 가능해지는 것이기도 하다. 그런 점에서 청소와 추도 예배는 사회적 타자에 대한 두려움과 죽음에 대한 책임감을 수습하는 절차가 4월혁명에서 어떤 식으로 현상하였는지를 보여주는 상징적 장면이다. 청소가 상징하듯이 사회적 타자에 대한 두려움과 죽음에 대한 책임감은 '질서와 애국심'의 이름하에 공동체를 정상화하는 욕망으로 이어지는 것이다. 이는 죽음에 대한 책임감보다는 생존자의 공동체를 하루빨리 수습하고자 하는 욕망과도 무관하지 않다. 한국사의 역사적 장면 곳곳에서 만나게 되듯이, 생존에 대한 욕망이 죽음에 대한 책임감을 압도한다. 또한 이 점에서 사회적 혼란에 대한 두려움

---

[27] 슬라보예 지젝, 『혁명이 다가온다』, 이서원 옮김, 길, 2006, p.111.
[28] 같은 책, p.129.

은 죽음을 어떻게 '수습'하는가의 문제와 결부된 것이기도 하다. 달리 말하자면 사회적 혼란에 대한 두려움, 즉 살아 있는 두려운 타자에 대한 불안감은, 실은 죽은 자에 대한 책임과 부채감과 밀접하게 관련된다.

그러나 4월혁명 당시 이러한 불안감과 부채감은 죽은 자에 대한 책임의 문제보다는 '사회 구성원'으로서의 책임감을 강조하는 방향으로 이뤄졌다. 특히 사회 구성원의 책임감은 문란한 집단들에 대한 공격과 비난의 형태를 취했다. 이런 경우 가장 손쉬운 비난의 대상은 여성이었다. 이는 또한 단지 여성에 대한 '공격'이 아닌 '두려움' '불안감'의 형태를 취한다.

환도 三년까지 九년 동안 계속되던 혼란 속에서도 여성들은 그들의 힘을 마음껏 발휘하였던 것이다. 질투마자 잊어버린 남성들의 거세된 모습—여성들의 줄기찬 진출……. 여성은 능력을 과시하기에 이르렀던 것이다. 기형 속에서 이루어진 여성들의 힘—. 그것이 여성 본연의 능력이라고 착각하고 있는 듯했다. 〔……〕 위축되게 거세된 남성들이 겨우 정신을 차려 퇴보를 개탄하고 그들의 분야를 각기 찾아가기에 바쁘던 시절이었다.

그리고 四·一九혁명—.

말하면 해방 十五年—초기의 三년은 여성들의 훈풍 시절이었고, 六·二五전쟁부터 九년은 「하리켄」 시절이었고, 四·一九까지의 三년은 「하리켄」이 숨을 죽여가는 광풍(狂風) 시절이었다고 할 것이다.[29]

---

29) 朴聖煥, 「旣成女性世代를 告發한다」, 특집 「第二共和國의 女性」, 『女苑』 1960년 7월호, p.100.

왕으로 보이는 한 사내가 여러 나체의 여인들에 둘러싸여 멍하니 창 밖을 내다보고 앉아 있는 그림이었다. 여인들은 마치 마귀들처럼 스케치되어 있었고, 사내 자신의 표정도 공포에 질려 있는 모습이었다.[30]

「기성여성세대를 고발한다」라는 제목의 이 글은 4월혁명과 여성의 임무를 논하는 글 중 한 편이다. 이 특집의 글들은 혁명의 환희에 들떠 있기도 하지만, 이 환희는 혼란에 대한 불안과 공포와 모순적으로 공존하고 있다. 또 다른 논자는 혁명 직후의 상황을 "환희와 희망에 가득 찬 국민도 있겠지마는 또한 불안과 공포에 싸여 있는 국민도 있을 것이다"라고 논한다. 즉 4월혁명 이후 한국사회는 "두 가지의 극단적 양상이 동시에 이날에 나타나고 있는" 상태라는 진단이다.[31] 「기성여성세대를 고발한다」는 이러한 혼란에 대한 불안과 공포를 여성과 남성의 헤게모니 투쟁의 형식으로 그리고 있다. 필자에 따르면 1960년까지 해방 이후 15년의 세월은 9년간은 줄곧 여성의 "기형적 힘"이 지배하여, 남성이 "위축"되고 "거세"된 시기였고, 최근의 3년은 그나마 여성 세력의 "광풍"이 숨을 죽이게 된 시절이었다. 또 4·19혁명은 이렇게 여성의 기형적 힘 때문에 거세되고 위축된 남성들이 비로소 다시 힘을 찾게 된 분기점으로 그려진다.

이러한 서사는 어떤 점에서는 매우 '현실적'이다. 한국전쟁 이후 이른바 전쟁 미망인을 위시한 여성의 경제 활동과 사회 활동이 활발해지면서 여성들의 사회참여, 조직화, 발언권이 강화되었던 것이다. 한국전쟁 직후 여성들은 기존의 생활 관습, 특히 성, 가족, 결혼 등에 대한 급격한 변화를 요구하며 자신들의 발언권과 정치적 권리를 주장

---

30) 이청준, 『씌어지지 않은 자서전』, p.61.
31) 姜尙雲, 「생활도 전환기다」, 특집 『第二共和國의 女性』, 『女苑』 1960년 7월호, p.91.

했다. 그러나 이러한 여성의 정치화는 '여성이여, 가정으로 돌아가라'는 사회적 압력에 굴복하게 된다.[32] 또한 여성의 사회적 활동과 경제적 활동, 성과 결혼에 대한 관습을 거부하는 요구 등은 '허영'과 '문란'이라는 이름하에 비난과 처벌의 대상이 되었다. 그런 점에서 성과 결혼 등 삶의 새로운 변화를 요구하는 여성의 욕망, 집단화와 조직화를 통한 정치적 조직화의 가능성은 전 사회적으로 억압되고 금기시되었다. 이러한 금기는 끝없이 여성의 사회 활동에 대한 비난의 형태로 반복되었다. 또 여성의 집단화나 정치적 조직화에 대한 불안감은 남성의 거세 공포로 발현된다.「기성여성세대를 고발한다」에서 사회적 혼란에 대한 경계가 곧장 '문란한 여성,' 여성의 정치적 활동과 사회 활동에 대한 공포로 등치되는 것은 여성의 정치적 세력화를 둘러싼 현실적인 헤게모니 투쟁의 발현이라 할 것이다. 따라서 1960년대 서사에서 문란한 여성에 대한 공포, 혹은 이에 따른 남성의 거세 불안은 현실적인 헤게모니 투쟁에 대한 공포와 불안의 산물이기도 하다.[33]

이러한 서사의 유사한 형태를 1960년대 문학에서는 다양하게 조우하게 된다. 4월혁명의 좌절과 실패를 회고하는 이청준의 『씌어지지 않은 자서전』에서 "마귀"와 같은 나체의 여인들에 둘러싸여서 공포에 질려 있는 "왕"이 이미지는 4월혁명의 꿈을 간직한 채, 그 꿈의 좌절

---

32) 이에 대해서는 이임하, 「1950년대 여성의 삶과 사회적 담론」, 성균관대학교 박사학위논문, 2003 참조.
33) 특정 집단의 정념과 열정을 문란한 것으로 규정하는 방식은 정치적인 것에 대한 규정에 작동하는 헤게모니 투쟁을 선명하게 보여준다. 문란함에 대한 규정은 정치적인 것과 자유와 이에 대립되는 탈정치적인 것과 방종의 경계를 끝없이 재규정하면서 특정 주체를 정치와 자유의 영역으로부터 삭제한다. 한국사회에서 이는 풍기 문란이라는 규정을 통해서 역사적으로 반복, 재생산되었다. 이에 대해서는 권명아, 「음란함과 죽음의 정치」, 『현대소설연구』 39호, 현대소설학회, 2008 ; 「정조 38선, 퇴폐, 그리고 문학사—풍기 문란과 냉전 프레임을 중심으로」, 『여성문학연구』 22호, 한국여성문학학회, 2009 참조.

과 실패에 따른 자기모멸감에 사로잡힌 인물의 세대적 특성을 전형적으로 보여준다. 4월혁명을 순수한 정열을 내포한 삶의 원형적 기억으로 갖고 있는 이준은 혁명의 실패 이후 모든 일에 있어 선택을 하지 못한 채 무기력한 삶을 보낸다. 이준에게, 혁명의 꿈을 '배신한' 채 잘 먹고 잘사는 일에 몰두하는 이 세계는 맨살을 드러낸 채 액취를 내뿜는 여인들의 겨드랑이로 실감된다. 액취를 내뿜는 이 세계는 "쑥스러움"을 모른다. 혁명을 배신한 이 세계는 쑥스러움도 모르는 채 맨살을 드러낸 여인의 몸으로 비유된다. 이 액취를 내뿜는 여인의 "겨드랑내"는 "세계에서도 유수한 맘모스 여자대학교 건물이 뒷산 쪽에서 높다랗게 이 동네를 압도하고 있는"[34] 여대 앞 공간과도 같은 의미이다. 소설의 주요 무대인 다방 세느도 마찬가지이다. 혁명을 배신한 세계는 이처럼 액취를 내뿜는 여성의 몸과 직접적으로 연결된다. 반면 이준과 그의 분신과 같은 "왕"은 역겨운 '암내'를 풍기는 이 세계와 달리 "완전히 생성을 중지"[35]한 존재로 대비된다. 혁명이 좌절된 이후 성장과 개발로 미친 듯이 달려 나가는 시대의 풍속을 아마 작가는 이처럼 '과도한 암내'(과잉된 생산성) 속에 투영하고자 한 것이라 할 것이다. 그러나 혁명과 배신을 거세(공포)와 암내를 풍기는 여인의 몸에 유비하여 서사하는 방식은 단지 혁명의 좌절에 대한 무력감을 표명하는 것만은 아니다. 앞서 논한 바와 같이 이러한 방식으로 그려지는 혁명에 대한 사랑과 배신의 서사는 작가의 의도와는 또 다른 지점에서 혁명의 분열과 사랑의 분열, 그리고 그 속에서 현실의 타자에 대한 불안과 공포가 '문란함'에 대한 혐오감으로 전도된 형태라 할 것이다.

---

34) 이청준, 『씌어지지 않은 자서전』, p.11.
35) 같은 책, p.222.

문란한 세계(배신의 세계)와 사랑의 세계, 혁명이 좌절된 지금 세계는 이 둘 사이에서 간통 중이다. 주인공 이준 역시 '간통의 혐의'에서 자유롭지 못하다. 이준은 혁명을 배신한 세계에 대한 거부감과 동시에 스스로 자신이 배신자인지도 모른다는 강박관념에 사로잡혀 있다. 그래서 이준과 그의 벗들은 간통 중인 세계 속에서 위악과 체념에 빠져 있다. 다방 세느의 커플인 윤일과 정은숙은 혁명을 배신한 세계 속에서 4월세대의 '처지'를 선명하게 보여준다.

> 그 여자와 나는 수없이 간통을 되풀이했어요. 생각해보십시오. 그런 날 밤 우리는 그렇게 서로 역겨워하며 미워하려던 것도 다 잊어버리고 세상의 누구보다도 격렬한 밤을 보냈거든요. 하지만 말입니다. 그러고 나서도 다음 날 아침이 되면 우리는 다시 그 간밤의 일을 잊고 서로를 미워하기 시작하는 거예요. 그런 일이 없게 하려고 기를 쓰듯이 말입니다. 그러니 그건 영락없는 간통일 수밖에요.[36]

세계는 간통 중이다. 다방 세느와 여인의 겨드랑내, 서점 하나가 쑥스럽게 서 있는 여대 앞은 이러한 불결한 정념들이 들끓는 이 세계의 축도판이다. 이 세계에 살아남았지만, 적극적으로 생성해나가지도 못하는 이들은 간통을 연기하는 위악으로 하루하루를 연출하면서 살아간다. 간통의 연출이란 혁명의 좌절에 대한 체념의 산물이자 스스로의 무기력함에 대한 '벌주기'의 일환이기도 하다. 사랑을 배신한 죄로, 그와 그녀 들은 사랑을 부정하고 간통을 연기 중인 것이다. 간통을 연기하는 삶, 결단을 미루는 삶은 혁명을 잃어버린 세대의 좌절감

---

36) 같은 책, p.191.

과 환멸의 소산이기도 하다. 그러나 사랑과 간통의 경계에 대한 두려움 앞에 번번이 한발 물러서고 마는 윤일, 겨드랑내 앞에서 번번이 무너지고 마는 주인공 이준의 삶은 사회적 혼란, 혹은 문란함이라 규정되는 타자에 대한 두려움과 불안감의 경계 앞에서 되돌아서 '청소'를 '선택'한 4월혁명의 걸음걸이를 닮아 있다. 그런 점에서 액취를 풍기는 세계 앞에 무기력감과 거세 공포에 사로잡혀 있는 이준과 왕의 자기 분열은 사회적 타자에 대한 두려움과 불안감의 경계를 넘지 못한 채, 그 앞에서 되돌아서고 만 4월혁명의 내적인 분열과 닮은꼴이라 할 수 있지 않을까?

  4월혁명의 성공에 들떠 있던 아주 짧은 시간 동안에도 혁명기 여성의 역할은 가정 내에 국한된다고 반복해서 강조되었다. 자유, 민주주의, 권리 등과 같은 차원이 정치적인 것으로, 사적인 영역에 유폐된 여성들에게 제한적으로만 접근되었다는 점에 대해서는 젠더사에 관한 다양한 논의들이 이미 지적해온 바이다. 그렇다면 사랑과 열정은 어떠한가? 흔히 사랑과 열정은 사적인 영역으로 간주된다. 그러나 앞서 살펴본 바와 같이 혁명에 관한 문법에서 청년의 열정과 사랑은 정치적이지만, 여성의 사랑과 열정은 탈정치적인 것으로 간주된다. 이는 사랑의 담론 역시 성차에 의해 구조화되어 있다는 점만을 의미하는 것은 아니다. 혁명의 문법에서 사랑이 정치와 탈정치를 둘러싸고 젠더화된 위계를 구성하는 것은 혁명에 대한 열정이 특정 주체를 중심으로 배타적으로 위계화되어 있기 때문이다. 이러한 혁명의 문법에서 청년의 열정은 정치적으로 '올바른' 것이지만, 여성, 미성년, '무지한 대중'의 열정은 과잉되거나 부족한, 혹은 훼손되거나 결여된 것으로 간주된다. 따라서 혁명이란 자유나 민주주의의 경계를 둘러싼 각축장일 뿐 아니라, 열정들, 혹은 열정의 주체들이 그 '정당성'을 둘러싸고 격전을 벌이는 전장이기도 하다. 그런 점에서 4월혁명에 관한 청년들의 사랑의 서사에서 나타나는 분열과 환멸은 혁명의 실패에 따른 좌절감의 표명일 뿐 아니라, 열정을 둘러싼 현실적인 갈등의 반영이기도 하다.

따라서 특정 주체의 '문란한' 열정 앞에서 분열에 분열을 반복하고, 이를 거세 공포로 경험하는 사랑의 문법은 혁명에 대한 배타적 소유권을 반복적으로 주장하는 특정 주체의 자기 서사라 할 것이다. 그래서 분열과 환멸, 혹은 청년의 열정으로 혁명을 추억하는 서사를 반복하는 한, 혁명은 끝내 그 배타적 소유권의 경계를 넘어설 수 없다. 그런 점에서 4월혁명은 '미완의' 것이라 할 것이다. 자유에 대한 열정이 문란함의 경계 앞에서 자기 분열을 거듭하는 것은, 사랑의 열정이 간통의 경계 앞에서 분열하는 것과 닮은꼴이다. 그러니 '미완의' 혁명은 문란함과 간통에 대한 공포와 강박관념을 넘어설 수 있는 새로운 사랑, 그 사랑에 대한 정의에서 다시 출발해야 한다.

4. 사랑과 증오, 그리고 타자의 몫—혁명과 사랑의 역사성과 보편성

수령(首領), 봉기는 실패했습니다. 조직은 무너지고 동지는 흩어졌습니다. 왜? 왜 실패했는가? 민중들이 돌아섰기 때문입니다. 그들이 받아 움직이지 않은 탓입니다. 그들은 우리를 버렸습니다. 그들은 우리의 부름을 깔아버렸습니다. 우리가 거리에서 피를 흘리고 있을 때, 그들은 갈보들의 더러운 배 위에서 숨을 죽이고 있었습니다. 더러운 고깃덩이를 하룻밤 살 수 있는 품삯을 주는 자들에게 아쉬움이 있었던 것입니다. 그들은 자유인의 죽 대신에, 노예의 떡을 택한 것입니다. 누구를 위하여 싸우는 겁니까? 대체 누굴 위한 희생입니까. 기막힌 짝사랑. 계집은 싫다는데 무슨 유토피압니까? 짝사랑까진 좋아도, 잘못하면 강간이 됩니다. 그래서야 억울해서 살겠습니까? 챈 것도 기막힌데, 고소를 당해서야 쓰겠어요? 수령, 구락부의 강령 개정을 동의합니다. 민중과의 공동전선을 규정한 현 강령하에서는, 저는 손가락 하나도 명령에 따를 수 없습니다. 새 강령을 주십시오. 버림받지 않을 새 깃발을 주십시오. 새 보람을, 새 원리를![37)

혁명에 대한 열정은 배신에 직면해서 짝사랑, 강간의 서사 주변을 배회하고 있다. 배신에 대한 환멸로 청년들은 사랑하는 그녀(민중)에 대한 증오에 휩싸였다. 증오에 잡아먹히지 않기 위해, 짝사랑과 강간의 강박관념에서 벗어나기 위해서 "새 깃발"이 필요하다. 「구운몽」에서 혁명의 서사에 각인된 사랑과 강간, 짝사랑과 증오의 모순적 공존을 넘어선 "새 깃발"로 제시되는 것이 바로 사랑이다. 그 사랑은 청년의 사랑에 각인된 강간과 짝사랑에 대한 강박관념이라는 분열증, 그 역사적 형식에 대한 대타항이다.

  분열증, 혹은 꿈의 죽음을 혁명과 그 열정에 대한 사유의 방법으로 삼기보다, 죽은 자의 꿈으로 들어가는 길, 「구운몽」은 혁명에 이르는 다른 입구를 우리에게 제시하고 있다. 「구운몽」이 혁명에 대한 지배적인 서사 방식을 벗어나, 다른 경로를 걷게 된 가장 중요한 요인은 「구운몽」 자체가 혁명에 대한 서사의 역사적이고 현실적인 원자료들을 탐구의 대상으로 삼고 있기 때문이다. 그런 점에서 「구운몽」의 가

---

37) 최인훈, 「구운몽」, 『광장/구운몽』, p.286.

장 중요한 특성은 혁명에 대한 담론 구조의 역사적 탐색과 이를 통한 혁명에 대한 새로운 서사의 창출이다. 이는 역사성과 보편성이라는 이중의 축을 경유하는 것이다. 사랑과 시간은 이러한 역사성과 보편성을 경유하는 새로운 좌표이고, 꿈은 거기에 이르는 방법이다. 그럼 이제, 「구운몽」의 꿈과 사랑, 시간을 통해서 혁명에 다가가 보자.

「구운몽」의 서사적 원자료는 사랑과 배신, 삶과 죽음, 혁명과 그 실패에 대한 당대의 담론 구조들이다. 앞서 살펴본 바와 같이 4월혁명을 둘러싼 사랑과 배신의 서사에는 꿈과 꿈의 죽음, 다시 말해 꿈의 좌절에 따른 환멸이라는 현실적이고도 역사적인 문제가 개입되어 있다. 그런 점에서 4·19와 5·16이 "이인삼각"의 형식이고, "따로따로" 분리하여 사유할 수 없는 문제라 할 때, 4월혁명과 그 좌절에 대한 사유는 바로 이 사랑과 환멸의 분리 불가능성에서 시작하는 일이라 할 것이다. 사랑과 환멸이 뒤섞인 혁명에 관한 담론들에 나타나는 자기 분열적 면모는 이러한 정념의 복합성의 산물이다. 이러한 복합적이고 갈등적인, 때로는 대립하기도 하는 정념의 충돌이야말로 4월혁명을 둘러싼 우리의 '집단적 무의식'이 아닐까. 그런 점에서 4월혁명을 다시 사유하고, 그 꿈속으로 들어가기 위해서는 분열적인 집단적 무의식의 지층으로 들어서야 한다 4월혁명에 대한 당대의 담론과 이후의 회고들은 많은 부분 그 집단적 무의식을 '세대'의 이름으로 전유하곤 한다. 그러나 앞서 논한 바와 같이 세대의 이름으로 전유된 혁명에 관한 서사가 여전히 자기 분열적이거나, 소유권 분쟁과 같은 헤게모니 투쟁에서 자유롭지 못한 것은 그 서사가 여전히 꿈의 죽음, 즉 환멸의 주변을 배회하고 있기 때문이라 할 것이다.

그 목각은, 지금까지 세느에서 왕이 새겨온 다른 것들과는 달리 무지

하고 우악스런 양물을 치기만만하게 쳐들고 있는 남자의 형상이었다.[38]

우리가 하는 일은 신의 행위의 결과인 처녀막의 열상(裂傷)을 검증하는 일입니다. 우리 자신의 성기를 들이미는 일이 아닙니다. 역사란, 신(神)이, 시간과 공간에 접하여 일으킨 열상(裂傷)의 무한한 연속입니다. 상처가 아물면서 결절(結節)한 자리를 시대 혹은 지층이라고 부릅니다. 이 속에 신의 사생아(私生兒)들이 묻혀 있습니다.[39]

최인훈과 이청준은 이른바 개인의 자유에 대한 열망과 그 불가능성을 탐색한 작가로 평가되곤 한다. 그러나 4월혁명을 사유하는 방식에 있어서 두 작가는 전혀 상반된 방법을 취한다. 이청준의 『씌어지지 않은 자서전』은 앞서 살펴본 바와 같이 꿈의 죽음을 환멸의 형식, 혹은 자기 분열의 서사로 기술하는 방식을 보여준다. 그리고 이러한 담론 구조는 4월혁명에 내포된 자기 분열과도 밀접한 관련을 맺는다. 그 서사의 층위에서 나타나는 거세 공포나, 배신에 대한 강박관념을 간통하는 세계의 형상에 투영하는 방식, 또 간통하는 세계의 표상이 음란한 여성들의 부정적 정념으로 환치되는 구조는 4월혁명에 내포된 자기 분열의 전형적 현상이다.

「구운몽」에서 꿈의 파열에 따른 상처와 이에 대한 주체의 대응은 "처녀막의 열상"과 "성기를 들이미는 일"이라는 성애화된eroticized 비유로 그려진다. 이러한 비유, 혹은 언어의 선택은 우연적인 것이 아니다. 「구운몽」에 따르면 혁명 이후, '꿈과 꿈의 죽음'에 대한 집단적 무의식은 세계를 성애화된 비유로 표상하는 서사로 구조화된다. 세계

---

38) 이청준, 『씌어지지 않은 자서전』, p.205.
39) 최인훈, 「구운몽」, 『광장/구운몽』, p.307.

를 성애화된 비유로 표상하는 집단적인 담론 구조에서 혁명의 꿈은 개인의 시간으로 환치되고, 사랑의 열정과 사랑의 대상과 하나가 되었던 황홀한 순간은 배신에 대한 증오 앞에서 멈춰 서버린다. 그래서 세계를 성애화된 비유로 표상하는 서사에서 꿈은 '청춘의 열병'으로, 혁명의 시간은 개인의 생애사적 시간 속의 빛나는 순간으로 그려진다. 이 서사는 지속되지 못한 혁명에 대한 사랑의 열병을 '아름답게' 그려내지만, 혁명을 살아남은 자의, 개인의 생애로 환수한다. 그리고 이렇게 개인의 '좌절된 꿈'의 시간으로 환수된 혁명의 시간은 배신에 대한 증오와 환멸, 혹은 자기모멸의 시간 앞에서 멈춰 서버린다. 따라서 세계를 성애화된 비유로 표상하는 서사에서 사랑은 빛나는 순간 속에서 멈춰 서기를 반복한다.

사랑은 증오 앞에 멈춰 서버리고, 사랑의 시간은 황홀경의 순간 속에 봉인된다. 그렇게 사랑의 순간은 덧없는 배신 앞에 속절없이 지난 일로 흘러가고, 생애라는 시간은 자기 분열을 거듭함에도 흘러간다.[40] 이러한 생애의 감각은 사랑을 추억으로 간직할 수 있는 살아남은 자의 것이다. 죽은 자에게는 추억이 없고, 과거에서, 현재, 그리고 미래로 '자연스럽게' 흘러가는 그런 생애가 없다. 그런 점에서 추억의 이름으로 봉인된 것은, 사랑의 열정과 배신에 대한 증오만이 아니라, 죽은 자의 시간, 죽음 그 자체는 아닐까. 그래서 우리가 혁명이라는 '역사'에 도달하기 위해서는 켜켜이 쌓인 살아남은 자의 생애사의 '잔여물들을 뚫고 그 밑에 멈춰 서버린 죽은 몸의 시간 속에 이르러야 하는 것이다. 이를 「구운몽」에서는 발굴과 고고학, 혹은 사면장(死面匠)의 작업이라 이름 붙이고 있다.

---

[40] 이청준의 『썩어지지 않은 자서전』은 그런 점에서 4월혁명에 대한 세대적인 생애의 감각을 전형적으로 반영하고 있다 할 것이다.

하여 죽음의 발굴을 소명으로 하는 사면장의 일이란 그 지층 속에서 살아남은 자의 생애사적인 잔여물들의 더께를 뚫고 들어가, 죽은 몸의 시간을 만나러 가는 일이다. 이러한 발굴을 통해 죽은 몸속에 멈춰버린 시간은 현재라는 시간의 지평으로 다시 떠오른다. 그렇게 죽은 자의 시간이 현재 앞으로 부상한다. 마치 심해에 가라앉은 죽은 자의 몸이 산 자들의 삶의 기슭으로 헤엄쳐 올라오듯이. 삶의 기슭으로 떠오른 죽은 몸, 그 몸은 삶의 기슭의 생애사적 시간으로 불현듯 출현한 '미지'의 시간이고, 그 '미지의 시간' 속에 혁명의 진실이 담겨 있다. 그래서 혁명의 진실은 삶의 기슭의 생애사적 시간을 깨뜨리고 심해에서 불쑥 솟아오른 그 죽은 자의 몸속에 있다. 그래서「구운몽」의 서두와 마지막은 삶의 기슭으로 불쑥 솟아오른 죽은 소년의 몸과, 빙하기에서 발굴된 죽은 몸의 시간으로 이어진다.

이와 같은 일의 테두리를 넓힌다면 개인의 유일성과 동일성이 뿌리에서 다시 살펴져야 한다. A는 A면서 A가 아니다? 그것은 인간을 '현재'와 '여기'라는 시간과 공간의 두 축(軸)으로 완고하게 자리 주어진 좌표로부터, 허(虛)의 진공 속으로 내놓음을 말한다. 그리고 개인은 시공에 매임 없이, 인류가 겪은 얼마인지도 모를 기억의 두께 속에 가라앉아, 급기야 그 개인성을 잃고 만다. 바다에 떨어진 한 방울의 물처럼. 그것은 미궁 속에 빠진 몽유병자와 같은 상태일 것이다. 그 속에서 끝까지 개체의 통일성을 지킬 수 있는 힘은 무엇일까?[41]

최인훈이 진실에 이르는 유일한 길로 즐겨 사용하는 사랑과 시간이

---

41) 최인훈, 「구운몽」, 『광장/구운몽』, pp.296~97.

란 이런 의미에서 심해 속으로 사라져간 죽은 자의 몸을 발굴하는 일이다. 물론 이 작업의 첫 발자국이 이미 『광장』에 새겨져 있음은 첨언할 필요가 없다. 삶의 기슭의 생애라는 시간들과 죽은 자의 미지의 시간, 그것은 줄줄이 풀리는 연속성의 리듬이 아니라, 단절과 결락의 지층으로 아로새겨져 있다. 그 단절과 결락의 지층이 바로 역사이다. 그리고 개인은 현재와 여기의 시공간의 좌표에 의해서 구성되는 것만이 아니라, 역사의 지층 속에서 발굴된다. 그 지층이 "허"인 것은 개인성이 삶의 충만함에 의해서만이 아닌 바로 죽음이라는 미지의 시간에 의해 구성되는 것이기 때문이다.

그런 점에서 「구운몽」에서 혁명과 사랑의 문법은 역사적이면서도 보편적인 성격을 지닌다. 이는 「구운몽」의 꿈이 단지 서사 구성의 원리가 아니라, 역사를 탐구하는 고유한 방법이라는 점에서 더욱 분명해진다. 무엇보다 「구운몽」에서 꿈은 개인적 형식이 아닌 집단적 형식을 지닌다. 독고민이 여러 인물로 바뀌면서 독고민의 몸속에 다른 모든 이들의 몸이 들어오고, 독고민이 다른 모든 이들의 몸속으로 들어가듯이(A는 A면서 A가 아닌 존재란 그런 점에서 집단적 주체와 개인의 관계를 상징한다), 꿈을 꾸는 주체는 개인이면서 동시에 집단적이다. 이는 혁명에 대한 주체의 사랑의 문법을 추억이라는 자연사의 리듬에서 역사의 리듬으로 이동시킨다. 생애사의 리듬 속에서 혁명은 젊음의 열정, 젊은 날의 추억이 된다. 그 추억 속에서 첫사랑의 열병은 그 누구와도 공유할 수 없는 나만의 것이 되지만, 결국 그 열병은 성장을 위해 누구나 겪는 성장통처럼, 통과제의와 같은 것이 되어버린다. 추억 속에서 혁명은 통과제의와 같은 자연사의 한 과정처럼 되어버린다. 그래서 생애사의 서사에서 혁명은 역사가 아니라 자연 과정이 되어버리고, 현재가 아닌 과거의 몫이 된다.[42]

또한 추억 속의 혁명은 혁명의 좌절에 대한 책임을 언제나 사랑의 대상에게 전가하고, 추억의 주체는 혁명을 생애사의 원형적 기억으로 곱씹는다. 이렇게 추억이 된 혁명 속에서 변절은 언제나 타자의 몫이며, '나'는 혁명을 순수한 기억으로 소유할 수 있는 배타적 소유권을 지닌 '순수한 주체'로 면죄된다. 추억이 된 혁명이 혁명에 대한 소유권, 혹은 혁명의 원본과 변절에 대한 강박관념에서 자유롭지 못한 것은 이 때문이다.[43] 즉 혁명을 생애의 "원형 기억"으로 추억하려는 욕망은 혁명을 과거에 고착시키는 동시에 혁명의 좌절을 타자의 몫으로 전가한다. 이는 4월혁명세대뿐 아니라, 87년 민주화 운동세대에게도 나타나는 혁명에 대한 소유권 분쟁과 이를 통한 '순수한 자기'에 대한

---

42) 벤야민은 꿈에 대한 분석과 이를 통한 역사 탐구의 방법에 대해서 다음과 같이 논한다. "이처럼 무의식의 무정형의 꿈의 형상 속에 머무는 한 그것들은 소화 과정이나 호흡 등과 다를 바 없는 자연 과정에 그치게 된다. 집단이 정치를 통해 그것들을 내 것으로 만들고, 그것들로부터 역사가 생성되기 전까지 그것들은 영원히 동일한 것의 순환 속에 머물게 된다"(발터 벤야민, 「꿈의 도시와 꿈의 집, 미래의 꿈들, 인간학적 허무주의, 융」, 『아케이드 프로젝트 4—방법으로서의 유토피아』, 조형준 옮김, 새물결, 2008, p.12).

43) 이러한 방식은 단지 혁명과 사랑에 대한 '자유주의적' 문법에서만 나타나는 것은 아니다. 또 이러한 문법이 4월혁명이라는 미숙하고, 실패한 혁명에 대한 서사에서만 나타나는 것은 아니다. 1987년 민주화 항쟁과 그 이후의 '변절'의 과정, 혹은 사회주의의 몰락과 꿈의 좌절에 대한 이른바 '386세대'의 사랑과 환멸과 변절에 대한 배신감 역시 이러한 문법을 반복한다. 이른바 '386세대'의 분열적인 자기 서사는 '민주화 이후' 현실의 변화를 '변절의 정치'로 규정하는 문법을 취하곤 한다. 변절의 정치를 옹호하는 것과는 다른 차원에서 이광일은 이러한 환멸의 수사를 다음과 같이 비판한다. " '변절의 정치'는 자기를 끊임없이 재구성하지 않은 채, 언제 올지 모르는 도식화된 미래의 삶에 현실을 종속시키고자 하는 '또 하나의 혁명'이 만들어낸 산물이기도 하다. 그리하여 떠나간 연인의 이름만을 들고 이미 과거의 그녀가 아니라는 것을 망각한 채, 변절을 원망하는 것이 아니겠는가?" 또한 이처럼 변절에 대한 환멸은 혁명의 '원본'에 대한 강박관념에 사로잡힌 채 혁명을 순수한 '원형의 기억'으로 고착한다는 점에서 더욱 문제적이다. "도대체 나의 원본은 혁명에 대한 '원형의 기억'인가, '또 하나의 혁명'인가, 아니면 지금 이 순간의 나인가. 이런 의미에서 만일 원본이 있다면 그것은 비대칭적이고 불균등한 사회관계들 속에서 만들어지는 것이지 미리 주어진, 어떤 고정된 것이 아니다"(이광일, 「아직도 혁명을 꿈꾸는 자, 너 누구인가」, 『문화과학』 2009년 가을호, p.173).

욕망의 산물이다. 그런 점에서 혁명과 사랑의 문법을 다시 쓰는 일은 현재의 우리들에게도 여전히 미완의 과제로 남아 있다. 「구운몽」을 다시 읽는 일은 그런 점에서 4월혁명의 문법을 다시 읽는 일일 뿐 아니라, 오늘, 여전히 미완의 과제로 남겨진 혁명과 사랑의 문법을 다시 정초하는 일이기도 하다.

「구운몽」은 혁명과 사랑의 문법을 생애사의 시간이 아닌 역사의 지층으로 옮겨놓는데, 여기서 꿈의 탐색은 역사를 탐구하는 새로운 방법이 된다. 「구운몽」의 꿈은 겹겹의 꿈으로 이루어져 있다. 「구운몽」의 꿈의 형식은 혁명에 대한 꿈을 생애사적 서사라는 '개인'의 자연사적 리듬에서 건져내서, 역사의 층위로 이동시키는 것이다. 4월혁명에 관한 사랑의 서사에서 "처녀막의 파열"과 "성기를 들이미는 일"로 비유되는 성애화된 서사는 혁명을 개인의 원상(인생의 빛나는 순간과 그 상실)으로 환원시키는 전형적인 방식이라는 점을 앞서 살펴본 바 있다. 또한 개인의 생애사적 서사에서 드러나는 자기 분열은 실상 혁명에 내재된 분열, 즉 사회적 타자에 대한 불안과 공포와 무관하지 않다. 그런 점에서 이러한 사랑의 서사를 반복하는 한 혁명의 꿈을 다시 살 수 없다. 따라서 「구운몽」은 혁명을 다시 사는 일, 이를 증오와 분열 앞에 번번이 무너지는 사랑이 아니라, 그 증오와 분열을 '다른 차원'으로 이동시킬 수 있는 사랑 속에서 구하고자 한다. 여기서 사랑과 죽음은, 죽은 자와의 입맞춤이라는 그 '소박한' 세계로 표상된다.

그런 점에서 최인훈의 「구운몽」은 개인의 자유라는 꿈을 찾아가는 여정이 아니라, "배신당한 꿈"에 대한 집단적 무의식, 그 꿈의 집합적 형식을 찾아가는 여정이다. 「구운몽」은 배신(꿈의 죽음)에 대한 강박관념에 사로잡힌 개인의 분열적 내면이라는 바로 그 지점을 개인에 대한 탐구가 아니라 "역사의 지층," 즉 혁명에 대한 집단적 무의식이라는 층위에서 탐색한다. 글의 서두에서 밝힌 바와 같이 「구운몽」의 서사의 세부 단위들은 '개인'의 내면의 이야기가 아니라, 4월혁명에 대한 당대의 집합적 담론의 조각들이다. 역사라는 꿈의 형식을 통해 「구운몽」은 죽은 자의 이야기와 그 꿈을 그려내는 '불가능한 서사'를 시도한다. 또 여기서 사랑은 이 불가능한 시도를 추동하는 열정이자, 유일한 방법이 된다.

사랑이란 먼 것입니다. 사랑이란 아픈 것입니다. 어두운 것입니다. 그리고 젊은 동지여. 당신은 그들의 배반이 당신에게 상처를 주었다고 합니다. 당신의 자존심을 다쳤다고 합니다. 그러나 생각해보십시오. 지금부터 이천 년 전에, 신(神)의 아들조차도 버림받았던 것입니다. 기억하십시오. 신의 아들조차도 버림받았던 것입니다. 신의 사랑을 마다한 사람들이, 인간의 사랑을 마다한다고 당신은 노여워합니까? 당신은 신보다 더한 자존심을 가지고 있습니까?

[……] 벗이여 사랑은 멀고 오랜 것입니다. 사랑은 어둡고 죄악에 찬 것입니다.

[……] 비록 자유를 위한 증오였더라도 당신은 고운 아가씨들을 너무 얕잡아봅니다. 끊임없이 구애하십시오. 신의 아들조차 실패했는데, 우리라고 대번 수지를 맞춘대서야 너무 꿀맛이지요. 피 흘리는 짝사랑이라고 생각할 게 아니라, 좋아서 하는 예술가지요. 그들을 사랑하는 것 말고는. 신에게로 이르는 길이 없는 걸 어떡합니까? 그들이 싫대도 사랑해야 합니다.[44]

---

44) 최인훈, 「구운몽」, 『광장/구운몽』, p.287.

살해당한 자는 살아남은 자의 타자이다. 살해당한 자의 몸이 타자성의 자리로 새겨지지 못한 삶은 맹목적 생존이다. 그것은 "고운 아가씨들을 너무 얕잡아" 보면서도 그녀들을 사랑한다고 강변하는 세속의 구애자들의 사랑법과 다르지 않다. 사랑의 대상의 타자성의 자리가 없는 사랑, 그 사랑은 맹목이고 그런 점에서 증오와 등을 맞대고 있다. 배신감으로 환멸에 빠져버리는 세속적 사랑의 허약함은 매우 '인간적'이다. '인간적인' 사랑은 배신 앞에 무기력하고 증오에 대해 맹목이다. 우리의 삶의 기슭에서 매일매일 반복되는 그런 사랑이란 그런 점에서 인간적이다. 그런 점에서 생애사의 체험으로 각인된 혁명에 대한 사랑의 문법은 인간적인 사랑의 문법에서 그리 멀리 비켜서 있지 않다. 그러나 그 사랑이 인간적이라는 점에서 사실적일 수는 있지만, 그 인간적 사실이 그 자체로 역사인 것은 아니다.

또한 세속적 바람과 달리 혁명은 그 자체로 '인간적'인 것만도 아니다. 사랑이 인간적인 차원을 넘어서 신적인 것과 조우할 때, 사랑은 비로소 역사적 형식에 도달하고, 혁명 또한 역사가 될 수 있다. 「구운몽」에서 배신과 증오, 사랑을 둘러싼 인간적 형식과 신적 형식 사이의 이러한 '변증법'은 신의 아들의 죽음으로 상징된다. 인간적인 것은 신적인 것의 매개를 통해서 비로소 운명의 표정을 얻게 되며, 생애사적 사실 역시 신적인 것의 매개를 통해 비로소 역사가 된다. '운명'의 표정이 사실의 층위로 환원되지 않는다는 최인훈의 집요한 비판은 바로 이러한 맥락에서 비롯된다.[45] 이렇게 해서 사랑은 운명의 표정을

---

45) 이러한 최인훈의 비판을 사실주의에 대한 거부와 모더니즘에 대한 경도로 독해해온 관성적인 독법은 그런 점에서 최인훈 작품에 대한 탈역사적 방식의 독해에 다름 아니라 할 것이다. 또한 이러한 독해는 사실과 역사, 인간적인 것과 신적인 것, 개인적인 것과 보편적인 것에 대한 질문과 탐색을 소박한 리얼리즘과 모더니즘의 관습적인 층위로 해소한 결과라 할 것이다.

얻게 되고, 혁명은 비로소 과거의 사실이 아닌, 현재의 '꿈'으로서 역사가 된다. 「구운몽」에서 꿈은 혁명을 개인의 좌절로 서사화하는 관성적 구조를 전도시키는 주요한 방법이다. 그런 점에서 꿈은 살아남은 자의 회고담과 추억으로 재생산되는 4월혁명에 대한 관성적이고 지배적인 현실의 담론을 겨냥하면서, 그 역사적 형식의 한계를 넘어선다.

  살해당한, 죽은 자에게는 생애가 없다. 생애사적 서사는 죽은 자의 이야기가 아니다. 생애사적 서사가 자신의 삶이 그 혁명의 순간에서 멈춰버렸다는 생애사의 기술 불가능성을 토로할지라도 그것은 이미 살아남은 자의 이야기일 뿐이다. 이는 죽은 자의 이야기를 살아남은 자의 자기 서사로 전유하는 일일 뿐이다. 그리고 이 전유는 혁명의 꿈을 살아남은 자의 환멸의 서사로 환치하는 구조를 반복하게 된다.

  살해당한, 죽은 자의 꿈에는 생애사적 시간과 공간이 없다. 15세에 죽은 소녀, 봄, 차가운 강물을 헤엄치던 그 소년의 갈기갈기 찢긴 몸의 이야기는 생애사적 시간과 공간 속에 담길 수 없다. 그래서 그 시간은 계속 돌연한 결락, 파열이라는 형식에 담길 수밖에 없다. 그래서 「구운몽」의 꿈은 살아남은 자의 시간으로 환원될 수 없는 죽음의 경험을 되사는, 유일한 형식이다. 그래서 「구운몽」의 꿈은 철두철미하게 역사적 형식이다. 이 형식은 살아남은 자의 생애사적 시간으로 환원되는 한 그 죽음의 몸을 되사는 일이 불가능하다는 점을 환기한다. 그래서 꿈은 그 불가능함을 가능하게 하고자 하는 역사적인 실험이자, 혁명을 '다시 사는' 불가능한 실험이다.

  그런 점에서 「구운몽」의 꿈과 사랑은 4월혁명에 대한 담론의 역사적 형식을 이데올로기적으로 탐색하는 철저한 역사적 성격을 지니면서, 동시에 혁명을 '다시 사는' 방법으로서 보편성이라는 이중의 의미를 지닌다. 죽은 자의 꿈을 '다시 사는' 일은 역사의 지층에서 '실패한,' 인식되지 못하고, 실현되지 못한 혁명의 꿈을 오늘 이곳의 꿈으로 소환하는 일이다. 또한 이러한 소환을 통해서, 약속 날짜를 지나 뒤늦게 도착한 편지, 다시 말해 과거로부터 발송된 편지는 미래로 송신된다. 「구운몽」에서 소설의 서두와 미래를 원환(圓環)으로 이어주는 것은, 바로 이 사랑의 편지이다. 독고민을 배신하고 떠나버린 그녀에게서 뒤늦게 도착한 편지, 그 편지에는 사랑의 열정과 배신의 추억이 모두 담겨 있다. 「구운몽」의 여정은 이 과거로부터 약속 시간을 지나버린 채 '뒤늦게' 도착한 편지를 '수신'하기 위해, 그 과거를 현재로 되돌리기 위해 떠나는 여정이다. 그리고 그 여정의 끝에서 그 편지는 미래로 발송된다. 과거로부터 발송된 편지를 받은 독고민은, 꿈의 입구에서 이른 봄 찬 바다를 헤엄치는 소년의 죽은 몸과 하나가 되고, 꿈의 여정의 말미에서는, 독고민이자, 죽은 소년으로 되돌아온다.

시체는 앉아 있다는 것 말고도 또 하나 부자연한 것이 있다. 오른팔을 들어서 얼굴을 반쯤 가리듯이 한 채 굳어 있는 것이다. 마치 애인의 첫 키스를 막는 처녀의 자세처럼. 눈은 편히 떴다. 아까 첫눈에 그녀는 지난 4월에 잃은 아들을 보는 듯싶었다. 그녀의 외아들이었던, 서른둘에 낳은 유복자를 꼭 닮았다. 코언저리며 어질디한 입매가 죽은 내 새끼를 닮았구나. 그녀는 손을 시체의 얼굴로 가져갔다. 편히 뜬 눈꺼풀을 내리쓸었다. 몇 번 만에 눈은 감겨졌다. 나무관세음보살. 다음에 시체의 얼굴을 가린 팔을 아래로 당겨봤다. 시체는 완강하게 고집한다. 그녀는 가슴이 칵 막혔다.〔……〕
내 것아. 내 귀중한 망나니. 다시는 이 가슴에 돌아오지 않을 내 것아. 벌써 한 해. 곧 4월이 온다. 그 4월을 어떻게 참을까. 그 4월이 또

오느냐.[46]

　독고민이자, 죽은 소년이 받지 못한 그 편지는, 『조선원인고(朝鮮原人考)』라는 과거의 기록을 관람하는 미래의 두 남녀에게 송신된다. 소설의 말미를 장식하는 두 남녀의 입맞춤은, 과거로부터 발송된, 죽은 자의, 미완의 입맞춤의 수행이다. 그렇게 죽음과의 입맞춤을 통해, 죽은 자의 미완의 꿈인 "첫 키스"는, 미래로 송신된다. 그래서 우리는 이 과거로부터 발송된 편지를 통해 죽은 자의 꿈을 해독할 열쇠를 얻는다. 그 열쇠를 통해 우리는 죽은 자의 꿈을 백일몽으로 다시 꾸는 일, 혹은 "옛날에 존재했던 것에 대한 아직 의식되지 않은 지식"[47]의 문턱에 간신히 도달할 수 있을 것이다.

　살해당한 죽음 앞에서, 생명에 넘친 창조와 허구적 진실과 같은 문학적 미덕과 기율은 무색해진다. 당신의 죽음을 과연 '노래'할 수 있을까? 최인훈이 「구운몽」에서 던지는 질문은 바로 이것이다. 그리고 그 질문은 아직도 우리 앞에 해결되지 못한 과제로 던져져 있다. 그 과제를 푸는 일이 문학의 유산을 풍부하게 하는 일에 일조하지 못할지라도 아쉬워할 일은 아니다. 오히려 문학적 유산에 대한 집착은 혁명이 우리에게 남긴 질문, 바로 죽음에 대면하는 일을 회피하는 알리바이에 불과한지도 모른다. 그러니 아직도 죽음과 그에 대한 응답은 문학적일 수 없는지 모른다.

---

46) 최인훈, 「구운몽」, 『광장/구운몽』, pp.304~306.
47) "옛날에 존재했던 것에 대한 아직 의식되지 않은 지식이 존재하는데, 이러한 지식의 촉구는 각성의 구조를 갖는다"(발터 벤야민, 「꿈의 도시와 꿈의 집, 미래의 꿈들, 인간학적 허무주의, 융」, 『아케이드 프로젝트 4—방법으로서의 유토피아』, p.10). 벤야민은 이와 같은 집단적인 꿈의 해석을 통해 역사 연구의 새로운 방법을 모색했다. 이는 이데올로기 분석을 역사와 꿈이라는 차원으로 확대하고자 하는 시도이기도 하다.

그런 점에서 우리는 동상(凍傷) 취급잡니다. 우리들의 작품을 가리켜 생명에 넘쳤다느니, 창조적이라느니, 허구(虛構)의 진실이라느니 하고 칭찬할 때는 사실 낯간지러워집니다.[48]

당신의 죽음 앞에서
어떤 아름다운 시로 이 세상을 노래해줄까[49]

"당신의 죽음 앞에서/어떤 아름다운 시로 이 세상을 노래해줄까." 혁명을 사유하는 일은 단지 과거를 기념하기 위한 일이 아니라, 여전히 폭력에 의해 산산조각난 부당한 죽음과 대면하고 있는 오늘을 사유하는 일이다. 역사의 지층 속에, 얼어붙은 채 매장된 죽음이 오늘, 우리 앞에 여전히 놓여 있다. 사정이 이러하니 혁명의 역사에 대한 사유는 당신의 죽음에 대한 응답의 형식, 그 불가능성에 대한 질문을 걸머지고 가는 일이다. 최인훈이「구운몽」에서 우리에게 제기한 질문은, 오늘의 시인에게도 미완의 과제로 남겨져 있다. 이 글 역시 이러한 미완의 과제에 접근하기 위한 하나의 시도일 뿐이다.

---

48) 최인훈,「구운몽」,『광장/구운몽』, p.307.
49) 송경동,「비시적인 삶들을 위한 편파적인 노래―붕어빵 아저씨 고(故) 이근재 선생님 영전에」,『사소한 물음들에 답함』, 창비, 2009, p.77.

좌절한 영화들의 순수성과 아름다움
— 4·19와 한국 영화

이상용

  1960년 4월 19일에 일어난 현대사의 중요한 사건과 한국 영화 제1의 르네상스기로 여겨지는 1960년대의 영화를 연결하는 것은 단순한 작업은 아니다. 역사적 사건의 돌출과 영화사의 흐름은 정확하게 포개어지기보다는 앞서거나 뒤서면서 엇갈리는 경우가 더 일반적이기 때문이다. 4·19혁명을 이해하는 방식에 있어 종종 프랑스에서 시작되어 유럽으로 확산된 프랑스 68혁명과 비교의 차원에서 겹쳐 읽는 독해 방식이 시도되고는 한다. 두 사건은 시간과 공간에 있어 커다란 시차가 있지만 60년대라는 지평 아래 비교를 통한 흥미로운 시사점을 제공할 때가 있다.

  국내에서도 종종 소개되는 장 외스타슈Jean Eustache는 68혁명세대의 대표적인 감독으로 손꼽힌다. 그의 대표작 「엄마와 창녀The Mother And The Whore」(1973)는 68혁명으로부터 5년이 지난 후의 상황을 고스란히 담아낸다. 프랑수아 트뤼포 영화에서 페르소나적인 배우로 활약했던 누벨바그의 배우 장 피에르 레오가 주인공 알렉상드르 역을 맡고 있는 이 작품은 혁명의 기운이 식어버린 시절을 다루고 있다. 젊은이들은 더 이상 거리로 나서지 않는다. 주인공들은 카페와 집을 오가며 무기력한 방황을 하고 있다. 알렉상드르와 자주 만나는 친구는 혁명 이후 모두가 평등해져 더 이상 아무도 구별해낼 수 없다는 조롱의 말을 던진다. 새로운 사회를 꿈꾸다 드골 정부가 들어서면서 보수화되는 과정은 4·19에 이어 1년의 시간이 지나고 5·16군사쿠데타를 맞이하게 된 한국사회와 통하는 바가 없지는 않다.

하지만 프랑스 영화의 흐름처럼 4·19혁명이 피워낸 1년은 너무 짧았다. 1961년 5월 16일의 군사쿠데타는 복잡하게 전개되어야 했던 혁명의 기운을 단박에 잠재워버렸다. 상대적으로 68혁명은 거리로 나서던 뜨거웠던 시기를 거쳐 70년대에 들어서면서 방황의 시기를 경험한다. 1980년대에는 신자유주의로 대변되는 보수화를 경험하면서 복잡한 양상을 띠기 시작했다. 이 시기에 자살하는 혁명가들도 많았다. 로맹 구필Romain Goupil 감독이 만든 「서른 살의 죽음」(1982)은 68혁명이 끝난 후 방황을 하다가 80년대 초반 자살해버린 젊은 혁명가의 삶을 보여주고 있다. 미셀 르카나티라는 인물을 축으로 68혁명에 동참했던 감독의 개인적인 기억과 허구와 주변 인물의 인터뷰가 뒤섞이면서 68세대의 황혼을 보여주고 있다. 그들은 서른 살이 되었을 때, 68혁명에 대한 죄의식을 짊어진 채 순수성의 극단에서 죽음을 선택한다. 단순한 몰락은 아니다. 그것은 좌절한 자의 순수성과 아름다움이라고 부를 만한 혁명의 좌절에 대한 절규에 가까웠다.

한국의 경우는 다르다. 무엇보다 4·19를 직접적으로 다루는 한국 영화를 찾아보기가 어렵다. 군부 독재는 혁명을 통한 새로운 경험을 내면화할 수 있는 시간을 허락하지 않았다. 4·19와 한국 영화의 관계를 다루면서, 시대에 대한 직접적인 기록의 결핍을 느낀다. 영화 산업의 속성상 개인의 작업에 보다 충실힐 수 있는 문학에 비해 개혁적인 문제의식들을 제기하는 것이 쉽지 않다는 것이다. 20세기 후반의 한국사를 통과하면서 문화적 표상으로서 '문학'의 자리가 컸던 데는 이러한 이유가 있다. 새로운 시도가 아주 없었던 것은 아니다. 대표적인 경우가 검열제도를 철폐하고, 민간자율 심의기구로 출발한 영화윤리위원회의 탄생일 것이다. 영화윤리위원회(이하 '영륜')는 민간을 중심으로 구성된 영화 심의기구로서 문교부에 의해 검열되거나 통제되어온 상황들을 획기적으로 전환시켜준 기구였다. 여론의 지지와 당대 지식인들의 합의를 통해 빠르게 형성된 시스템은 지금의 관점에서 보면 그 자체로 놀라운 사건이라고 할 수 있다. 하지만 영륜은 곧 당대의 한계와 부딪쳐 스스로 위축되어버리고 만다. 이처럼 미묘한 순간들은 오로지 한국사회와 역사의 이해 속에서 바라보게 하는 흥미로운 지점이다.[1]

---

1) 국내에도 잘 알려진 일본의 비평가 가라타니 고진 역시 1960년의 한국적 의미에 대해 잘 알고 있는 것처럼 보인다. 최근에 국내에 번역된 『정치를 말하다』(고아라시 구하치로 들음, 조영일 옮김, 도서출판 b, 2010)의 1장은 '60년대 안보투쟁과 전공투운동'이라는 제목을 달고 있다. 고진은 자신의 60년대적 경험을 논하는 과정 중에 한국의 4·19를 언급한다. "'60년대'에 해당하는 것은 서양에는 없었습니다. 그러나 한국에는 있었습니다. 바로 그해 이승만을 넘어뜨린 한국의 학생운동이 있었습니다. 그것은 안보투쟁과 겹치고 있었습니다. 당시 일본 학생은 그것을 강하게 의식하고 있었지요. 60년대 4월 데모에서 '한국 학생에 이어서'라는 agitation(선동)이 있었던 것을 기억하고 있습니다. 그 후 한국이 어떻게 되었는지는 잘 모른 채로, 61년에 박정희의 쿠테타가 일어났습니다.

1960년은 한국에게 있어 커다란 의미를 가지고 있습니다. 그것이 1980년의 광주 사건을 경유하여 90년대 이후의 민주화로 이어져 갔습니다. 즉 '60년'이 근저에 있는 것입니다. 이것은 오로지 한국의 역사적 문맥에 기초하고 있어서 세계적인 신좌익운동과는 관계가 없었습니다." 이러한 고진의 견해처럼 60년, 80년, 90년대로 이어지는 계보는 따져보아야 할 문제이기는 하지만 1960년이 서유럽의 경우보다 앞선 한국사회의 특수한 경험임에는 분명하다. 고진의 말에서도 드러나듯이 4·19는 당대 일본에도 영향을 끼쳤다.

1. 제도, 역사, 수입—영륜과 「연인들」

1950년대 후반은 한국전쟁 이후의 혼란한 시대상에도 불구하고 영화계에서는 산업적인 진흥을 위한 다양한 제도적 논의가 오가던 시기였다. 그중 중요하게 다뤄지는 것은 1954년 3월에 개정된 국산 영화 면세 조치이다. 광복 이후 처음으로 한국 영화에 대해 입장세 면세 조치가 시행된 것이다. 정책의 핵심은 외국 영화에 대해서는 90퍼센트의 입장세를 부과한 반면, 국산 영화의 경우에는 입장세를 면제해주었다. 1956년에는 외국 영화에 대한 입장세를 115퍼센트로 인상함으로써 한국 영화 제작의 활성화에 도움을 주었다. 외화를 수입하는 것보다 한국 영화를 제작하여 흥행시키는 것이 더 큰 이윤을 얻을 수 있었던 탓에 자연스럽게 한국 영화의 수익성에 대한 기대치를 높이게 되었다. 그 결과 1959년에는 100편이 넘는 한국 영화가 제작되는 결과를 낳았다. 이와 유사한 형태로는 한국 영화를 제작하거나 수출을 하는 경우 보상의 차원으로 '외화수입권'을 주었다. 당시 제작자의 상당수가 극장주임을 감안하자면, 외화수입권은 손쉽게 대박을 터뜨릴 수 있는 기회를 제공하였고, 이를 통해 한국 영화 제작을 위한 군소 영화사가 난립하는 지경에 이른다. 그러나 결과적으로는 한국 영화 제작의 활성화를 낳으면서 영화 분야의 새로운 인력의 유입을 도왔고, 한국 영화를 다채롭게 만드는 계기로 작용했다. 1958년에는 1957년에 37편이 제작된 것에 비해 두 배나 늘어난 74편의 한국 영화가 제작되었고, 1959년에는 111편을 기록하면서 한국 영화 사상 최초로 100편이 넘는 제작 편수를 보여주었다.

이처럼 1950년대 후반은 새로운 감독들이 대거 등장할 수 있는 기회를 제공하였다. 제작 편수에 걸맞은 새로운 스타들도 필요했다. 부작용이 없지는 않았지만 한국 영화에 대한 관심을 재고시키고, 다양한 제도적 정비와 담론의 형성을 가능케 만들었다. 이러한 과정에서 보다 풍요로운 영화 문화의 정착을 위해서 검열에 의해 통제되던 형식에 대한 불만이 터져 나왔다.

4·19혁명 이전에 이러한 문제를 야기했던 사건이 바로「템페스트」(1958)의 재검열 문제였다. 러시아 작가 푸슈킨의『대위의 딸』을 각색한 이 작품은 이탈리아의 자본이 투여되고 미국에서 배급된 외국 영화였다. 그런데 이 영화를 한국에 개봉할 무렵인 1960년 3월 15일에 정부통령 선거가 계획되어 있었고, 선거에 영향을 줄 수 있다는 이유로 문교부는 상영불가 처분을 내린다.

정치적인 이유로 영화를 개봉하지 못하는 것은 문제를 야기했다. 앞서 설명했듯이 1950년대 후반 한국 영화의 제작 편수가 증가하면서, 자연스럽게 한국 영화인이라 부를 수 있는 영화 인력이 늘어나기 시작했고, 이들은 검열제도가 영화 소재의 제약을 가한다고 생각했다. 검열의 문제는 단순히 외화에 국한된 것이 아니라 한국 영화의 활성화를 위해 중요한 문제였던 것이다. 3월부터 본격적으로 다뤄진 검열 문제는 4·19혁명 이후에 본격적으로 활성화되기 시작하였고, 1960년 5월 16일에 영화 검열제도에 관한 공청회를 열게 된다. 1960년 5월 13일에 극작가인 오영진[2]을 중심으로 27명이 뜻을 모아 영화윤리위원회 구성대책위원회를 이미 꾸린 상태였기에 16일에 열린 공청회는 순조롭게 진행되었다. 이들은 영화 검열제도를 철폐하고, 새로운 영화 심의제도를 도입해야 한다는 사실에 공감하였다. 이를 위

---

2) 이 무렵 오영진의 활동은 연극에만 국한되지 않고, 공연 문화 전반에 영향력을 미치고 있었다.

해 새로운 기구의 설치의 필요성에 공감했다. 토론 결과 검열제를 철폐하고, 심의제도를 도입한다는 것에는 대부분이 공감하였지만 문제는 관영 기구를 설치할 것인가, 민영 기구를 설치할 것인가에 대한 이견이 있었다. 민관이 합동으로 연합하자는 견해도 있었다.

이러한 토론 과정은 4·19 이후 지식인을 중심으로 새로운 사회의 분위기를 만들어내고자 하는 기본적인 노력을 보여준다. 하지만 검열이 되었건 심의가 되었건 토론회에 참여한 근대적 지식인들은 이것을 국가적 차원에서도 해결할 수 있다는 견해를 내놓음으로써 통상적으로 국가의 가치와 분리되는 혁명이 4·19의 경우에는 전혀 그렇지 않았다는 것을 반증하고 있다. 4·19혁명에 대한 역사적 평가에서 드러나듯이 기본적으로 민주화에 대한 요구였으며, 자율성에 대한 추구이기는 했지만 국가 이데올로기를 전면적으로 부정하거나 개인의 가치를 전면적으로 부각시키는 형태에까지 이르지는 않았던 셈이다. 1960년 6월 15일의 법적 개정은 영륜의 탄생에 제대로 불을 지핀다. 법적 개정에 공포한 내용에 따라 영화에 대한 국가 검열의 법적 근거가 사라지게 되었다.[3] 검열을 실시하던 문교부 역시 정비가 필요했다. 바야흐로 '영륜'이 탄생하는 순간이었다.

영륜의 탄생은 4·19가 추구한 자율성과 민주주의적인 영화제도의 시초라는 점에서 중요하게 돌아볼 사건이다. 김수용 감독은 영화 주

---

[3] 박지연의 박사학위논문인 「한국 영화 산업의 변화 과정에서 영화 정책의 역할에 관한 연구—1950년대 중반에서 1960년대 초반의 근대화 과정을 중심으로」(중앙대, 2008), p.64에 따르면, "헌법 13조는 모든 국민이 언론, 출판, 집회, 결사의 자유를 갖지만 법률에 따라서 제한받을 수 있다고 하였으며, 28조를 통해 국민의 자유와 권리를 제한하는 법률을 제정할 수 있음을 규정하였다. 그러나 개정헌법에서는 13조에서 법률적 제한 부분을 삭제하였으며, 28조에서도 언론, 출판에 대한 허가나 검열을 규정할 수 없다고 개정하였다." 이것은 이후 한국 영화사에서 반복되어온 검열에 관한 규정들을 생각해보면 대단히 빠르고 자율적인 개정안이었다.

간지 『씨네21』에 연재한 회고록을 통해 영륜의 탄생을 "4·19혁명이 가져다준 선물이었으며 마침내 영화계에도 밀어닥친 민주화 바람의 신호탄임이 분명했다"라고 진술한다. 4·19혁명에 대한 여러 가지 평가가 가능하겠지만 기본적으로 전근대적인 정치 유산을 청산하고, 보다 근대적인 시민의식을 발현할 수 있는 것이었음을 부정할 수는 없을 것이다. 그 가운데 '민주화'라는 단어는 곳곳에 파고들어 새로운 제도와 방식의 도입을 고민하도록 만들어주었다. 무엇보다 새로운 제도의 도입이 시급하였다. 4·19혁명 이후 허정 정부가 과도기의 형태로 들어서면서 이전에 있었던 다양한 검열제도가 사라지기 시작했다. 이승만 정부 시절의 영화 검열은 자주 비판의 도마 위에 올랐다.

　1960년 8월 5일에 출범한 영륜은 위원장에는 이청기를 비롯하여 문학평론가 백철, 목사 전영택, 소설가 정비석, 작가 선우휘, 극작가 오영진과 같은 문학사에서도 잘 알려진 인물들이 대거 포진되었다. 이 역시 하나의 전략이었는데, 영화계와 직접적으로 연계된 인물인 경우에는 공정성의 시비가 일었기 때문이다. 영륜의 탄생을 둘러싸고 영화 수입업자들과의 갈등이 없었던 것은 아니다. 하지만 민간이 구성한 심의 단체를 통해 한국 영화 수입의 다양화와 비판적인 내용을 담은 한국 영화들이 제작될 수 있다는 분위기를 조성함으로써, 1959년에 이어 100편이 넘는 한국 영화를 제작하게 하는 기반을 마련하였다.

　그런데 흥미로운 것은 영륜의 활동이 생각보다 빨리 파국을 맞이하게 된다는 것이다. 심의를 통과한 다양한 영화들이 개봉을 하였지만 성 모럴과 주제를 건드리는 측면에서 훨씬 더 공격적이고, 도발적이었던 몇몇 작품들이 미풍양속을 해친다는 이유로 도마에 오른 것이다. 그 중심에 있었던 영화가 루이 말 감독의 1958년도 작인 「연인들」이다. 신문에서조차 "4월혁명 이후 남녀관계의 불륜과 음탕한 영화 장면을 내건 선전 포스터, 입간판, 갖가지 광고 등이 범람하여 일반 시민들의 마음을 어지럽히고 있다"[4]면서 혁명을 틈타 업자들이 제멋대로 영화를 수입한다는 비판을 하기 시작했다. 이것은 흥미로운 반응이다. 당대의 대중들의 정서라고 할 수 있는 미풍양속이라는 문화의 관습은 혁명을 통한 자유로움의 추구를 압도했다. 신문이 문제 삼는 『채털리 부인의 사랑』 『적과 흑』 등은 원작이 그러하듯이 불륜을 다루고 있는 영화들이며, 내용상 선정성 시비가 붙을 수밖에 없는 작품들임에는 분명하다. 루이 말 감독의 「연인들」 역시 이러한 선정성을 함께한다. 이 영화들의 공통점은 '부인 시리즈'라고 할 수 있다. 정비석 원작의 「자유부인」이 50년대 말에 한국사회를 휩쓸고 지나가기는 했지만, 부인이라는 존재는 1960년의 혁명의 분위기 속에서 자유롭기는 어려웠다. 루이 말의 「연인들」은 베니스 영화제에서 은사자상을 수상하면서 그 파격적인 접근 방식이 화제를 모았지만 정작 미국에서 개봉할 당시에도 '악마의 영화'라는 지탄을 받았다. 한국사회의 통념이 미국사회의 모럴을 크게 넘어서지 못하고 있었음을 감안하자면, 「연인들」의 파격적인 정사 장면이나 결혼한 여자가 남편을 포함한 세 남자와 관계를 맺는 것에 대해 불쾌감을 표하는 것은 당연한 일일 것이다.

그러나 이러한 반응을 통해 정작 4·19혁명이라는 것이 개인의 욕망이나 자율성의 한계에 대해서는 심각하게 고민하지 않았음을 반증하기도 한다. 4·19를 통한 혁명 속에는 '개인성'의 문제는 제외되고 있으며, 여성의 문제는 더더욱 소외되어 있다. 한국 영화에서 1960년부터 엄앵란을 비롯한 새로운 여성 캐릭터들이 대거 출현한 것은 사실

---

4) 경향신문 1963년 10월 23일자.

이지만, 영화 속에 부여된 여대생의 이미지나 새로운 여성상들은 오늘날에 견주어 생각해보면 혁명적이기보다는 새로운 유행을 주도하는 쪽에 가까웠다. 새로운 여성상은 도발적 제시이기보다는 새로운 관심을 모으기 위한 전략에 가까웠다.[5] 「연인들」을 둘러싼 심의 결과는 다음과 같이 마무리가 된다. 일부에서는 사회적 허용을 폭을 키워버린 영륜의 활동을 부정하면서 무용론을 주장하기에 이른다. 여론 수렴의 결과로서 문교부는 자신의 소속 아래 영륜을 두고 문교부와 함께 외화를 추천 심의하고, 외화 통관 후의 작품 심의는 영륜에서 하며, 문교부와 영륜 사이에 심의에 대한 합의가 되지 않을 때에는 두 기관에서 위촉하는 심의위원이 합동하여 심의하는 것으로 외국 영화에 대한 심의를 결정하였다. 이러한 변화가 일어나기까지 영륜은 독자적으로는 1960년 9월 5일부터 작품 심의를 시작하여 1961년 2월 20일까지 한국 영화 44편, 외국 영화 67편을 심의하였다. 그중 크게 문제가 된 것은 「연인들」과 「열쇠 구멍」이라는 외화였다.

일부 지식인 중에는 영륜이 이제 막 시작한 기구이므로 좀더 정비할 수 있는 시간을 제공하자는 견해도 있었지만, 이전부터 제시되던 문교부와의 통합론이 대세로 여겨지면서 기능이 제한되는 결과를 낳았다. 이를 통해, 민간 기구 중심의 심의 문화의 축을 문교부로 옮겨오게 된 것은 당연한 일이다. 5·16군사쿠데타 이후 영륜의 활동은 자연스럽게 위축된다. 민간자율 심의기구가 중심 역할을 담당한 것은

---

5) 「연인들」은 프랑스 누벨바그의 유명한 여배우인 잔 모로가 잔 역을 맡아 남편을 포함한 세 명의 남자를 오가며 벌이는 애정 행각을 다루고 있다. 특히, 남편이 아니라 베르나르와 열정적인 사랑에 빠지면서 정사를 벌이는 장면은 성을 통해 새로운 정체성을 깨닫게 되는 고전의 주제를 반복하고 있다. 이들이 보트 위에서 벌이는 섹스 장면은 파격적인 묘사로 유명하다. 그러나 58년도의 유럽적 새로움은 한국사회에서는 너무나 이르게 도착한 것으로 여겨졌다.

고작 몇 달간의 일이었고, 이들이 피워냈던 경험과 기억은 혁명의 기운 속에서 피어난 순간의 꽃이었다.

2. 정치적 무의식

앞서 언급한 것처럼 4·19혁명과 관련하여 직접적으로 연결되는 영화를 찾기는 어렵다. 하지만 유현목 감독의 「오발탄」(1960)은 4·19 정신의 연장선상에서 한국전쟁 이후의 부패한 사회상황과 현실 고발적인 측면으로 인해 시대정신을 가장 잘 보여준 영화로 언급된다. 유현목 감독과 더불어 1960년대 한국 영화사에서 주요하게 손꼽히는 인물이 김기영과 신상옥 감독이다. 이들 모두 1950년대의 대부분을 삼십 대로 살면서 사회적 현실에 대한 문제의식을 갖고, 데뷔작을 만들어냈고, 시대에 적응해가면서 자신의 고유한 색깔을 지녀왔다. 한국 영화의 주요한 축이 이 세 명의 감독으로부터 시작된다고 해도 과언이 아닐 만큼 4·19를 전후로 한 시기에 이들 영화에 대한 언급은 필수적인 사항일 것이다. 이와 더불어 김수용 감독의 1963년 작「혈맥」역시 전후 암울하고 희망 없는 사회 현실에 대한 고발과 저항이라는 테마를 다룸으로써 시대의식과 관련된 문제적 작품으로 거론된다.

전후의 비극적 현실이라는 상황은 문제적 의식을 지닌 감독들에게는 중요한 테마일 수밖에 없었다. 이러한 태도는 계몽의식으로 치환되어 신상옥 감독의 「상록수」(1961), 권영순 감독의 「흙」(1960)처럼 농촌 현실에 대한 각성을 다룬 원작을 스크린으로 옮겨내는 과정을 보여주기도 했다. 그런데 여기에는 미묘한 변화의 지점이 형성된다. 상세하게 거론하지는 않겠지만, 이 무렵에 형성된 계몽의식과 계몽

영화는 정치적 상황과 관련하여 연결 고리를 제공한다. 단순화를 무릅쓰고 말하자면 4·19혁명이 정치적 의식을 계몽하고자 하는 사건이었다면, 5·16군사쿠데타 역시 사회를 혁파하고자 하는 일종의 계몽운동이었다. 당대의 지식인들이나 예술가들이 5·16 군사정권에 협조적일 수 있던 것도 이러한 계몽의식의 겹쳐짐 때문이라고 할 수 있을 것이다.[6] 그러나 권력의 주체가 어디로부터 나오는 것인가 하는 점에서 1년의 시차를 둔 두 사건은 본질적으로 다른 것이었다. 영화사의 측면에서 보자면, 1960년대부터 나오기 시작한 「상록수」와 같은 영화들이 60년대 중반 이후에는 군사정권의 선전선동 영화들과 연결되면서 이들 영화를 어디에 위치시킬 것인지가 모호해져버린다. 특히, 신필름의 성장에는 군사정권의 도움이 컸던 것이 사실이고, 이로 인해 60년대 초반에 만들어진 계몽의식의 영화들은 이후에 만들어진 선전용 영화들과 묘하게 겹쳐버리는 결과를 낳는다. 신상옥 감독의 영화 제작 시스템을 향한 의지는 이전에도 문제가 되어왔다. 신상옥 감독은 「독립협회와 청년 리승만」의 연출 경력으로 인해 4·19 이후 과거 청산 과정에서 다소 문제가 되었다. 검찰은 이 영화의 자금원을 조사하였다.

  그러나 궁극적으로 신상옥 감독에게 가해진 직접적인 피해는 없었다. 오히려 1960년은 영화 기업으로서 신필름이 확장하기 시작한 해였다. 1960년 1월에 개봉한 「로맨스 빠빠」의 흥행 성공과 이어서 선보인 「이 생명 다하도록」의 평판으로 인해 신필름의 위상이 높게 자리매김하는 계기를 마련하였다. 「로맨스 빠빠」나 「이 생명 다하도록」은 이전의 영화와는 다른 성향의 작품이었다. 1950년대에 신상옥 감

---

6) 이러한 이데올로기의 변용은 나치즘에 동조한 하이데거의 행적을 떠올리게도 한다.

독의 대표작들은 「악야」 「지옥화」와 같은 네오리얼리즘에 영향을 받은 비판적인 영화들이 주요하게 손꼽힌다. 김희창의 라디오 드라마를 각색한 「로맨스 빠빠」는 새롭게 선보이는 코미디 장르의 영화였다. 이러한 흐름은 1961년 1월 28일에 개봉한 「성춘향」으로 이어졌다. 홍성기의 「춘향전」과 열흘 간격으로 펼쳐진 대결에서 「성춘향」은 3억 환의 수익을 올린다. 이것은 평균 제작비 10편에 맞먹는 금액이었다. 1960년도와 1961년도에 신상옥은 로맨틱 코미디와 사극이라는 장르를 통해 관객들의 호응을 직접적으로 이끌어냈다. 통상적으로 이야기되는 현실 비판적인 영화들은 시대적 분위기를 지금도 말해주고 있지만, 정작 당대의 대중들이 선호한 「로맨스 빠빠」와 「성춘향」은 연애담이라는 형식을 통해 새로운 시대적 분위기를 만들어주었다.

1950년대 후반에 시작하여 4·19를 거쳐 유신 체제로 들어간 신상옥 감독의 행적은 한국 영화의 권력적인 속성을 보여주는 흥미로운 사례이다. 그는 당대의 사회적 분위기를 예민하게 의식하면서 작가로서의 야망뿐만 아니라 정권의 이데올로기에 충실한 영화를 만들어내기도 하면서 이중적인 태도를 보여주었다. 이러한 특징 때문에 종종 신상옥 감독의 영화는 평가절하되기도 하였지만 네오리얼리즘의 영향을 받은 「지옥화」와 60년대 풍속도를 담은 「로맨스 빠빠」를 비롯한 일련의 영화를 통해 새로운 여성상과 가족상 그리고 시대의 모습을 반추해낸 것은 평가받을 대목이다. 신상옥은 시대의 흐름 속에 부합하는 다양한 색깔을 지닌 제작자의 사례라고 할 수 있을 것이다.

이러한 맥락에서 한동안 컬트 감독의 자리에 있었던 김기영 감독의 「하녀」(1960)는 좌절된 계급의 욕망의 영화로 재평가를 받을 필요가 있다. 많이 언급된 작품이기는 하지만 4·19혁명과 관련하여 「하녀」가 논의되는 경우는 드문 편이다. 이 영화는 새롭게 집을 산 중산층 가정에 새로운 하녀가 입주하면서 붕괴되는 상황을 그려내고 있다. 안주인이 있는 1층과 부엌과 하녀의 방이 있는 2층을 잇는 계단은 영화의 주요한 무대이다. 안주인의 자리를 차지하려고 했던 하녀의 욕망은 동반 자살로 끝을 맺는다. 결국, 하층계급을 대변하는 하녀의 계획은 죽음으로 끝을 맺는다. 그것은 하녀의 자리에서 움직일 수 없는 현실을 보여주는 것이기도 했다. 4·19를 통해 새로운 시대상이 제시되었지만 그것이 좌절될 수밖에 없는 현실이었고, 「하녀」의 엔딩은 이 모든 것이 하나의 액자 속의 이야기로 처리되어버린다. 남자 주인공 역할을 맡은 김진규는 카메라를 응시하면서 이것이 당신의 가정에서도 일어날 수 있는 이야기라고 농담을 던진다. 그것은 현실의 잠재성을 지시하는 것인 동시에 정작 이 영화에서 보인 비극적인 죽음이 허구화된 가상의 것이라는 안전선을 확보하는 이중적인 전략이다. 「하녀」는 당대의 뿜어져 나오던 욕망에 대해 유혹하는 동시에 거리를 두는 이중성의 영화다.

유현목, 신상옥, 김기영은 자신들이 처한 현실 속에서 이처럼 다양한 영화의 스타일을 전략화하였고, 그것은 한국 영화사의 주요한 족적으로 남게 되었다. 이처럼 주목할 만한 감독들의 영화 이외에 1960년대에 새롭게 부각된 것은 사극이었다. 그것은 「성춘향」의 흥행 덕분이기도 하겠지만, 1961년부터 나오기 시작한 주요한 사극으로는 정창화 감독의 「장희빈」(1961), 장일호 감독의 「의적 일지매」(1961), 신상옥 감독의 「연산군」(1962), 안현철 감독의 「인목대비」, 이규웅 감독의 「암행어사 박문수」(1962), 신상옥 감독의 「폭군 연산」(1962) 등을 꼽을 수가 있다. 이 작품들은 한결같이 왕의 스캔들을 중심에 둔 사건이거나 일지매의 이야기나 박문수 어사의 이야기처럼 의적과 의로운 관리의 이야기가 중심축을 이루고 있다. 4·19혁명이 정치적인 과제로서 이승만을 권좌에서 내려오게 하는 행위였다고 단순화할 수 있다면, 조선 시대의 왕과 정치를 둘러싼 앞의 서사들을 통해 당대의 관객들이 현실의 반복을 느낄 수 있다고 요약할 수 있을 것이다. 왕의 목을 어떻게 할 것인가 하는 점은 여전히 1950년대의 역사적 과거를 반추하는 과정이면서, 관객들은 유신으로 돌입하는 역사적 무대 속에서 과거의 왕을 향한 애도를 표했다고도 할 수 있다.

이처럼 1960년을 전후한 시기의 주요한 영화들은 과거의 유산을 적극적으로 떨쳐버리지는 못한다. 그것은 현실에 대해 저항적인 목소리를 내는 경우라고 할지라도 「오발탄」에 등장하는 노파의 모호한 대사 "가자"처럼 관객에 따라 다양하게 수용될 수 있는 넓은 스펙트럼을 보여주고 있다. 어쩌면 4·19가 뿌리내린 영화사의 주요한 의식은 "가자"라는 대사처럼 방향을 쉽게 알 수 없는 욕망의 토로가 아니었을까. 그리하여 사극과 새로운 멜로드라마 속에, 1960년대의 주요한 작가들의 영화 속에 새로운 주체들의 욕망은 뿌리내렸지만, 그것은 산포된 채 여전히 새로운 읽기를 기다리고 있다.

3. 4·19세대의 영화—하길종의 경우

4·19혁명과 관련하여 보다 직접적이고 중요한 기억은 프랑스의 장외스타슈의 경우처럼 혁명기에 뜨거운 젊은 시절을 살았던 인물의 행적이 아닐까 싶다. 이러한 예에 속하는 대표적인 감독이 바로 하길종이다. 무엇보다도 비평가이기도 했던 하길종의 글에서는 낭만화되기는 했지만 4·19를 되살리려고 하는 감독 개인의 노력이 뚜렷하게 드러난다. 그는 사후에 발간된 유명한 에세이집인 『백마 타고 온 또또』

에서 '되찾은 4월'이라는 제목으로 자신의 정체성과 그의 대표적인 청춘 영화 「바보들의 행진」을 비교하고 있다.

4월이 되면 나는 동숭동(東崇洞) 옛 문리대 자리에서 겪었던 4·19를 잊지 못한다. 낭만과 정열 그리고 때 묻지 않은 기지로 가득하였던 그 젊음의 현장, 그때 나는 대학 2학년이었고 세상이 하나 가득 나의 것이라고 믿었다.

그러던 어느 봄 우리는 젊음의 정점인 학생혁명을 맞이했고 거기에 우리의 젊음을 송두리째 걸었었다.

우리에게는 젊음을 던질 꿈이 있었고 또 우리들의 시대가 온다고 믿었다.

'알테 하이델베르히!'

그러던 어느 날 잠에서 깨어났을 때 우리의 젊음은 4월과 함께 소리 없이 사라져갔다. 그리고 이듬해에도 4월은 돌아올 줄 몰랐다. 4월은 젊음과 함께 자취를 감추어버렸고 나는 오랫동안 변색된 젊음 속에서 그대로 늙어갔다.

〔……〕

그러나 신기하게도 어느 날 나는 내가 오래 잃고 있었던 그 4월이 나의 가슴속 깊숙한 곳에 원형(原型)을 간직하고 있다는 사실을 깨닫고 깜짝 놀랐다. 그것은 때 늦은 눈이 내리던 입춘 날 텅 빈 영화관의 시사실에서였다.

나는 그날 이른 새벽 내가 최근에 만든 어떤 영화의 기술시사를 보기 위해 스팀이 들어오지 않는 크고 텅 빈 영화관 안에 있었다. 오늘을 사는 평범한 두 젊은 남녀 '병태'와 '영자' 이야기를 연작 형식으로 만든 「바보들의 행진」 2부격인 이 작품을 보면서 나는 그만 울고 만 것이다.

자신이 만든 영화를 보고 만든 사람 자신이 감격해서 울었다면 이 무슨 주책 같은 소리를 하고 있느냐고 얘기할지 모르겠지만 나는 죽죽 울었다. 아직도 옛 그대로인 나의 젊음을 그곳에서 되찾고 나는 운 것이다.

봄이 오기를 기다리던 두 젊은이, 그중 한 명은 영원히 돌아오지 않을 봄을 포기하고 그의 젊음을 마감해버린 채 동해로 뛰어들고 만다.

그리고 또 한 젊은이는 대학을 그만두고 머리 깎고 입대한 지 3년 후 사회에 돌아왔을 때, 그의 학창 시절의 여자친구는 이미 자리 잡은 의사와 약혼할 단계에 놓여 있고, 그가 마주하는 기존 사회 역시 그에게는 타향으로 압박한다.

[······]

나는 영사 시설이 별로 좋지도 않은 텅 빈 객석에 앉아 남의 작품을 보듯 대한 이 한 편의 영화에서 신기하게 나의 잃었던 젊음을 되찾았다.

다시 영화가 개봉된 후 거리를 꽉 메운 젊은이들, 극장 안에 가득한 뜨거운 열기와 환호, 그들 모두가 바로 젊음에 모든 것을 걸고 '병태'처럼 맨발로 뛰는 바로 그 젊은이가 아닌가.

문득 나 자신 거의 황무지에 가까운 이 영화계에서 맨발로 뛰고 있는 그 '병태'스러운 모습에 그만 찬사를 보내고 싶어진 것이다.

그렇다, 나의 젊음을 한결같이 영화에 걸자. 내 가슴속 깊이 오랫동안 잠자고 있던 그 젊음이 다시 눈뜨기 시작한 것이다.

나는 나의 잃었던 4월을 다시 찾을 수 있다는 생각에 가슴이 두근거

린다. 젊음은 나의 그리고 당신의 마음속에 영원히 있는 포기와 좌절을 거부하는 활력소가 아닌가.[7]

1960년 4월에 대학교 2학년생이었던 하길종은 자신이 만든「바보들의 행진」에서 4·19세대의 영혼을 본다. 맨발로 뛰고 있는 젊음의 열정은 하길종 감독이 여러 글에서 밝히는 돌아가야 할 유토피아다. 「바보들의 행진」을 비롯한 하길종 감독의 청춘 영화들은 당대 젊은이를 직접적으로 호명하면서(그는「바보들의 행진」에서 대학생들을 직접 캐스팅하는 방식을 취했다) 현실과 영화의 접점을 고민하기 시작했다. 흔히,「바보들의 행진」을 장발과 미니스커트를 단속하던 시대에 대항하는 청춘세대의 정서 정도로 여기지만, 유신의 저항세대를 만들어낼 수 있었던 기저에 1960년 4월이 있었음을 놓치지 말아야 한다. 이 영화를 감도는 우울함은 하길종 감독에게 4·19와 5·16로 이어지는 대학 시절에 이미 경험한 좌절의 역사였다. 하지만 국내로 돌아와 유학파 감독이 경험해야 하는 영화계의 현실은 좌절의 연속이었다. 하길종은『백마 타고 온 또또』에 수록된 1978년 4월에 쓴「어느 똥풍뎅이의 말」[8]에서 "나에게 왜 좋은 영화를 못 만드느냐고 묻지는 말아주십시오, 나는 내가 아니 우리 모두가 이렇게 지탱해 있는 것만으로 감사할 뿐이니까"라는 문장을 써내려간다. 그에게 현실이란 예술을 통한 저항이나 도발보다 더 강력하게 견뎌야 하는 무엇이었다.

감독이 된 하길종이 추구한 자유로움과 혁명은 더 이상 현실의 정치 속에서 피어날 수 있는 것이 아니었다. 이를 대신하여, 독설적인

---

7) 한국영상자료원, 부산국제영화제 기획,「백마 타고 온 또또」,『하길종 전집 1』, 한국영상자료원, pp.184~86.
8) 같은 책, p.164.

평론가이자 감독으로서는 그는 한국 영화 안에 혁명이 피어나기를 갈망했다. 대중예술 속에서 자신의 청년 시절에 꿈꾸던 이상들이 이어지기를 소망했다. 그것은 이론의 확립과 근본적인 변혁 사이에서 가능한 것이었다. "한국 영화에 근본적으로 필요한 것은 완전한 혁명이다. 무엇보다 중요한 것은 이 땅에 영화를 예술의 차원에서 다시 식목하는 작업이다. 즉 영화예술에 대한 근본적 해석의 변혁과 체계적 영화 이론의 확립 그리고 체계의 개혁 없이는 한국 영화의 세계 진출이란 아예 상상조차 하지 않는 것이 좋다."[9)]

「한국 영화의 세계 영화에의 접근」이라는 하길종의 글은 영화를 통한 '혁명'을 꿈꾸는 4·19세대의 모험의식을 보여준다. 1970년대에 들어 그가 보여준 이러한 태도는 기성세대로 편입하고 있는 4·19세대에 순수성의 상징으로, 체제에 대한 방부제의 역할을 담당하면서 그의 책임의식에 대한 동감을 일으킨다. 하지만 하길종의 유산은 정치를 도피하는 영화 속에서도 피어나기 어려운, 오히려 더 강한 검열의 문제와 맞서야 했던 과정을 보여준다. 앞서 언급한 영륜을 통한 심의는 1970년대에 들어서 시행되는 영화법 개정들 속에서 검열의 가장 첨예한 사례를 보여주고 있다. 「바보들의 행진」에서 검열된 유명한 두 장면은 대학가의 시위로 인해 병태가 빈 강의실에 남아 있는 장면과 동해 쪽에서 떠돌던 병태가 한국인 여성을 희롱하는 일본인들과 시비가 붙는 장면이다. 시위 장면은 대학가 스포츠 경기 장면의 응원으로 대체가 되어 현재까지 필름에 붙어 있고, 일본인과 시비가 붙은 장면은 삭제되어 남아 있는 필름 속에서 비약적인 컷으로 제시되고 있다.

이처럼 그의 계몽적 이상은 가장 반계몽적이었던 유신 체제 속에서

---

9) 한국영상자료원, 부산국제영화제 기획, 「사회적 영상과 반사회적 영상」, 『하길종 전집 2』, 한국영상자료원, p.455.

자연스럽게 무너져갔다. 그는 일곱 편의 장편영화와 글을 남긴 채 1979년 2월 28일 뇌졸중으로 갑작스럽게 타계한다. 그의 이른 죽음은 로맹 구필의 영화 「서른 살의 죽음」처럼 현실의 신화를 일으키는 혁명세대의 중요한 경험이라고 할 수밖에 없을 것이다. 2010년은 1960년 4월 19일이 50주년을 맞이하는 해인 동시에 하길종이 타계한지 31년이 되는 해이다.

참고문헌

김동호 외, 『한국영화정책사』, 나남, 2005.
조준형, 『영화제국 신필름』, 한국영상자료원, 2009.
한국영상자료원, 부산국제영화제 기획, 『하길종 전집』(전3권), 한국영상자료원, 2009.
한국영상자료원 엮음, 『한국영화를 말한다―1950년대 한국영화』, 이채, 2004.
한국영상자료원 편, 이효인 외, 『한국영화사 공부 1960~1979』, 이채, 2004.
함충범 외, 『한국영화와 4·19』, 한국영상자료원, 2010.
『씨네21』 인터넷 기사 및 기타 신문 기사 자료.

필자 소개(가나다 순)

강계숙 문학평론가, 계간『문학과사회』편집위원. 문학비평집『미언』이 있음.

권명아 문학평론가, 동아대학교 국문학과 조교수. 주요 저서로『가족이야기는 어떻게 만들어지는가』『맞장 뜨는 여자들』『문학의 광기』『역사적 파시즘』『탕아들의 자서전』『식민지 이후를 사유하다』등이 있음.

김우창 이화여자대학교 석좌교수, 고려대학교 명예교수. 주요 저서로『궁핍한 시대의 시인』『지상의 척도』『시인의 보석』『법 없는 길』『정치와 삶의 세계』『심미적 이성의 탐구』『시대의 흐름에 서서』『자유와 인간적인 삶』『풍경과 마음』『정의와 정의의 조건』등이 있음.

김치수 문학평론가, 이화여자대학교 명예교수. 주요 저서로『상처와 치유』『문학의 목소리』『삶의 허상과 소설의 진실』『공감의 비평을 위하여』『문학과 비평의 구조』『박경리와 이청준』『문학사회학을 위하여』『한국소설의 공간』『현대 한국소설의 이론』『누보 로망 연구』『표현인문학』『현대 기호학의 발전』등이 있음.

소영현 문학평론가, 연세대학교 국학연구원 HK 연구교수, 계간『작가세계』편집위원. 주요 저서로『문학청년의 탄생』『부랑청년 전성시대』등이 있음.

우찬제 　문학평론가, 서강대학교 국문학과 교수, 계간 『문학과사회』 편집동인. 주요 저서로 『욕망의 시학』 『상처와 상징』 『타자의 목소리』 『고독한 공생』 『텍스트의 수사학』 『프로테우스의 탈주』 등이 있음.

이광호 　문학평론가, 서울예술대학 문예창작과 교수, 계간 『문학과사회』 편집동인. 주요 저서로 『위반의 시학』 『환멸의 시학』 『움직이는 부재』 『이토록 사소한 정치성』 『익명의 사랑』 등이 있음.

이상용 　영화평론가. 주요 저서로 『영화가 허락한 모든 것』 『한국 단편영화의 쟁점들』(공저), 『장국영』(공저), 『상대성 이론, 그 후 100년』(공저) 등이 있음.

이정은 　성공회대학교 동아시아 연구소 연구조교수. 주요 논문으로 「제도로서의 인권과 인권의 내면화: 1960년대 인권담론의 정치학」 「번역어 '인권'과 일본의 근대」 「한국전쟁과 여성인권: 잊혀진 여성들의 삶」 등이 있음.

최인훈 　소설가, 서울예술대학 명예교수. 주요 작품으로 『광장/구운몽』 『회색인』 『서유기』 『소설가 구보씨의 일일』 『태풍』 『크리스마스 캐럴/가면고』 『하늘의 다리/두만강』 『우상의 집』 『총독의 소리』 『화두』 등의 소설과 희곡집 『옛날 옛적에 훠어이 훠이』, 산문집 『유토피아의 꿈』 『문학과 이데올로기』 『길에 관한 명상』 등이 있음.

최장집 　고려대학교 명예교수. 주요 저서로 『한국의 국가와 노동운동』 『한국 민주주의의 이론』 『민주화 이후의 민주주의』 『민주주의의 민주화』 『민중에서 시민으로』 『한국 민주주의 무엇이 문제인가』 등이 있음.

홍태영 　국방대학교 국제관계학부 교수. 주요 저서로 『몽테스키외 & 토크빌』 『국민국가의 정치학』 『현대정치철학의 모험』(공저)과 「인권의 정치와 민주주의 경계들」 등 다수의 논문이 있음.